사랑수업

어떻게 사랑하고
사랑받을 것인가

사랑 수업

윤홍균 지음

C O N T E N T S

'사랑'이라는 말, 듣기만 해도 가슴이 뛰었다. 좋아서가 아니었다. 두려워서 그랬다. 다가오는 사람은 피하고 싶었고, 연인이 되었는데도 상대방이 자신을 사랑하느냐고 물어오면 선뜻 대답을 하지 못했다.

시작은 '사랑의 매'였다. 초등학생 때 수업 시간에 책을 빼먹고 간 탓에 회초리를 맞은 기억이 아직도 강렬하게 남아 있다. 선생님은 '정신 똑바로 차리라는 뜻'이라며 '사랑의 매'를 선사해주셨다. 아프고 창피했다. 학교에서 어린아이들을 줄 세워놓고 때리던 시절, 매를 맞으며 나는 '사랑이란 참 억울하고도 매운 거구나' 하고 느꼈던 것 같다.

이후로도 오랫동안 내게 사랑은 복잡한 감정을 수반하는 것이었다. 어른이 되면서 자주 외롭다고 느꼈지만 구속받는 게 싫었고, 무관심은 서운한데 과한 관심은 버거웠다. 연애는 어려웠고 이별은 매번 처음인 듯 낯설었으며 마지막은 어김없이 고통스러웠다. '이렇게 힘들고 성가신 걸 대체 왜 또 하는지 몰라!' 하고 투덜대면서도 기회가 찾아오면 자연스럽게 새로운 사랑에 빠지고, 그러다 싸우고, 헤어지길 반복했다.

중년이 된 지금은 좀 나아졌을까. 전혀 아니다. 사랑은 여전히 어려운 주제다. 선배들은 입을 모아 '환자를 사랑하라'고 하는데 환자를 사랑하는 게 정확히 뭔지, 대체 뭘 어떻게 해야 사랑하는 건지 잘 모르겠다. 내담자 부부에게 "서로 사랑하며 사셔야지요"라고 말하지만 정작 "어떤 게 사랑인가요?"라고 반문하면 딱히 답할 말을 찾기 어렵다. 하물며 가장 사랑하는 가족에게 자주 큰 소리를 냈던 나다. 그래서 솔직히 아직도 제일 풀기 어려운 숙제가 사랑이다.

그런데 나뿐만이 아니었다. 사적으로든, 의사로서든 내가 만나는 사람들의 속사정을 들어보면 힘든 일 대부분은 사랑 때문이었다. 양육자에게서 사랑 대신 차별과 미움을 받고 자랐거나, 자신을 사랑하는 법을 모르거나, 믿었던 사람에게 배신당하거나, 사랑하는 사람과 갈등하거나 헤어져 아파했다. 이런 사정은 부유한 데다 사회적 성공을 거머쥔 사람들이라고 해서 다르지 않았다. 사랑을 원만하게 가꿔가지 못해 우울해하는 모습을 적지 않게 보았다. 사람들이 겪는 여러 가지 문제의 근원을 파고 들어가면 그 끝엔 언제나 사랑이 있었다.

부모와 자식, 연인, 부부, 친구, 동료 등 중요한 관계란 관계는 다 사랑이라는 하나의 호수에 뿌리내린 나무들이 아닐까 싶다. 우리가 살면서 만나는 고민 가운데 사랑에서 파생되지 않은 문제가 과연 얼마나 있던가. 다 그놈의 사랑이 문제다.

○ **해답을
찾아가는 시간**

정신과 의사로 안정을 찾아가면서 내가 사랑이라는 주제에 집요하게 매달린 것도 어쩌면 당연한 수순이었다. 사랑의 정체가 무엇인지, 어떻게 하면 사랑을 잘할 수 있는지, 사랑을 주면 준 만큼 되받을 수 있는지 등등, 평생 나를 따라다닌 의문을 해결해보고 싶었다.

정신의학을 전공하고 의사로 일하면서 운 좋게도 많은 걸 배웠다. 중독, 애착, 트라우마, 가족치료 등을 공부하며 나 자신을 비롯한 인간에 대해 이해의 폭을 넓힐 수 있었다. 선배와 선생님, 내담자분들, 가족, 친구들이 내게 큰 깨달음을 주었다. 그 과정에서 나온 책이 바로 『자존감 수업』이다.

첫 책을 내고 기대했던 것보다 훨씬 큰, 엄청난 반향이 일어 깜짝 놀랐다. 이렇게나 많은 사람들이 자존감 문제로 고민하고 있었나 싶었다. 졸작이 큰 사랑을 받으니 무척 기뻤고 의사로서 작은 역할은 해냈다는 안도감도 들었다. 그런데 시간이 지나면서 묘한 답답함과 미안한 마음도 생겼다. 책을 읽고 도움을 받았다는 독자도 많았지만, 노력을 했는데도 좀처럼 자존감이 오르지 않더라며 하소연한 사람들도 있었기 때문이다. "이 정도면 저는 구제불능인가요?"라고 쓴 자조 섞인 이메일 한 통을 뽑아 책상 앞에 붙여두고는 읽고 또 읽었다.

그렇게 보낸 지난 4년 동안 나는 작은 결론 하나를 얻었다. 낮은 자존감에서 좀처럼 벗어나지 못하는 사람들, 인생이 힘들다고 호소하는 사람들에게는 공통점이 있었다. 바로 제대로 된 사랑과 지지를 받아본 경험이 없거나 적다는 점이다. 이런 사람들은 자신의 선택을 자주 의심했고, '노력해도 안 되면 어쩌지?' 하며 스스로를 흔들곤 했으며, 지나치게 냉소적이거나 부정적인 신념이 강했다.

사람은 타인과의 관계가 좌절되면 덩달아 자존감도 낮아지고 불행감도 크게 느끼게 마련이다. 그러니 스스로 아무리 자존감을 끌어올려봐도 사랑이 무너지면 한순간에 무너져 내리곤 한다. 자존감도 중요하지만 그것을 좌우하는 핵심은 바로 '사랑'인 것이다.

이 책은 그렇게 쓰게 됐다. 『자존감 수업』이 한마디로 '나를 사랑하는 방법'을 다룬 책이라면, '타인을 제대로 사랑하는 방법'을 다룬 책도 그만큼 필요하다고 생각했다. 당연하게도 여기서 사랑은 연인 간의 사랑만을 뜻하지 않는다. 부부를 비롯한 가족, 친구, 동료, 선후배 등 모든 관계를 관통하는 사랑의 원리에 대해 말하고 싶었다. 사랑을 잘 주고 잘 받으려면 어떻게 해야 할지, 사랑을 하려고만 하면 자꾸 꼬이고 고장 나는 이유는 뭔지, 헤어지더라도 덜 아프게 헤어지는 방법은 없을지, 안전하게 이별하는 방법은 뭔지, 아픈 사랑 후에도 건강하게 새 삶으로 넘어가려면 어떻게 해야 할지 등, 살면서 마주하는 사랑 문제를 폭넓게 짚어보려고 노력했다.

사랑과 결혼의 의미가 축소되어가는 시대, 사랑 말고도 재미있고 중요한 게 많다는 요즘, 혹 시대착오적인 책은 아닌가 하는 고민도 깊었지만 내겐 확신이 있었다. 아무리 사회적으로 인정받고, 돈을 많이 벌고, 명품으로 번지르르하게 몸과 집을 꾸민다 해도 사랑을 충분히 받고 있다는 느낌이 없으면 공허함과 허탈감에 시달릴 수밖에 없다. 자신의 소셜 네트워크 계정에 팔로어가 수천, 수만 명이라 한들 다를까. 겉으로는 부러움을 사고 아무렇지 않은 척, 보상받은 척 고개를 들고 다니지만 속으로는 외롭고 뒤처지는 느낌, 늘 뭔가 부족하고 불안한 느낌에 괴로워하며 잠 못 이루는 사람들을 너무 많이 만났다.

그저 연애 잘하는 법을 말하려고, 또는 결혼이나 육아를 권장하려고 쓴 책이 결코 아니다. 누구나 '안정된 애착'을 가지도록 돕는 것, 거기에 초점을 두었다. 안정된 애착을 가지면 우리를 괴롭히는 많은 고민들이 해결된다는 게 내 생각이다. 우리가 매일 겪는 문제가 대개 관계에서 비롯하기 때문이다. 내가 잘 사는 것은 물론 중요하지만 나만 잘 산다고 행복할 수는 없다. 인간관계가 잘 풀려야 살기 수월하고 스트레스를 받아도 빨리 회복된다. 부자가 되려면 돈을 사랑해야 하고, 공부에 애착이 있어야 성적이 오르는 이치와 같다. 모든 성공의 기저에는 '주체적인 사랑'이 숨어 있다.

그렇다고 사랑만 잘하면 모든 일이 술술 잘 풀린다는 소리는 하고 싶지 않다. 이 책 한 권 읽는다고 해서 없던 애인이 갑자기 생기지는 않을 것이다. 서먹하던 관계가 한순간에 좋아지는 일도, 헤어진 연인이 기적처럼 돌아오는 일도 없을 것이다. 하지만 적어도 사랑을 해보지도 않고 지레 포기하는 사람들이 '이렇다면 나도 가능하겠다!' 하는 작은 희망을 품게 되면 좋겠다. 이미 사랑하는 사람이 있는 이들에게는 그 사랑을 더 펼치고 안정시킬 힘을 보태고, 사랑의 상실이나 상처로 고통 받는 이들에게는 치유와 용기의 실마리가 되길 바라는 마음을 담아 썼다.

　때로는 고개를 절레절레 흔들 만큼 가혹했던 것, 또 어쩌면 사치나 장애로만 다가왔던 '사랑'이 이제 그 누명을 벗고 따뜻하고도 힘이 되는 에너지로 전환될 수 있다면 더 바랄 게 없겠다.

2020년 겨울

윤홍균

chapter 1

사랑,
왜 아프고 어려운가

1. 누구나 사랑은 어렵다

○ 인생 고민은 결국 사랑 고민

'마음이 힘들다'는 하소연에는 대개 사랑 문제가 연관돼 있다. 회사에 가기 싫어 고민이라는 사람, 독박 육아가 힘들다고 호소하는 사람, 식욕을 조절하지 못하고 폭식과 구토를 반복하는 사람은 서로 완전히 다른 문제를 가진 것처럼 보여도 사실 공통점이 있다. 바로 애정결핍이다.

함께 일하는 사람들과 충분한 사랑을 주고받고 있다면 출근길이 그처럼 고되지는 않을 것이다. 독박 육아의 고통을 호소하는 건 배우자의 관심과 참여가 부족하니 함께해달라는 말에 다름 아니다. 식이장애를 가진 사람의 내면에도 어릴 적 충족되지 못한 애정 욕구와 사랑의 상실에서 오는 공허함이 강하게 자리 잡은 경우가 많다.

그뿐인가. 나이 들면서 생기는 서러움도 결국 '더 이상 사랑스럽지 않은 존재'가 되었다는 박탈감에서 출발한다. 또 빈곤에 대한 스트레스는 '빈털터리가 되어서 혼자 비참하게 늙어가면 어쩌지?' 하는 두려움과 맞닿아 있다. '나는 충분히 사랑스럽고, 어떤 일을 겪어도 사랑받을 수 있다'는 인식이 충만하다면 그렇게 많은 사람들이 다이어트 약이나 성형수술에 중독되지 않을 것이다.

최근 공황장애를 겪는 사람이 부쩍 늘고 있는데, 그 이면에도 사랑과 관련된 불안이 깔려 있다. 심장이 두근거리고, 숨이 차고, 이러다 죽을지도 모른다는 공포가 공황장애의 대표적인 증상이다. 이러한 공포에는 '내가 갑자기 세상을 떠나버리면 우리 애들은 어떻게 사나' 하는 불안, 또는 '아무한테도 도움 받지 못하고 쓸쓸히 죽음을 맞이하면 어쩌나' 하는 불안이 내재돼 있다. 이 불안이 공황 증상을 확대, 재생산한다.

○   **포기도 자만도**
     금물

위로가 될지 모르겠지만 당신만 그런 게 아니다. 사랑받고 싶은 욕구, 사랑하고 싶은 갈망은 본능에 가까워 지극히 자연스러운 일이다. 어릴 땐 부모의 사랑과 인정을 얻고 싶어서 죽도록 공부하고, 성장해서 결혼한 사람은 배우자나 자녀의 존중과 관심을 받고 싶은 마음이 그 자리를 대신한다. 물론 타인의 평가에 흔들리지 않고 사는 것이 중요하지만 가족의 만족스러운 표정을 보고 힘을 얻는 삶을 미숙하다고만은 볼 수 없다.

80대 노인의 사랑도 그렇다. 그 연세에 웬 사랑 타령이냐고 핀잔 주지 마시라. 아무리 나이가 들어도 마음에 드는 사람을 보면 가슴이 설레고, 경쟁자가 나타나면 질투도 나고, 거절당하면 처음인 듯 절망하고 서러움도 맛본다. 생명이 지속되는 한 사랑에 대한 인간의 갈망은 좀처럼 줄어들지 않는다. 언제나 사랑을 얻길 바라고, 얻지 못하면 쓸쓸하고, 상처 받고 괴로울 걸 알면서도 사랑을 좇으며 사는 게 인간의 숙명이다.

그러니 지금 사랑 때문에 힘들다면 '나만 이런 게 아니지' 하고 받아들이며 안심했으면 좋겠다. 원래 사랑을 향한 욕구는 허기처럼 계속해서 찾아온다. 다만 허기와는 달리 해결하기가 쉽지 않은 문제이다. 마음먹는다고 금방 포기되지도 않고, 정답도 없으며, 많이 경험했다고 해서 능숙해지는 것도 아니다.

사랑은 참 어렵고 매번 처음 하는 듯 새롭다. 이상한 상대만 골라 만나는 사람, 진심을 다하고도 번번이 이별 통보를 받는 사람, 사랑한다면서 걸핏하면 다투는 사람도 있다. 왜 이렇게 잘 안 되는지 이유를 몰라 답답하지만, 원인을 알았다고 해서 해결책이 쉽게 나오는 것도 아니다. 희한하게 남들은 사랑도 잘하고 순조롭게 관계를 맺는데 나만 유독 힘들고 안 풀리는 것 같다. 그렇게 낙심하고 아파하다 보면 급기야 사람 만나는 일 자체가 귀찮고 망설여진다.

이런 과정을 거치며 많은 사람들이 '혹시 내가 문제 있는 인간은 아닐까' 의심하고 자책한다.

그런데 이건 사실 누구의 잘잘못 문제가 아니다. 내 탓이나 상대 탓을 해서 해결될 일이 아니다. 사랑이라는 속성 자체가 독특할 뿐 아니라 사랑을 배우기 어려워진 시대 상황 탓도 있다. 사랑의 복잡한 특성을 간과한 채 '세상이 편리해졌으니 사랑도 더 쉽게 풀 수 있겠지' 하고 자기도 모르게 여겨서일 수도 있다.

분명한 건 사랑의 속성에 대해 더 알게 되면 지금보다 좀 더 능숙하고 성숙하게 사랑에 대처할 수 있다는 것이다. 처음엔 김치 하나에 맨밥만 먹던 사람이 요리에 대해 잘 알게 되면 다양하고도 맛있는 음식을 해 먹을 수 있는 이치와 같다.

사랑, 자만해선 안 되지만 그렇다고 지레 포기할 필요도 없다. 지금부터 사랑의 특징들 중 유념할 만한 몇 가지를 살펴보자.

2.   사랑이
      어려운
      이유

○   사랑의
      세 가지 속성

근력운동을 꾸준히 하면 몸에 근육이 붙고, 외국어 회화를 날마다 연습하다 보면 어느새 그 나라 사람이 하는 말을 알아듣게 된다. 하지만 인간관계는 조금 다르다. 노력과 결과가 꼭 정비례하지도 않고, 그렇다고 반비례하지도 않는다. 관심이 필요하지만 지나친 관심은 집착이 되고, 신뢰가 중요하지만 지나친 믿음은 방관이 된다.

바로 관계의 속성이 양가적이기 때문이다. 안 좋게 표현하면 이른바 '밀당', 좋게 표현하면 '적당한 거리'가 관계의 핵심이다. 우리를 혼란스럽게 만드는 관계의 양가적 속성은 크게 다음과 같은 세 가지로 볼 수 있다.

1. 양가감정: 관계, 특히나 사랑은 양가감정을 일으켜서 마음을 복잡하게 만든다. 양가감정이란 대상이나 상황에 대해 서로 반대되는 두 감정이 동시에 존재하는 것이다. 같은 상황, 같은 사람을 두고도 두 극단의 감정이 생길 수 있다. 가령 좋으면서도 너무 밉고, 가까이 두고 싶지만 두렵고, 사랑하지만 그만큼 증오나 원망도 하게 되는 것. 이러한 양가감정은 다루기가 무척 까다로운데 사랑을 하면 더 자주, 더 크게 찾아온다.

2. 이중성: 친밀한 인간관계는 겉과 속이 다른 모습으로 표출되기 쉽다. 좋으면서도 짐짓 싫다고 표현하거나, 친하다는 이유로 함부로 대하기도 한다. "이제 지쳤어. 우리 헤어져"라는 냉정한 말 속엔 '더 많이 사랑해줘'라는 애정결핍이 담겨 있고 "꼭 그렇게 말해야 해?"라는 말 속엔 '나도 최선을 다했어. 칭찬 좀 해줘'라는 인정 욕구가 숨어 있다. "됐고, 이제 포기할래"라는 말 속엔 '너무 힘든 내 마음을 헤아려줘'라는 갈망이 숨어 있다. 본질을 모른 채 겉만 보고 함부로 판단하면 안 된다는 말은 이런 이중적 특징에서 나온다. 한때 '강한 부정은 강한 긍정'이라는 말이 당연한 진리처럼 여겨진 것도 이런 이중성을 잘못 해석하다 보니 생긴 오류라고 본다. 친밀한 관계에서 나타나는 이중성을 제대로 이해하고 그때그때 잘 다루는 것은 인간관계 기술 중 최고 난이도에 속한다.

3. 양방향성: 관계는 일방통행이 아니라 주고받는 양방향성을 띤다.

주는 사람과 받는 사람의 욕구가 제대로 맞물리지 않으면 관계가 꼬이게 마련이다. 사랑은 한쪽에서 아무리 주어도 받을 사람이 준비가 되지 않았거나 받기를 거부한다면 이루어질 수가 없다. 그 많은 짝사랑이 힘들고 슬픈 건 양방향성에 맞지 않기 때문이다. 또한 방향은 맞아도 관점이 어긋나면 틀어진다.

연인이나 부부가 다투다가 "제발 조용히 좀 말해!"라고 소리를 지르면 상대방이 오히려 더 크게 소리치는 걸 경험하거나 본 적이 있을 것이다. 또, "말 끊지 말고 좀 들어!"라며 상대의 말을 끊기도 한다. 잘 들여다보면 상대가 내 말을 끊는 이유는 내가 그 사람의 말을 끊기 때문인 경우가 많다. 양방향성은 이렇게 원인과 결과가 뒤엉키게 만든다. 관계의 양방향성을 이해하지 못하면 분쟁이 생기기 십상이다.

○ 잘못된 신화들

사랑은 그 자체가 지닌 양가성 때문에 힘든데 거기다 사랑에 관한 고정관념이 작용해 난이도를 높인다. 가령 사랑은 '무작정 참아주는 것'이라거나 '원하는 걸 다 해주는 것' '좀 더 나은 사람이 되도록 자극을 주는 것' '늘 온유한 것'이라고 정의하는 생각이 그런 고정관념이다. 그러고 보면 우리는 사랑을 너무 대단한 것으로 여기고 있지 않은가? 내면 깊숙이 자리한 이런 생각들은 우리 삶과 사랑하는 관계를 크게 좌우한다.

여기서 사람들이 흔히 착각하거나 버리지 못하는, 사랑의 대표적 신화 세 가지를 짚어보겠다.

● **사랑한다면 무조건 믿어야 한다?:** 사랑할 때 믿음은 중요하지만 절대적이지는 않다. 자녀를 사랑한다면 자녀를 믿어야겠지만 지나친 믿음은 방치가 된다. "네가 다 알아서 할 거라 믿어. 넌 어릴 때부터 무척 어른스러웠으니까." 이렇게 말하며 무관심으로 일관한다면, 그걸 사랑이라고 할 수 있을까. 또한 믿었던 연인이나 배우자의 외도 사실을 알게 된 후 앞으로는 어디까지 믿어야 할지 의심하는 자신이 나쁜 사람이 된 것 같아 혼란에 빠지는 경우도 많다.

'믿는 게 사랑'이라고 굳게 믿었는데 그 결과가 무참히 깨졌으니 충격과 혼란이 큰 것은 당연하다. 사랑한다면 무조건 믿어야 할까?

내 대답은 적당한 의심은 필요하다는 것이다. 우리는 신이 아니다. 세상은 온갖 유혹으로 가득 차 있고, 사랑한다면 무조건 믿어야 한다는 정언명령은 신의 영역이다. 인간은 변화무쌍하고 유혹에 약하며 의심투성이의 존재다. 자기 자신만 돌아봐도 그럴진대, 사랑하는 사람이라고 완전할 리가 있나? 믿음이라는 미명 아래 상대를 무조건 방치해서도 안 되고 억압해서도 안 된다. 적절한 관심과 간섭, 의심과 질투는 필요하다.

● **사랑한다면 모든 것을 이해해달라고?:** "나를 있는 그대로 사랑해주면 안 돼?"라고 말하는 사람들이 많다. 무슨 짓을 하든 사랑한다면 이해해줘야 한다고 주장하고 이해받지 못하면 세상 서러워한다. 얼핏 들으면 일리 있는 말이다. 조건 없는 사랑, 맹목적인 사랑이 진짜 사랑이라고 어릴 때부터 들어왔기 때문이다.

하지만 사랑한다면 모든 것을 이해해달라는 말은 정작 자신은 상대방을 이해하지 못하고 있음을 의미한다. 자신의 모든 것을 이해받는 게 진정한 사랑이라면 그걸 못 주는 상대방에게 불만을 품는 것 역시 사랑이 아니지 않은가. 즉 모순이 발생한다. 한 사람을 있는 그대로 사랑한다는 건 아름다운 표현이지만 실제로 수행하기는 거의 불가능에 가깝다.

사랑한다면 상대가 힘들어하는 자신의 문제점을 최대한 고치려고 노력해야 한다. 반대로 사랑하는 사람의 문제는 최대한 이해하려고 노력해야 한다. 진정한 사랑은 방향에 따라 다르며, 얼마나 최선을 다하느냐의 문제다. 일방적으로 이해를 바라는 것은 사랑이 아니라 이기심일 뿐이다.

● **사랑한다면 이심전심이어야 한다?:** 사랑하는 데 의사소통 능력은 매우 중요하다. 소통을 잘해야 사랑이 원활하고, 사랑해야 의사소통도 원만히 하게 된다. 여기서 중요한 건 의사소통은 감정적 요인보다 기술적 요인이 많다는 점이다.

사랑과 커뮤니케이션 능력은 완전히 별개다. 사랑 없이도 소통을 잘하기도 하고, 사랑이 있어도 대화가 안 통하기도 한다. 부부는 일심동체여야 한다거나, 사랑한다면 굳이 말하지 않아도 마음을 알 수 있어야 한다는 신화에 사로잡힌 사람들에게 나는 이렇게 말해주고 싶다. "표현하지 않는 사랑은 닿을 수 없다." 진료실을 찾아오는 부부들이 가장 많이 하는 말이 "그걸 꼭 말로 해야 알아요?"다. 답은 "말을 해도 잘 몰라요"이다. 말을 해도 잘 모르는데 하물며 말조차 안 한다면 결과는 안 봐도 뻔하다. 이심전심이라는 사자성어 때문에 많은 커플이 깨진다. 표현하지 않는 사랑은 안전하지 않다.

이 외에도 우리가 신봉하는 신화들이 있다. '사랑으로 모든 걸 극복할 수 있다'거나 '가족은 무조건 사랑해야 한다'는 것 등이다. 하지만 신화는 신화일 뿐, 현실은 다르다.

사랑하는 사람이 예고 없이 전화를 받지 않거나 술자리가 늦어지면 걱정과 불안에 휩싸일 수밖에 없다. 나에게 말하지 않은 것이 있으면 서운하고, 나 말고 다른 사람과 친하게 지내면 화가 난다. '사랑하니까 참아야 해!' 할 게 아니라 찜찜한 건 드러내 문제 제기할 수 있어야 건강한 사랑이다.

가족은 사랑을 기반으로 한다지만 현실에는 원망과 미움만 남은 가족이 얼마나 많은가. 사랑하는 사이에 적절한 노력은 필요하다. 그러나 근거 없는 신화적 믿음에 매몰돼 그렇지 않은 자신을 탓하고 애써 끼워 맞추려 해서는 안 된다.

○ 배우고
연습하면 된다

그런데 이렇게나 어려운 문제에 대해 우리 사회는 시종일관 이중적인 태도를 취해왔다. 서로 사랑하라고, 사랑은 중요한 것이라고 한껏 강조하면서도 정작 다양한 이유를 들어 사랑을 억압하고 숨겨왔다.

스무 살 성년이 될 때까지 우리는 웬만한 수학 공식은 외우게 되었을지언정 사랑에 대해서는 초보 수준도 되지 못한다. 들킬세라 감정을 숨기고, 환상을 만들고, 억눌러왔다. "대학 가면 다 하게 돼 있어"라는 말은 얼마나 무책임하고 위험한가. 물론 성년이 되면 누구나 연애는 할 수 있다. 하지만 사랑은 그렇게 쉽게 단시간에 알 수 있는 게 아니다. 나이가 차면 저절로 깨닫고 척척 알아서 잘할 수 있는 성질의 것도 아니다.

우리는 사랑을 배우지 못했다. 사랑을 잘하려면 무엇이 필요한지, 제대로 사랑하면 무엇이 좋아지는지, 그걸 위해 무엇을 어떻게 해야 하는지 누구도 가르쳐주지 않았다. 취업에 필요한 지식과 정보는 10년 넘게 공부하면서 정작 세상을 살아가는 데 가장 필요한 '사랑하는 법'은 어디서도 제대로 배운 적이 없다.

사랑은 감정과 마음을 다루는 일이다. 당연히 공부가 필요하다. 감정을 다루는 요령도 필요하고, 마음을 전하는 스킬도 필요하다. 공식에 대입해 풀다 보면 답이 나오는 수학 문제와는 달리, 정해진

법칙이 없는 수많은 단계를 밟아야 한다. 나이가 찼다고 저절로 이뤄지는 사랑은 없다. 어느 날 갑자기 인연이 나타나 열정적인 사랑에 빠지고 저절로 행복해질 거라는 수동적 판타지는 하루빨리 깨버리는 게 좋다.

사랑을 잘하기 위해서는 반복 학습과 훈련을 통해 '감을 잡아나가는 시간'이 반드시 필요하다. 직간접적 경험도 필요하다. 우리가 취해야 할 자세는 때 이른 포기나 자책, 두려움이 아니다. 하나하나 알아가고 시도해보면서 경험치를 끌어올려야 한다.

이미 많은 시행착오를 거쳐 각자의 기준을 갖고 있을 수도 있겠지만 아직도 사랑이 어렵게 느껴지는 사람이라면 정식으로 사랑 공부 한번 해보는 셈 치면 어떨까. 최소한 인간관계를 다루는 능력은 좋아질 것이다. 사랑은 포기하고 싶다고 해서 쉽게 포기할 수 있는 무엇이 아니다. 지금부터 부담 없이 사랑을 탐구해보자.

3. 네 가지 유형의 사랑법

○ 사람은 제각각이다

알다시피 타인과 어우러지며 살아가는 게 결코 쉬운 일은 아니다. 내가 작은 의원을 운영하면서도 가장 어려운 점이 인간관계. 직원과의 소통은 물론 내담자들과의 관계도 참 어렵다. 저마다 살아온 배경이 다르고 성향이나 하는 일도 다르다 보니, 원하는 것도 다르기 십상이고 불편한 것과 편한 것의 기준도 맞지 않을 때가 많기 때문이다. 똑같은 말투로 똑같은 응대를 해도 어떤 사람들은 고마워하고 어떤 사람들은 힘들어하고 누구는 화를 낸다.

의사와 내담자로 만나는 고작 10여 분의 시간에도 온갖 감정과 생각이 오가는데 사랑하는 사람과의 관계는 오죽하겠나. 같은 한국말 쓰는 사람들이어도 속내는 제각각이다.

○ **직업과 전공에 따른**
  유형 분류

수많은 사람들이 각자의 가치관을 가지고 살아간다. 나는 다양한 직업의 사람들을 만나면서 직군별로 특징적 패턴이 있음을 알게 되었다. 전공이나 직업에 따라 성향이 갈리는데, 특히 관심사가 '나' 쪽인지 '남' 쪽인지, 중요시하는 게 '감정' 쪽인지 '이성' 쪽인지에 따라 총 네 가지 유형으로 나뉜다. 인간의 사고방식과 행동 패턴을 몇 가지로 분류하는 건 분명 한계가 있지만 그룹별로 공통점과 차이점도 분명 존재하기에, 성향에 따른 사랑 방식을 분류해봤다. 명명은 내 편의대로 했음을 밝힌다.

① 공무원(이공계)형: 나의 이성(理性)에 관심이 많다

이들의 머릿속엔 0과 1로 구분되는 이진법적 회로가 존재한다. 특히 '가능하다 vs. 불가능하다' '된다 vs. 안 된다' '옳다 vs. 그르다'의 구분이 명확하다. 이들의 장점은 명확하다는 것이고, 단점은 '너무' 명확하다는 것이다. 심리 상태가 좋을 때는 상황 설명을 조목조목 잘하지만 에너지가 없을 때는 결론이나 요점만 뚝 잘라 말하는 경향이 있고, 상대에게도 명확함을 강요한다.

　이런 사람과 사랑을 하면 숨이 턱턱 막히는 일이 자주 생긴다. 이들의 머릿속에는 '안 되는 건 안 되는 거다'라는 대전제가 자리 잡고 있기 때문이다. 융통성이 부족하기에 상대는 '나한테만은 융통성이 좀 있었으면' 하는 바람에 서운함을 느끼기 쉽다.

공무원형이 복잡다단한 사랑의 과정을 잘 이끌어가기 위해서는 '안 되는 이유 친절하게 설명하기'와 '대안 제시하기' '협상하기' 등의 기술을 잘 익힐 필요가 있다.

② 서비스업형: 남의 감정, 특히 만족감에 집중한다

이들의 머릿속엔 '만족'이라는 단어가 선명하게 각인되어 있다. 이들에게는 상대가 '나를 마음에 들어하느냐'가 제일 중요하다. 이 유형의 장점은 친절하다는 것이고 단점은 친절하다가 폭발한다는 것, 또 상대에게도 친절을 강요한다는 점이다.

서비스업형과의 사랑싸움은 일명 억울함 전쟁이다. 상대가 원하지도 않은 친절까지 자발적으로 베풀고 상대가 반응이 없으면 느닷없이 폭발하거나 준 만큼 요구하기 때문이다. 그래서 "내가 언제 그런 거 해달랬어?" "왜 나를 나쁜 사람 만들어?" "내가 얼마나 참았는데 이런 취급을 받아야 해?"라는 말이 오갈 확률이 높다.

서비스형 인물이 제대로 사랑을 해내기 위해서는 타인을 과도하게 의식하지 않는 주체적인 삶을 추구해야 하고 스트레스를 관리하는 자기만의 방식을 찾아야 한다. 그리고 상대방의 의사와는 상관없이 '당신은 이것을 원하고, 이런 면에 실망할 거야'라고 지레짐작하는 자기만의 독심술을 경계해야 한다.

③ 예술가형: 나의 감정이 최우선이다

이들의 관심사는 자기 자신이며 특히 자신의 감정을 우선시한다. 본인이 좋아하면 좋은 것이고 본인이 불편하면 불편한 것이다. 이들은 항상 '지금 내 감정이 어떻지?' '이게 내가 좋아할 만한 것인가?' '내가 남과 다른 게 뭐지?' 하는 데 천착해 살아간다. 대화 도중에 불쑥 끼어들면서 "내 경우에는 말야"로 말을 시작하기도 한다. 늘 자신이 주인공이기 때문이다.

　이들은 열정의 화신이다. 그래서 뜨거울 때는 무척 뜨겁고 동기부여가 되지 않는 일에는 철저히 차갑다. 좋을 때는 사람을 한 번에 빨아들이는 강렬한 매력을 발산하지만 안 좋을 때는 변덕, 무책임, 이기주의 형태로 나타난다.

　예술가형이 사랑을 제대로 해내기 위해서는 '해야 할 것은 하기 싫어도 하기' '상대방의 감정도 존중해주기' 같은 기술을 습득해야 한다.

④ 인문학자 유형: 남의 이성과 논리에 관심이 많다

방송업이나 기자, 경제경영, 법과 윤리, 역사에 관련된 사람들이 이 유형에 많다. 속된 말로 먹물형이다. 이들의 머릿속엔 항상 '왜 그럴까?'라는 질문이 있다. '왜 주가가 떨어졌지?' '왜 빈부격차가 자꾸 벌어지지?' 등 세상사에 관심이 많고 그것을 이론으로 설명하고 싶어 한다.

　문제는 '왜'라는 질문을 대인관계에 적용하면 상대는 비난받는다고 느낀다는 것이다. 이들은 열심히 원인을 분석하고 문제를 해결하려 하는데 그럴수록 상대방은 '내가 무슨 문제라는 거지?' '본인이나 잘하지, 왜 나를 뜯어고치려 들어?' 하는 생각에 불쾌할 수 있다. 특히 끝도 없이 '왜'를 외치다가 '모르겠다'로 결론을 짓는 습관이 있는 경우 스스로 무기력에 빠지기 쉽다.

자신이 인문학자 유형이라면 '일할 때와 사랑할 때를 구분하기' '이유가 없는 것도 있음을 인정하기' '정답에 대한 미련 버리기' '근본적 원인이 아닌 현재의 관계 중시하기'를 수행해야 사랑이 좀 수월해진다.

○　　100인 100색의
　　　　해답

이렇게 단순하게 네 가지 유형만으로 구분해봐도 인간관계는 변수가 정말 많다. 공무원형은 "난 이번 주말에 데이트 못 해! 분명히 얘기했잖아!"라며 단호하게 의지를 고수한다면 서비스형은 "참다 참다 얘기하는 건데, 그 정도도 못 들어줘?"라고 불만을 터트리고, 예술가형이 "네가 뭔데 나를 힘들게 해?"라며 자신의 감정을 지키려 한다면 인문학자 유형은 "도대체 어디서부터 잘못된 걸까?" 하면서 분석과 강의를 준비한다. 게다가 사람마다 저 네 가지 특징이 다 조금씩 섞여 있다. 규칙을 지킬 때는 단호하다가 사람을 대할 때는 서비스를 하고 자신만의 시간을 가질 땐 예술가가 되고 일기를 쓸 때는 인문학자가 된다면 참 성숙한 사람이라고 할 수 있겠지만 어디 사람이 그렇게 완벽한가. 대부분 상황과 상관없는 엉뚱한 자아가 튀어나오는 게 문제다.

그러니 사랑을 하며 살기란 얼마나 어려운가. 혼자서도 힘든데 둘이 만나 한 팀으로 세상에 적응한다는 건 사실 기적 같은 일이다. 춤추기에 비유하자면 파트너와 음악, 춤 종류가 계속 바뀌는 와중에도 박자와 리듬을 잘 맞추며 춰야 하는 상황인 셈이다.

불안이나 우울, 자존감의 문제는 자신에게만 집중하면 되지만 사랑은 남을 사랑하면서 나도 사랑을 받아야 하고, 동시에 나 자신에 대한 사랑도 놓치지 않아야 하니 몇 배 더 복잡하다.

하지만 사랑을 포기하는 사람보다는 해내는 사람이 훨씬 더 많았으니 인류가 여기까지 올 수 있었을 것이다. 우리는 거기서 희망을 찾아야 한다. 사랑이 어렵다는 걸 인정하고 그 이유도 알았으니, 이젠 사랑의 현실적인 의미를 알아보고 하나하나 대책을 세워갈 차례. 그걸 바탕으로 실천한다면 지금까지 해왔던 것보다는 좀 더 수월하게 사랑을 할 수 있을 거라고 믿는다.

4. 사랑이 대체 뭐기에

○ 사랑의 기본 축

이제 본격적으로 사랑에 대해 알아보자. 사랑이란 대체 무엇일까.

사랑을 하는 능력은 음악 연주와 비슷하다. 듣기 좋은 음악은 리듬, 멜로디, 하모니라는 3요소가 잘 어우러져 있다. 소리만 꽥꽥 질러서는 예술이 될 수 없듯 열정만 앞서는 사랑은 일방적인 감정 배출이나 집착에 불과하다. 훌륭한 곡을 쓰려면 기본적으로 악보를 볼 줄 알아야 하듯, 사랑을 잘하려면 사랑의 구성 요소를 알고 있어야 한다.

사랑에 대한 정의는 셀 수 없이 많다. 동서고금의 사랑 이야기와 철학, 종교의 이론을 비롯해 각자의 경험에서 나온 정의까지, 누구나 몇 개는 들어봤을 것이다. 그중에 특정 정의에 매몰되기보다는 다양한 정의에 열린 자세를 갖는 것이 중요하다. 그런데 그러다 보면 또 너무 중구난방으로 해결책이 난무한다는 단점이 생긴다.

나는 오랜 고민과 연구 끝에, 사랑하는 모습은 각양각색이지만 거기에는 핵심적인 공통점이 있음을 발견했다. 그리고 최종적으로 세 가지가 조화를 이룰 때 비로소 사랑이라고 부를 수 있다고 정리했다. 그것은 바로 소중하게 여기기(마음가짐), 이해해주기(정신·심리 활동), 도와주기(행동)이다. 실제 임상과 생활에서도 이 개념을 적용했을 때 가장 현실적이고 평화롭게 목표를 잡을 수 있었다. 지금부터 하나하나 알아보면서 사랑의 실체에 한 발 다가가보자.

○   **소중하고 귀하게 여기기:**
     마음가짐

소중하게 여긴다는 건 단순히 떠받든다는 뜻이 아니다. 아끼고 같은 편이 되어준다는 뜻에 가깝다. 이 뜻을 잘 이해하려면 반려견을 떠올려보면 된다. 귀가했을 때 격하게 꼬리를 흔들며 달려드는 강아지를 보면 무슨 생각이 드는가. 반려견은 보호자의 외모나 직장, 경제력 따위는 따지지 않는다. 그저 존재 자체를 기다리고 반가워한다. 힘든 일에 지치거나 울적한 상태로 귀가해본 사람은 알 것이다. 반갑게 맞아주는 강아지를 보는 순간 울컥하면서 "너밖에 없다"는 말이 나오는 건 귀하게 여겨주는 진심이 통했기 때문이다. 사람에게도 받지 못한 대접을 받았다고 느끼기 때문이다.

　소중히 여기는 마음이란 바로 이런 게 아닐까. 존재 자체를 귀하게 여기고 집중하는 것. 만약 누군가를 사랑하고 싶고 그 사람과의 사랑을 오래 이어가고 싶다면, 그 사람과 함께하는 시간을 소중히 여기겠다는 다짐부터 해야 한다. 늙어가는 부모님을 보면서 '시간이 얼마 없겠다' '지금이 아니면 영영 사랑한다는 표현을 못 할 수도 있겠다'는 생각이 드는 순간 누구나 효자가 된다고 하지 않던가. 우리는 지금 곁에 있는 사람과 함께할 시간이 아주 많다고 착각하다가 크게 후회하곤 한다.

　연인 사이도 마찬가지다. 무엇보다 상대를 귀하게 여기는 마음에서 출발해야 한다. 앞에 있는 그 사람이 설령 다소 부족해 보인다 해도 자기 집에서는 귀한 자식으로 사랑을 흠뻑 받고 자랐을 수 있다. 또한 누구에게는 소중한 첫사랑이었을 수도, 간절히 원하던 대상일 수도 있다. 그렇게 멀리 갈 것도 없이, 내가 처음 그 사람을 사랑하게 되었을 때만 떠올려보아도 된다. 오랜 시간 곁에 있다 보면 존재의 소중함을 잊고 함부로 대하기 쉽다. 그럴 때 내일 당장 이 사람이 사라진다면 어떻게 될지 생각해보면 도움이 될 것이다. 내가 그를 소홀히 대하는 순간, 다른 누구에겐 절호의 기회를 줄 수도 있다는 점 역시 잊으면 안 된다.

　특히 사랑을 고백할까 말까 고민하는 이들에게 '귀하게 여기기'는 무척 중요하다. 아무리 사랑을 표현하는 방식이 쉽고 가벼워졌다고는 하지만 제발 아무 준비 없이 툭 던지거나 장난 섞인 고백은

하지 말았으면 한다. 결례이자 큰 상처가 될 수 있다. '해보고 받아주면 좋고 아님 말지, 뭐' 하는 식의 어설픈 용기에서 '귀하게 여김'은 느껴지지 않는다. 그런 고백을 받은 상대는 자신을 가볍게 여긴다고 느낄 수 있고 '나를 얼마나 쉽게 봤으면 이럴까' 하는 생각이 들 수 있다. 말한 사람에 대한 호감도 역시 떨어진다. 귀한 사람을 만나고 그 마음을 표현할 기회는 자주 오지 않으니, 어느 때보다 진지하게 준비하고 표현하기를 권한다.

○ **이해해주기:**
정신·심리활동

인간관계에서 무엇보다 중요한 게 '공감'이란 말은 많이 들어봤을 것이다. 공감은 '아, 당신이 그런 감정을 느낀 이유가 있었구나! 그럴 만하다' 하고 받아들이는, 감정의 이해 과정이다. 억울함을 호소하는 사람에게 "아, 정말 억울했겠다" 하는 한마디는 열 마디 조언보다 더 큰 위로와 힘이 된다. 자기 감정이 이해받았다는 안도감을 느끼기 때문이다.

'이해'는 공감을 포함하는 강력한 힘이다. 이해하는 동안 뇌는 달아오른 감정 중추인 변연계를 진정시키고 이성 중추인 전두엽을 활동하게 한다. 이를 통해 격해진 마음이 차분해지고 서로를 받아들이게 된다. 그래서 이해는 용서이기도 하고, 동시에 뇌가 할 수 있는 최대치의 사랑을 뜻한다.

그런데 이해는 결코 저절로 이뤄지지 않는다. 상대의 입장과 마음을 충분히 헤아리고 입장을 바꿔 생각할 수 있을 때 이해가 가능한데, 인간은 누구나 자신의 입장에서 생각하는 본능이 있기 때문이다. 그렇다고 방법이 없지는 않다.

이해는 지식의 양과 비례한다. 누군가를 이해하려면 그 사람에 관한 지식을 최대한 많이 가지면 된다. 왜 그렇게 밀어내는지, 왜 그렇게 변덕이 심한지, 왜 그렇게 표현에 미숙한지, 왜 그런 생각을 하는지 도저히 이해할 수 없던 것도 그 사람의 과거와 경험을 더 깊이 알면 이해되는 측면이 생긴다. 반면 상대에 대한 정보가 부족하면 사소한 일에도 오해와 편견이 생기게 마련이다.

내 지인 중 한 명은 방송인 강호동 씨를 별로 좋아하지 않았다. '큰 목소리' 때문이었다. 그는 청각에 예민한 사람이어서 시끄러운 걸 유난히 싫어했다. 그런데 강호동 씨가 한 방송에서 자신이 목소리가 커진 이유는 귀가 어두웠던 아버지 때문인 것 같다는 이야기를 조심스럽게 한 적이 있다. 아버지가 잘 듣도록 크게 소리를 지를 수밖에 없었다는 정보를 듣는 순간 지인은 강호동 씨의 큰 목소리를 이해하게 됐고 싫었던 감정도 조금 수그러들었다고 한다. 이런 것이 이해의 힘이다.

최근 남자들이 임신부 체험 프로그램에 참여하는 경우가 있는데 이런 시도도 이해하려는 노력의 일환이다. 만삭에 가까울 때의 배와 무게·크기가 비슷한 모형을 몸에 매달고 지내면서 임신부로 하루하루 사는 게 어떤 느낌인지 직접 겪어보는 것이다. 또 출산할 때 진통이 어느 정도인지 전기 자극을 통해 체험해보기도 한다. 그렇게 상상과 현실의 차이를 느끼다 보면 '아, 아내가 정말 힘들었겠구나' 하고 상대를 더 많이 이해하게 되고, 사랑하는 능력도 그만큼 향상된다. 이해가 곧 사랑이 되는 순간이다.

○　　**역할에 맞게 도와주기:**
　　　행동

사랑은 '도와주기'라는 행동으로 완성된다. 나는 이것이 사랑의 3요소 중 가장 중요하다고 생각한다. 도와주기가 없는 사랑은 말뿐인 과잉보호나 껍데기가 될 여지가 많다. 사랑한다고 말하면서 고통만 준다면 그건 진짜 사랑이 아니다. 너무 아픈 사랑은 사랑이 아니라는 노랫말이 괜히 나오지 않았을 터. 상대가 원하고 필요로 하는 바를 파악하고 도와주는 것, 그것이 진짜 사랑이다.

어떤 사람이 묻는다. "사랑하는 사람이 자존감이 낮아요. 아무리 칭찬해주고 설득해도 좀처럼 안 고쳐집니다. 도대체 어떻게 해야 이 사람의 생각을 바꿀 수 있을까요?" 도와주고 싶은 마음이야 이해가 된다. 그러나 도와줄 때 가장 중요한 것은 '역할'이다. 사랑하는 사람을 위한 자신의 역할을 간과해선 안 된다.

저 질문을 한 사람은 연인의 자존감을 높이고 더 좋은 관계를 맺고 싶을 것이다. 어떻게든 도와서 힘이 되어주고 싶을 것이다. 그 마음이야 알지만 이때 자신의 역할을 잊으면 부작용이 생긴다. 예를 들어, "내가 좀 알아봤는데 자기는 자존감이 낮은 것 같아. 그래서 자꾸 사람들 시선을 의식하고 비교하고 불행해지는 거야. 아무리 인정이나 칭찬을 받아도 믿지 않는 것도 문제야. 그걸 지켜보는 나도 힘들고. 그럴 땐 이렇게 해보면 어때?" 이러면서 절절한 충고와 처방을 내리는 사람들이 있다. 마치 의사처럼 말이다. 그런데 생각해보라. 의사들의 특징이 무엇인가? 의사들은 대개 냉정하고 원론적이고 유머감각도 없다. 병원 가서 행복하게 웃고 나오는 사람이 몇이나 되는가? 힘들어하는 연인 앞에서 의사가 되려고 해서는 안 된다.

자존감이 떨어진 연인이 저런 조언을 들으면 '날 진심으로 위로해주는구나'라며 고마워할까? 고맙기는커녕 화가 나고 숨고 싶을 것이다. 자신의 문제를 본인이 누구보다 잘 알고 있고 사랑하는 사람에게만큼은 들키고 싶지 않은데 연인이 그 점을 자꾸 들춰내고 고치려 드니 말이다. 데이트가 교정의 시간, 지적질의 시간이 되면 자존감은 더 떨어지게 마련이다. 그렇게 쉽게 고쳐질 것이었으면 진작 고쳤을 것이다.

가르치고 교정하고 바꾸려는 행동은 이미 다른 사람들이 많이 하고 있다. 지지하고, 이해하고, 곁에 있어주는 게 사랑하는 사람의 '역할'이다. 그러니 사랑하는 사이라면 안아주고, 위로해주고, 마음을 알아주고, 맛있는 음식을 함께 먹으며 행복해야 한다. 그게 데이트의 원래 기능이자 역할이다.

많은 사람들이 좋은 의도를 갖고도 사랑에 실패하는 건 '도와주기'의 방향을 잘못 잡기 때문이다. 상대가 원하는 것이 아닌 내가 원하는 것을 해주려고 하거나 도와주는 연습이 제대로 되어 있지 않아서도 그렇다. 연애 상담을 하다 보면 "그것 하나만 빼면 완벽한 사람이에요"라는 말을 자주 듣는다. 사실은 그 하나가 나머지 장점을 다 모아놓은 것보다 커서 문제인데, 사랑에 빠진 사람들에게는 그게 잘 보이지 않는 모양이다.

헤어지지 않을 거라면 상대방을 고치고 바꾸려 들기보다는 도와서 자연스럽게 바뀌도록 해야 한다. 단, 도와줄 때는 어떤 기대도 하지 말고 도와줘야 효과가 있다. 경험상 묘하게도 '바꿔야지' 하는 마음을 먹는 순간 결과는 안 좋아진다. 참으로 신기한 일인데, 내 생각엔 그런 마음, 의도가 상대에게 어떤 식으로든 전해지고 반감을 일으키지 않나 싶다.

그런데 도와주기는 마음먹는다고 곧바로 되지 않는다. 생각보다 꾸준한 연습이 필요하고 상대 입장에 공감하고 배려해야 가능하다. 카페에서 음료를 주문하는 걸 상상해보자. "아메리카노 한 잔요"라고 말하는 사람과 "아메리카노 따뜻한 거 한 잔, 톨 사이즈로 주시고요, 안에서 마실 테니 머그잔에 주세요. 적립 카드는 없습니다"라고 말하는 사람은 얼마나 다른가?

사소해 보이지만 이런 것에서 도와주기는 시작된다. 손님 한 사람당 서너 개의 질문을 매번 반복해야 하는 아르바이트생을 배려

하고, 손님이라는 자신의 역할에 충실해야 한다. 우리 주변에는 도와주기를 연습할 만한 상황이 많다. 전단지를 건네는 손길, 궂은일을 도맡아 하는 아파트 관리인, 택배 기사, 편의점이나 음식점 아르바이트, 위험한 도로를 건너는 아이들, 목적지를 잃은 어르신 등등. 이들에게 존중하는 태도와 말투, 몸에 밴 친절로 응대해보는 것은 어떨까. 친절은 사랑보다 위대하다는 말도 있지 않은가. 도와주기가 습관이 되면 언제 누구를 만나든 자연스럽게 작동하게 되어 있다. 나중에 만날 사랑하는 사람에게 큰 선물이 될 것이다.

5.   결혼은 싫지만
       외롭고 싶진 않아

○   **요즘 사랑의**
    트렌드

사랑도 시대를 따라 변한다. 내 할머니는 암에 걸려 병상에 누워 계시면서도 나만 보면 "밥은 먹었냐?"라며 끼니 걱정을 하셨다. 도대체 왜 그토록 밥 타령을 하는지 살짝 짜증이 났지만 가난을 겪은 할머니에게 밥은 사랑의 다른 말임을 뒤늦게 깨달았다. 사랑을 준다는 것은 배부르게 먹게 해준다는 뜻이었을 테니까.

아버지에겐 통닭이 그랬다. 살가운 표현을 못 했던 아버지는 월급날이면 통닭 한 마리를 사 들고 오셔서 말없이 두 형제의 방에 넣어주곤 했다. 쑥스러운 말 대신 통닭 한 마리로 당신의 마음을 표현해준 것이리라. 그것만으로도 우리는 가족 안에 흐르는 어떤 끈끈함을 느낀 것 같다. 그런 시절이 있었다.

우리 각자에게는 사랑과 동일시되는, 사랑을 표현해주는 어떤 것이 있다. 할머니에게 밥이 그랬던 것처럼, 누구에게는 돈이, 누구에게는 인내가, 또 누구에겐 놓아줌이 곧 사랑일 것이다. 그리고 시대에 따라 사랑의 개념이나 성격도 달라진다.

요즘 사랑의 트렌드는 '공감해주기'가 아닐까 싶다. 먹을거리가 부족하지 않은 요즘 사람들은 배고픔보다 슬픔이나 분노, 공허한 감정에 더 취약하다. 허기진 배를 채워주기보다 내 마음을 알아주기를 바라고, 마음을 몰라줄 때 서러워한다. 공황장애, 우울증, 분노조절장애, 결정장애 등 근래에 우리에게 익숙한 병들은 대개 감정에 관련된 병이다. 감정의 시대인 지금은 공감이 밥보다 중요하다.

○　**연애와 결혼을
　　기피하는 시대**

그런가 하면 연애나 결혼에 대한 의식도 많이 바뀌었다. 사랑하면 결혼한다는 공식도 깨졌다. 연애와 사랑, 결혼을 분리해서 생각하게 된 데에는 몇 가지 요인이 있는 것 같다.

첫째, 더 이상 결혼을 매력적인 것으로 여기지 않는 시각의 변화다. 인류 역사에서 고도로 계산된 행위가 문화로 정착된 제도가 바로 결혼이다. 과거에는 결혼을 하면 이득이 있었다. 사회적으로 안정된 시스템에 들어갔고 아이도 키울 만했고, 집도 장만했다. 마치 행복은 결혼한 가정 안에만 있는 것 같았다. 말하자면 힘들어도 열심히 함께 노력하면 어려움을 극복할 수 있다는 이데올로기가 가능했다. 지금은 어떤가? 아무리 계산을 해도 행복해질 가능성이 커 보이지 않는다. 오히려 결혼으로 떠안을 불편과 압박이 더 크게 다가오는 게 현실이다. 커리어나 꿈을 포기해야 하기 십상일뿐더러 집을 장만하고 아이를 키우는 데 드는 비용도 크나큰 부담이다. 그러니 결혼율과 출산율이 낮아진 건 지금 젊은 층이 합리적으로 선택한, 자연스러운 결과인 셈이다. 특히 많은 여성들은 결혼으로 인해 얻는 것보다 감수해야 할 것, 잃는 것이 더 많다는 데 동의한다. 그들에게 결혼은 더 이상 꿈꿔볼 낭만이나 신비로운 아이템이 아니다. 나는 이런 현상을 사랑의 부재가 아니라 사랑할 용기의 부재라고 본다. 우리 사회가 연애할 마음, 결혼할 용기를 빼앗아 간 것이다.

둘째, 미디어들이 생산해내는 자극적인 콘텐츠도 연애와 사랑을 단념하게 하는 원인 중 하나다. 광고와 후원으로 포장된 화려한 데이트, 서민은 꿈도 꾸기 힘든 통 큰 선물과 프러포즈, 값비싼 물건으로 꾸민 집 등을 보고 있자면 우리의 현실은 너무 초라하게 느껴진다. 이런 콘텐츠들은 암암리에 연애도 돈이 있어야 할 수 있다는 인식을 심어 자격 유무를 판단하게 하고 자포자기를 불러온다. 그러니 사랑을 시작해볼 엄두조차 내지 못하는 것이다. 특히 현재 20대와 30대에 해당하는 이른바 밀레니얼 세대에게 연애와 결혼은 하고 싶어도 할 수 없는 사치가 되어버렸다. 사상 최대의 취업난, 치솟는 집값에 힘겨워하고, 공정한 출발점에 설 기회마저 박탈당한 이들에게 '사랑은 아름다운 거'라고, 결혼은 희망찬 미래라고 누가 감히 말할 수 있겠는가.

셋째, 혼자서도 큰 결핍감을 느끼지 않고 살 수 있는 기술과 문화가 사람의 자리를 대체하고 있는 것 같다. 혼밥은 더 이상 외로움의 상징이 아니며 1인 가구 수가 전체 가구의 40퍼센트에 육박한다. 이런 변화는 굳이 연애를 하고 결혼을 하지 않아도 된다는 인식을 방증한다. 앞으로는 혼자 사는 사람이 지금보다 더 빠르게 늘 것이다.

○   사랑이
    필요한 이유

그렇다고 해서 사랑의 가치가 변한 건 아니다. 편하고 자유로워 혼자의 삶을 택한 이들이 늘었지만 그만큼 외로움을 호소하는 사람도 늘고 있다. 외로움, 두려움, 고독감 때문에 병을 얻거나 상담실을 찾아오는 사람도 늘었다. 혼자가 좋다면서도 '이게 정말 잘한 선택인지 모르겠다'며 끊임없이 자문하는 젊은이도 많다.

최근 부쩍 자신의 감정을 중시하고, 불편한 부탁이나 요구는 단호하게 거절하면서, 타인의 시선 따윈 신경 쓰지 말라는 주문이 거세다. 한마디로 욕구에 충실하며 주체적으로 살라는 메시지다. 맞는 말이다. 실제로 예전보다 많은 사람들이 움츠리고 눈치 보던 태도를 벗고 당당한 모습을 취하는 추세다. '내 메시지 안 읽네? 그럼 나도 언팔로우' '그것까지 해야 한다고? 그만둘래' 한다. 한마디로 '쿨'해졌다. 물론 일반 직장인이나 서비스 업종, 알바생처럼 이른바 '을'들에게 '쿨함'이란 현실성 없는 얘기일 수 있다. 또한 사회적으로 부당한 압력이나 폭력, 차별 앞에 목소리를 내는 건 당연히 필요하고, 이는 긍정적인 흐름임이 분명하다.

여기서 초점은 사적인 인간관계에서다. 관계 단절을 두려워하지 않는다는 것. 물론 끊어내야 하는 고통스러운 관계도 분명 있다. 하지만 친했던 관계조차 아무 고민 없이 쉽게, 자주 끊는 경우는 얘기가 다르다. 그렇게 여러 관계를 끊어본 사람은 알 것이다. 관계는 한번 끊기는 쉽지만 다시 연결하기는 어렵다. 끊어낼 땐 후련하고 개운할 수 있어도 의외로 후유증이 남을 수 있다.

혼자가 되어보면 안다. 함께여서 받는 스트레스나 어려움과 비교할 수 없을 정도의 고독, 쓸쓸함, 심한 우울감과 좌절이 찾아온다. '이렇게 사는 게 맞나' '나란 존재는 왜 필요한가' 같은 존재론적 허무가 엄습한다. 무턱대고 관계를 끊어냈다간 감당하지 못할 고통을 당할 수도 있다는 얘기다.

우리는 종종 혼자 있길 원하지만 사실 그 시간은 그리 길지 않다. 사람 관계에 치이고 지친 날 며칠, 길게는 몇 달, 번잡한 일상에서 벗어나 쉬고 싶은 틈틈이는 혼자가 좋다. 하지만 그 충전의 시간이 지나고 나면 좋아하는 사람들과 다시 만나고 얘기하고 만지고 소통해야 살아 있음을 확인하게 된다. 자신과 별 관계도 없는 많은 사람까지는 아니더라도 분명 소수의 밀접한 관계는 반드시 필요하다. 서로 교류하며 즐거운 대화에 한바탕 웃기도 하고, 나쁜 사람 험담도 하고, 고민도 털어놓고 들어주는 사람이 아예 없다면 '혼자가 좋다'는 말은 쉽게 쓸 수 없는 무서운 말이 된다.

코로나19 범유행 사태로 많은 사람들이 우울감을 호소한다. 이른바 '코로나 블루'다. 바이러스가 확산된 처음 몇 달은 오히려 긍정적인 효과도 있었다. 불필요한 만남을 줄이고, 과대포장됐던 관계에서 거품을 빼고, 어수선하던 일상의 폭을 좁히니 생활이 정리되고 차분해졌다. 그런데 일 년이 다 되어가는 지금은 어떤가? 떨어져 사는 가족들이 모이기도 어렵고, 친구들과 실컷 어울리지도 못한다. 즉 '함께하지 못하는' 고통이 점점 드러난다. 이것은 '사는 재미'가 없어졌다는 말과도 같다.

나는 이번 사태를 보면서 더 확신을 갖게 됐다. 우리 인간은 혼자서는 살 수 없다. 숨은 쉴 수 있다. 하지만 삶의 의미를 잃어버리고, 감정이 피폐해지고 마음 둘 곳이 없게 돼 진짜 살아 있는 느낌은 반감된다. 웬만큼 마음 내공이 큰 사람들도 휘청거린다. 그 정도로 사랑을 나누는 존재와의 일상적 관계는 소중하다.

사랑, 때로는 멈출 수 있다. 하지만 사랑을 걷어낸 삶, 사랑을 거부하는 삶, 사랑을 외면하는 삶은 행복이나 안정과는 거리가 멀다. 반드시 결핍이 생겨 몸과 마음의 병을 얻게 된다.

코로나 사태로 인해 생활반경이 좁아진 지금, 사람과 사람 간의 자연스러운 스킨십, 친밀한 대화와 소통이 얼마나 소중했는지 깨닫는다. 나는 이것이 코로나가 준 뜻밖의 선물이라고 생각한다. 우리가 누린 일상, 만나던 사람들과의 관계, 표현했던 소소한 관심과 나눔이 너무나 귀한 사랑이었음을, 그 사랑이 어느 날 사라져버리면 우리 삶도 어느 날 송두리째 사라져버릴 수 있음을 강력하게 알려주고 있다.

O   **우리 안의**
      사랑 본능

요컨대 인간은 어떤 이유로든 사랑을 포기할 수 없는 존재다. 사랑을 잠시 대체할 수 있는 건 많아도 우리가 만족하는 감정적 뿌리는 사랑 안에 있다. 혼자 있으면 불안하고 두렵고 누군가와 함께 있기를 바라게 되는 이유는 의외로 단순하다. 인류에게 아직 집단생활의 본능이 남아 있기 때문이다. 수만 년간 채집과 수렵, 공동생활을 유지했던 인류의 유전자는 오늘날에도 여전히 유효하게 작동한다. 함께 있어야 안전하다는 생각은 무의식에 새겨져 우리의 삶을 좌우한다. 편을 만들어놓아야 마음이 놓이는 사회적 본능도 쉽게 사라지지 않는다. 사람과의 연결이 끊어졌다는 느낌이 들면 생명에 위협을 느낄 만큼 공포심도 따라온다. 시대는 변했지만 사랑을 통해 타인과 연결되고 싶어 하는 본능은 여전히 강력하다.

짧은 기간이라면 사랑 따위 무시하고 잘 살 수 있다. 하지만 장기적으로는 다양한 사람들 속에서 인정받고 사랑을 받아야 비로소 살 만하고 행복하다는 안도감이 생긴다. 이런 본능은 변하지 않을 것이다. 일종의 배고픔과 같아서 일시적으로 포만감이 들었다가도 몇 시간이 지나면 또 사랑이 고프다. 이러니저러니 해도 결국 사람은 사랑을 주고받으며 살아갈 수밖에 없는 존재다.

우리는 어마어마한 변화 속에 서 있다. 혼자가 편하고 좋다가도 때때로 연결되고 사랑받고 싶은 모순된 감정이 들어 혼란스럽다. 자유롭지만 외롭다. 애정결핍의 문제는 갈수록 큰 문제로 대두될 것이다.

6.   사랑의 효력,
　　　더 늦기 전에

○   인생의 가장 강력한
　　　에너지

나는 이 책에서 주로 '사랑력(力)'에 대해 말하려고 한다. 사랑력이
란 내가 조합해 만든 말로 사전상에는 없는 단어이지만, 쉽게 짐작
할 수 있듯 사랑할 수 있는 능력을 말한다. 인간관계에서 사랑을 녹
여낼 수 있는 힘이다. 사랑력이 중요한 이유는 그에 따라 한 사람의
인생이 너무 크게 달라지기 때문이다. 자존감도 바로 사랑력에서
영향을 크게 받는다.

　사랑의 힘은 생각보다 대단하다. 사랑에 빠져 밤새워 통화를 하
고도 날이 밝는 대로 만나 데이트를 해본 적이 있을 것이다. 그처럼
피곤조차 잊는 게 사랑의 힘이다. 인생에서 힘든 고비를 이겨낸 사
람들에게 "어떻게 견딜 수 있었나요?"라고 물어보면 그 원천에는

대부분 사랑이 있다. 사랑하는 가족을 떠올리며 버티는 사람도 있고, 사랑하는 일이라서 힘든 줄 몰랐다고 말하기도 한다. 사랑력이 충만할 때 뇌가 도파민 시스템을 가동해 쾌감과 자연 진통제를 분비하기 때문이다. 매너리즘을 방지하는 가장 좋은 연료가 다름 아닌 사랑력이다. 세상의 모든 두근거림, 새로운 것은 다 사랑에서 시작된다.

빵을 사랑해야 제빵사가 될 수 있고, 커피를 사랑해야 바리스타가 될 수 있다. 새로운 걸 찾아내는 걸 좋아하는 이가 신기술을 발명하고, 집을 짓는 사람은 그곳에서 살 사람을 귀하게 여겨야 안전하게 공사를 할 수 있다. 이것이 사랑의 힘이다.

사랑력이 중요한 이유는 사랑이 곧 의욕을 만드는 기본 동력이기 때문이다. 살아갈 이유, 힘의 근원에는 사랑이 있다. 너무 뻔한 말 같지만 하루하루를 보람 있게 살려면 먼저 자기 인생을 사랑해야 한다. 내 인생을 귀하게 여기지 못하는데 어떻게 스스로를 지킬 수 있겠는가. 인생을 그저 견뎌야 하는 고행처럼 받아들이면 보람도 행복감도 얻을 수 없다.

사랑력은 연인 사이의 알콩달콩한 행복만 만드는 게 아니다. 사랑을 잘하는 힘은 존중과 배려의 기본이 되고, 잠재력을 이끌어내는 마중물 역할을 한다. 마음을 편하게 만들고 열정을 일으키는 기능을 한다.

○ 사랑력이
인생을 좌우한다

사랑력을 어디에, 얼마나 쏟느냐가 성공과 삶의 질을 결정한다. 사랑이 돈을 향하면 돈을 좇게 되고, 술이나 약을 향하면 중독자로 살며, 어려운 이웃에게 돌리면 봉사하는 삶을 살게 된다. 사랑을 여러 연애 상대에게 돌리면 바람둥이가 되고, 일에 돌리면 일중독자, 여행에 돌리면 여행가가 된다. 얼마만큼 쏟느냐에 따라서도 달라진다. 사랑을 적당히 쏟으면 문제가 안 되지만 너무 한쪽으로 쏟아 부으면 과부하가 걸린다.

　사랑은 곧 대상을 향한 관심과 집중이다. 그래서 사랑하는 사람과의 관계는 인생 전반에 영향을 끼친다. 아무리 돈이 많고 유명한 사람이라도 부부싸움을 한 날은 마음이 편할 수 없다. 평생 일에 몰두해 성공한 사업가들도 죽음을 앞두고서는 가족 등 사랑하는 사람들과 좀 더 시간을 보내지 않은 것을 후회한다고 한다. 사랑해야 할 사람을 사랑하지 못하면 반드시 후회와 고통이 따라온다.

○ 사랑력은
자존감이자 성장력의 기반

자존감 또한 사랑력의 산물이다. 자신을 사랑할 줄 아는 사람이 타인을 사랑할 수 있다지만, 사랑을 많이 받아본 사람이 자신도 사랑하는 법이다. 그런 사람들이 결국 타인의 사랑도 많이 받는다. 선순환이다.

사랑받은 경험이 쌓이면 튼튼한 자존감의 기초가 된다. "우리 아이의 자존감은 어떻게 올릴 수 있을까요?"라는 질문을 하는 양육자에게 답은 '사랑을 주는 것'밖에 없다. 다만, 사랑을 주는 능력을 키워 제대로 된 사랑을 줘야 한다. 요건을 충족하지 않은 사랑은 부작용을 낳기 때문이다.

혹자는 사랑하는 힘을 키우자는 말에 반발심이 들 수도 있다. '무슨 사랑까지 공부해서 배워야 해?' '사랑만큼은 내 마음 가는 대로 하고 싶어!' '나 혼자 변한들 무슨 소용이야?' 등 저항감이 생기는 건 어쩌면 당연하다.

그럼에도 마음에서 꿈틀대고 있는 사랑에 대한 욕구를 부정할 필요까지는 없다. 몰입하고 싶고, 삶의 의미를 찾고 싶고, 환경을 극복하고 성장하고 싶은 열정은 누구에게나 잠재돼 있다. 사랑을 잘한다는 것은 세상과 사람을 이해하는 폭이 넓어진다는 뜻이며, 이는 자신과 타인의 자존감을 높여주는 일이다. 사랑이 가능한 삶이 곧 성숙한 삶 아니겠는가.

○ **다양한 가족,**
   다양한 공동체

사랑력이 지금 더 필요한 이유가 있다. 대한민국은 더 이상 혈연관계가 지배하는 사회가 아니다. 부부나 혈연으로 맺어지지 않은 새로운 형태의 가족, 새로운 관계 형태가 많아졌다. 친구나 동료와 한집에 살기도 하고, 뜻이 맞는 사람들끼리 일종의 타운을 형성하기도 하며, 대면 접촉 없이 온라인에서만 관계를 맺기도 한다. 1인 가구로만 구성된 공동주택과 같이, 독립된 공간과 공유 공간을 넘나드는 '따로 또 같이'의 형태도 등장했다.

이럴 때 정말 필요한 게 사랑력이다. 혈연관계로 맺어지지 않은 사람들과 만들어나가야 할 관계 방식은 기존 가족의 관계 방식과 다를 수밖에 없다. 누구를 만나든 나에게 건강한 사랑력이 장착돼 있다면 그건 곧 험한 세상이라는 암벽에 오를 든든한 장비를 착용한 것과 같다.

○ **기다리다**
   더 늦기 전에

한편, 아직 짝을 만나지 못한 사람이라면 좀 서둘러야 한다. 사랑의 속성 중엔 '독점'이 있다. 사랑 고민을 듣다 보면 "괜찮은 사람들은 이미 다 임자가 있어요!"라는 자조 섞인 말을 자주 듣는다. 맞는 말이다. 괜찮은 사람은 눈 밝고 사랑력을 갖춘 사람이 먼저 데려가버린다. 똑똑하고 열정석인 사람들은 눈앞에 나타난 좋은 사람을 결코 놓치지 않는다. 훗날 누군가를 필요로 해도 괜찮은 사람은 남아있지 않을 수 있다.

오늘이 제일 이른 날이다. 망설이는 이 시간에도 그 사람은 누군가의 마음을 얻으려 애쓰고 있을지 모를 일이다. 또, 나와 정말 잘 맞는 사람이 나를 찾고 있을 수도 있다. 더 이상 사랑하기를 미루거나 중단하지 않기를 바란다.

사람을 향한 판단과 실행이 갈수록 빨라지는 것 같다. 새로 만난 사람을 내 곁에 오래 둘지 아니면 잘라낼지를 신속히 판단한다. 손해를 감수하면서 진득하게 기다리거나 지켜보지 않는다. 그러니 단시간에 자신이 어떤 사람인지 증명해내야 한다. 이때 사랑력을 갖춘 사람은 매력적인 사람, 곁에 두고 싶은 사람, 든든한 존재가 된다. 원하지 않아도 주변에 사람들이 모일 것이다.

연인이든 친구든 내 인생에 필요하고 함께 나이 들며 감정을 나눌 사람은 시기를 보고 찾아오지 않는다. 곁에 왔을 때 내 사람으로 만들어야 한다. 그것이 우리가 더 이상 미룰 수 없는 이유다.

지금부터 사랑력을 갖추기 위해 필요한 것, 우리가 관계를 맺을 때 호소하는 어려움 등에 대해 알아보자.

사랑에 대해 이야기를 나누다 보면 '이게 다 무슨 소용이냐' 하는 넋두리를 자주 듣는다. 외모 출중하고 돈 많으면 사랑은 자동으로 될 텐데, 무슨 사랑력 타령이냐고 반발하는 사람들이 있다.

마음 아픈 이야기지만, 그런 생각을 하는 사람들 대다수는 자기 외모에 자신이 없거나 돈을 많이 벌어본 경험이 없는 경우가 많다.

그것들을 가져본 사람은 안다. 사랑이라는 게 그런 조건을 갖췄다고 알아서 잘되는 게 아니라는 점을 말이다. 빼어난 외모와 경제력을 갖추면 어느 정도 편한 건 사실이다. 하지만 수많은 재벌들과 아름다운 배우들의 사랑과 인생이 그렇게 순탄치만은 않았다는 사실을 기억해주기 바란다.

설령 그 말이 옳다고 해도 그렇다. 아름다워지고 부자가 되기 위해서 무엇이 필요할까? 여기에도 사랑은 필수 조건이다.

피부 관리하고, 다이어트하고, 운동하면 지금보다 나은 외모를 가질 수 있다는 건 우리 모두 알고 있다. 그런데 누구나 그걸 실천해서 이루지는 못한다. 왜일까? 좋은 조건(외모, 돈, 명예 등)을 얻기 위해선 사랑이 필요하다. 잘 보이고 싶고 좋은 것을 함께 나누고 싶은 대상이 있을 때 진정으로 동기부여가 되기 때문이다. 어떤 인류학자들은 초기 인류가 직립보행을 시작한 이유도 사랑에서 찾는다. 가족들에게 먹을 것을 좀 더 가져다주기 위해서는 손을 사용해야

했기에 극심한 고통을 참아가며 허리를 폈다는 것이다. 긍정적인 변화를 이루려면 사랑은 필수다.

부디 지금 갖지 못한 자원을 핑계 대면서 사랑을 포기하지 말자. 사랑은 배운 대로 하다 보면 되고, 되다 보면 하게 되는 수영 같은 것이다. 타고난 자원이 특출나지 않아도 아는 것을 늘리고 연습하다 보면 지금보다 좀 더 매력적인 사람이 되어 있을 것이다. 사랑은 살면서 투자할 가치 있는 것 중 단연 최고다.

chapter 2

나는 어떤
애착 유형인가

1. 애착과 사랑의 관계

○ 관계의 변화가 세상을 바꾼다

기업가이자 요리연구가인 백종원 씨를 좋아한다. 백종원 씨 덕분에 난생처음 요리다운 요리를 할 수 있게 됐다. 레시피를 찾아 겉절이를 하고 어묵탕을 끓이고 아이들과 전기밥솥 케이크도 만들어 먹었다. 요리에 무관심했던 나에게는 큰 변화였다. 물론 요리를 소재로 한 다른 프로그램에도 전문가들은 많았다. 그런데 대개는 이름조차 생소한 소스를 준비했고, 고급 주방에서나 쓸 법한 계량기와 도구를 사용했다. 보기엔 멋졌지만 나 같은 사람은 따라 할 엄두가 나지 않았다.

백종원 씨는 달랐다. 흔하디흔한 재료로 누구나 맛있는 요리를 만들 수 있다는 그의 말은 내 마음을 움직였다. 나만 그랬던 건 아니었는지 그의 요리책이 불티나게 팔렸고 요리를 멀리하던 사람들의 실력이 한층 업그레이드되었다. 대중의 생각과 행동을 이렇게까지 크게 바꿔놓은 사람은 없었던 것 같다.

참 존경스러운 부분이다. 백종원 씨는 사람과 요리 관계를 변화시켰다. 요리는 쉬운 것, 재미있는 것, 누구나 할 수 있는 것이라는 인식을 심어주었다. 그 점이 대단하다. 요리에 자신감을 느낀 대중의 관심은 높아졌고 음식 문화 전반에 변화가 찾아왔다.

전문가의 역할이란 바로 그런 것 아닐까. 자신의 관심사에 타인도 관심을 갖도록 하는 것, 그래서 원한다면 누구나 잘할 수 있도록 도와주는 것 말이다. 그 관심사가 삶을 유익하게 하고 즐거움을 줄 수 있다면 더할 나위가 없다.

이 책도 그런 역할을 하길 바란다. 독자들이 타인과의 관계에 관심을 갖고, 사랑을 주고받는 것에 거부감이나 불편함을 걷어내는 계기가 되면 좋겠다. 요리를 사랑한 한 사람이 전 국민의 요리 감각을 변화시켰듯, 이 책이 독자의 사랑력을 높여서 안정된 애착을 형성하는 데 도움이 되길 바란다. 그래서 궁극적으로 지금보다 더 즐겁고 편안한 인생을 산다면 더 이상 바랄 게 없겠다.

○   **안정된 애착,**
　　　 안정된 삶

이쯤에서 알아둬야 할 용어가 있다. '애착'이다. 애착은 이 책에서 자주 나오는 말로, 매우 중요하다.

　'애착'은 친밀한 사람 사이에 형성되는 정서적 관계를 일컫는다. 어린 시절 부모와의 관계에서 형성돼 오랫동안 유지되는 인간관계의 틀이라 할 수 있다. 새끼 오리가 태어나서 처음 본 대상을 양육자로 인식하고 평생 따르게 된다는 각인(imprinting) 이론과 유사한 면이 있다. 인간이 오리는 아니지만 한번 형성된 관계의 틀은 강력하게 보존되며, 누구와 관계를 맺더라도 광범위하게 적용된다는 점이 애착 이론의 포인트다.

　예를 들어, 아이는 배가 고프면 울고 기저귀가 젖으면 갈아달라고 칭얼거린다. 이와 같은 아이의 호소에 양육자의 반응이 적절하지 못한 경우가 있다. 반복해서 도와달라고 신호를 보내는데도 무관심하게 방치하거나, 불쾌한 기분을 장시간 표출하며 극단적 고통을 호소해야만 돌보아주는 경우다. 혹은 양육자가 "너만 없었으면 나는 진작 이 집에서 나갔어"라거나 "넌 어떻게 맘에 드는 구석이 한 군데도 없니?"처럼 과도한 비난이나 일관성 없는 태도로 아이를 돌본다면, 아이에게는 어떤 일이 생길까?

　이런 일이 반복되면 아이의 마음속에는 다음과 같은 인식이 고착된다. '세상엔 나 혼자구나. 의지할 곳도, 기댈 사람도 없구나!'

'조금만 불편해도 아주 크게 울고 소리 질러야 살아남을 수 있겠구나!' '내가 뭔가 잘못했나 보다. 다음부턴 혼나지 않게 꾹 참아야지!' 등이다.

애착이 중요한 이유는 이 시기에 형성된 세계관이 평생에 걸쳐 반복되기 때문이다. 이렇게 한번 세상을 불신하기 시작한 사람은 누구를 만나도 불신하며, 자기 비난이 습관화된 사람은 별 근거도 없이 자신을 먼저 탓하고 본다. 자신과 세상을 대하는 태도가 '핵심 믿음'으로 자리 잡기 때문이다. 결과적으로 이들은 인간관계의 틀이 불안정하다. 전문 용어로 불안정한 애착의 틀을 가졌다고 표현할 수 있다.

반면 배가 고프기 전에 음식을 제공하고 기저귀가 젖으면 바로 갈아주는 양육자를 만난 아이는 세상을 신뢰하게 된다. 다소 불편한 게 생겨도 '조만간 해결해주겠지'라고 기대하고 그 기대가 충족이 되면 또 여유 있게 기다리는 습관이 생긴다. 이 아이가 성장하면 새 목표에 과감하게 도전하는 사람이 될 확률이 높다. 마음 깊은 곳에 믿는 구석, 여유가 있기 때문이다. 게다가 도전할 때마다 성패 여부를 떠나 지지와 격려를 받기 때문에 양질의 성취감도 느끼게 된다. 비록 실패하더라도 시도 자체를 긍정적으로 여기면서 용감하게 세상으로 한 발 한 발 내딛는 것이다. 긍정적 애착 관계가 형성된 예다.

애착은 사랑력과 떼려야 뗄 수 없는 관계라 정확히 알고 넘어갈 필요가 있다.

○   애착 유형
네 가지

세상과 자신에 대해 어떤 인식과 태도를 가지느냐에 따라 애착은 크게 네 가지로 나뉜다.

	자신에게 긍정적	자신에게 부정적
타인에게 긍정적	안정형 애착	불안형 불안정 애착
타인에게 부정적	회피형 불안정 애착	혼합형 불안정 애착

이 표에서 보듯, 자신과 타인 모두에게 긍정적인 사람의 애착 유형을 '안정형 애착'이라고 부른다. 이런 사람은 자존감도 높고 세상에 대한 믿음도 커서 사랑력이 비교적 온전하다. 타인과 사랑을 주고받을 수 있는 좋은 기반을 가졌다고 할 수 있다.

반면 나와 타인 중 하나에라도 부정적인 태도를 갖고 있다면 '불안정 애착'으로 분류하는데, 이는 다시 세 가지 유형으로 나눌 수 있다. 첫째는 타인에겐 긍정적이지만 자신에게는 부정적인 불안형 애착, 둘째는 자신에겐 긍정적이지만 타인에겐 부정적인 회피형 애착, 셋째는 자신이나 타인 모두에게 부정적인 혼합형 애착이다.

사랑하는 힘이 떨어지는 것을 심리학 용어로 풀이하면 불안정 애착을 가지고 있다고 할 수 있다. 부정적인 관점이 건강한 관계 형성을 방해하기 때문이다.

가령 혼잡한 거리에서 낯선 사람과 우연히 어깨를 부딪쳤다고 해보자. 이때 불안형 애착을 가진 사람은 '나 좀 봐, 정신 똑바로 못 차리네'라며 자책을 한다. 회피형 애착을 가진 사람은 "눈을 어디다 두고 다녀요?"라며 상대에게 화를 낸다. 혼합형 애착을 가진 사람은 상대에게 화를 냈다가, 그렇게 화내는 자신이 옹졸하다며 자책하고, 다시 아침부터 재수 없게 됐다며 타인을 원망한다. 악순환에 빠지는 것이다.

불안정 애착 유형이 이렇게 반응한다면, 안정형 애착 유형의 사람들은 어떨까? 이들은 그리 오래 마음에 담아두지 않는다. 사람이 많고 길이 좁으면, 게다가 바쁜 현대인들이 생활하다 보면 어쩔 수 없이 발생하는 일이라고 여긴다. "죄송합니다. 괜찮으세요?"라고 사과를 하지만 이는 자기 비하가 아니다. 그저 예의바른 행동으로 상대방을 존중한다. 자신의 품위도 지키면서 말이다.

○   **애착도**
      변한다

어린 시절 어떤 애착의 틀이 형성되었는지는 한 사람의 인생에서 적잖이 중요하다. 요즘에 아이를 키우는 부모들은 육아 지식이 웬만한 전문가와 다를 바 없어서, 애착 관계가 중요하다는 것쯤은 잘 알고 있다. 그래서 혹여 아이와 애착 형성이 제대로 되지 않을까 싶어 성장 과정 내내 안절부절못하기도 한다. 특히 부모와 관계가 좋지 않았던 양육자 중에는 '내가 부모와 좋지 않았으니 아이에게도 나쁜 영향을 미치지 않을까' 하고 염려하는 경우가 많다.

너무 염려하지 말라고 말씀드리고 싶다. 애착은 중요하지만 다행히도 한번 정해졌다고 해서 평생 불변하는 건 아니다. 살면서 누구를 만나고 어떤 경험을 하느냐에 따라 애착의 방식은 변하기도 한다.

불안정 애착 유형이 안정형 애착 유형을 자주 만나면 안정형으로 변하기도 하고 그 반대 경우도 가능하다. 따라서 애초에 부모와의 관계가 불안정했던 사람이라도 낙심할 필요가 없다. 평생 부모를 원망하며 살아서도 안 된다. 자신의 의지에 따라 충분히 바꿀 수 있고 무엇보다 인간은 오리와 달라서 학습이 가능하기 때문이다. 좋은 롤모델을 정해 영향을 받다 보면 누구나 자신의 애착 상태를 바꿀 수 있다. 롤 모델이 꼭 실존 인물이 아니어도 된다. 책이나 영화 또는 다른 무엇이든 나에게서 변화를 이끌어낼 수 있는 대상이면 된다.

○ 안정형 애착을 얻는 법

애착 유형을 안정형으로 바꾸어간다는 말을 달리 표현하면 여유 있고 성숙한 사람이 되어가는 과정이라고 말할 수 있다. 안정형 애착을 장착했다는 말은 자신에 대한 긍정적인 자각이 생기고 타인의 입장에서 자신을 바라볼 줄 안다는 뜻이며, 타인을 대할 때 존중하는 자세를 잃지 않는다는 뜻이다.

그래서 안정형 애착을 가진 이들은 사랑력 또한 좋다. 사랑력이 좋다고 해서 무턱대고 참고 버틴다는 말이 아니다. 이들은 좋은 사람은 가까이 두고 싫은 사람은 멀리 둔다. 당연히 미워하고 싫어하는 사람도 있고 화를 내기도 하지만, 적을 잘 만들지 않고 과도한 자책도 하지 않는다.

안정형 애착을 얻는 과정은 건강한 신체를 얻는 과정과 비슷하다. 건강한 신체를 얻으려면 먼저 몸에 나쁜 습관이나 음식을 끊어야 한다. 마찬가지로 안정형 애착으로 바뀌려면 먼저 불안정 애착과 단절해야 한다. 불안정 애착을 가진 사람과는 가급적 거리를 두고 혹여 자신에게 그런 모습이 있다면 성심껏 지워나가야 한다. 몸에 독소가 쌓여 있다면 꾸준히 빼내야 하는 이치와 같다.

불안정 애착과 단절하기 위해, 불안정 애착에 대해 잘 알아둘 필요가 있다. 몸에 나쁜 음식이 뭔지 알아야 피할 수 있듯 불안정 애착이 정확히 어떤 건지 알아야 피하거나 고칠 수 있을 테니까. 다만 불안정 애착은 겉으로 드러나는 모습과 속마음이 완전히 다를 수 있어서 그 둘을 동시에 살펴볼 것이다. 독자 여러분도 지금부터 설명하는 모습이 자신에게 있지 않은지, 행동이 비슷하진 않은지 체크하면서 읽는다면 도움이 될 것이다. 또는 자신을 괴롭혔던 사람이 떠오를 수도 있을 것이다.

2. 불안정 애착의 대표적 특징

○ 절대적인 영향이란 없다

지금부터 불안정 애착, 즉 사랑력이 떨어지는 사람의 특징에 대해 살펴보려고 한다. 노파심에 먼저 두 가지 당부를 하고 싶다.

첫째, 거듭 강조하지만 자신의 애착 유형에 문제가 있다고 해서 그것이 반드시 양육자의 태도 때문이라고 단정하지 말기를 바란다. 어린 시절의 경험이 중요한 건 사실이지만 모든 게 양육자 탓은 아니다. 성장 과정에서 아이에게 작용하는 상황과 스트레스는 부모와 같은 양육자 말고도 매우 다양한 데에서 기인하기 때문이다. 또 양육자가 평소에 아이에게 아무리 잘한다 해도 아이는 의외의 작은 것에서 큰 영향을 받기도 한다. 집에서 잠깐 화장실에 가느라 곁을 비운 사이, 아이는 그 짧은 시간에 겪은 양육자의 부재를 강렬하게 마음에 새길 수도 있다. 화장실에 간 행동은 잘못된 것도 아니고 피할 수 있는 것도 아니다. 즉 어떤 순간이 아이에게 어떻게 작용했는지는 아무도 모른다. 최선을 다해도 엉뚱한 곳에서 애착 문제가 생길 수 있다는 뜻이다.

따라서 무조건 부모 등 양육자를 탓하는 건 잘못일뿐더러 더 큰 갈등만 불러일으켜 돌이키지 못할 결과를 낳는다. 설령 양육 과정에서 부모에게 문제가 있었다 해도 이제 와서 "당신들이 만든 문제니 당신들이 고쳐놔요!" 하고 요구할 수도 없거니와 그래봤자 실현 가능성도 매우 희박하다. 자녀의 애착 문제를 해결할 수 있는 부모였다면 애당초 문제를 일으키지도 않았을 것이기 때문이다.

사실 부모도 피해자일 수 있다. 부모가 사랑을 제대로 주지 않았다는 것은 이미 부모 자신도 애착 유형이 손상되었다는 뜻이다. 본인의 애착이 불안정한데 어떻게 자식의 애착 문제를 해결할 수 있겠는가? 억울한 심정이야 이해하지만 애착 문제는 대개 부모가 치유해줄 수 없다는 사실을 받아들여야 한다. 해결책도 없는 곳을 바라보고 시간을 허비할 게 아니라 현실적인 방법을 찾아야 한다는 말이다. 눈을 더 넓은 세상으로 돌려 다양한 도움을 청하고 받을 수 있다. 이 책도 하나의 방편이 될 것이다.

특히 나이가 들어서도 모든 책임을 부모에게 미루고 과거에만 갇혀 있다면 그건 자신의 잘못이 더 크다. 애착은 변할 수 있고 바꿀 수 있다. 독서, 강연, 상담, 신앙생활, 멘토링, 예술 활동, 마음공부, 여행 등 스스로 성숙해지기 위해 꾸준히 노력하는 것이 바람직하다.

두 번째 당부는 이것이다. 필자는 편의상 애착 유형을 구분하기 위해 '○○형'이라고 부를 것이다. 그중 자신이 어떤 유형에 가깝다고 해서 그 유형의 특징만으로 규정된다고 받아들이지 말기를 바란다.

우리 안에는 수많은 자아가 있다. 또 그 자아마다 욕구, 감정, 삶의 태도가 뒤섞여 있어서 한 사람에게도 여러 마음이 혼재돼 있다. A 유형에게도 B형, C형, D, E, F형이 뒤섞여 있다는 뜻이다. 그중 어떤 유형이 가장 왕성하게 활동하느냐에 따라 편의상 유형을 구분한 것일 뿐, 절대적이지는 않다. 부디 자신의 유형을 하나로 규정하지 않았으면 한다. 또한 한 유형에 가깝다 할지라도 융통성 있게 해석하면 좋겠다. '아, 생각해보니 나도 이런 마음이 들 때가 있었던 것 같아. 그 사람이 힘들어했던 이유가 이거였겠구나' 또는 '그는 이런 불안정 애착이었구나. 앞으로 새로운 사람을 만나면 이런 스타일과는 거리를 둬야겠네' 정도로 말이다.

애착 유형은 인간관계에서 한 사람이 주로 보이는 반응에 따라 유형을 구분한 것이다. 세상엔 다양한 사람들이 있고, 같은 사건을 두고도 제각각 반응이 다르다.

예를 들어보자. 어떤 사람이 길을 가다가 길 한복판에 똬리를 틀고 있는 큰 뱀을 만났다면 어떤 반응을 보일까? 길에서 큰 뱀을 만나면 누구나 당황한다. 하지만 여기서도 반응은 갈린다.

○ 불안정 애착 1: 회피형

'어휴, 오늘은 길에서 뱀을 다 봤네!' 하고 비교적 덤덤하게 넘기는 사람들이 있는 반면, 이 일에 지나치게 큰 의미를 부여하는 사람들도 있다. 후자의 경우 '역시 집 밖은 위험해!' '돌아다니는 건 나랑 맞지 않아'라고 결론 내리며 앞으로 외출을 최대한 자제해야겠다고 마음먹는다. 이런 믿음은 인간관계에 고스란히 적용된다. 이 유형은 인간관계에서 생기는 작은 마찰이나 차이도 못 견디게 싫어한다. 작은 일에도 주눅이 들어 최대한 관계 맺기를 피한다. 그러니 틈만 나면 자신만의 집(동굴)으로 숨어들 생각만 한다.

이와 같은 반응을 보이는 애착 유형을 '회피형 불안정 애착'이라고 부른다. 그렇다고 이들이 평생 집에 처박혀 있을 수는 없는 노릇이다. 겁나지만 살기 위해서는 생산 활동을 해야 하지 않겠는가. 그래서 이들은 타인과 교류가 잦은 길을 버리고 안전하다고 여기는 주변만 뱅뱅 맴돌며 최소한의 생산 활동을 한다. 낯선 사람을 만나면 최대한 거리 두기를 반복한다. 이들의 생존 전략은 거리 두기, 자기 보호다.

◯　불안정 애착 2:
　　불안형

이번에는 자기 집 마당에서 뱀을 만났다고 하자. 어떤 사람들은 소리를 지르고 발을 동동 구르며 심한 공포 반응을 보인다. 이 경험이 너무 강렬한 나머지 시도 때도 없이 뱀이 나올까 봐 두려워하고, 자신이 살던 집에 대한 신뢰도 깨져버린다. 뱀을 혼자 감당하기에는 자신이 없고, 뱀이 사라졌어도 곧 다시 오지 않을까 하는 공포심에 휩싸여 혼자 있는 상황을 못 견뎌한다. 그래서 이들은 집을 어떻게든 벗어나려 애쓰는 한편 주변을 돌아다니며 자신을 도와줄 사람들을 불러 모은다.

　　그런데 이게 도가 지나치면 오히려 집 바깥에서 자꾸 넘어지거나 다른 사람에게 치여 다치고, 뱀에게 받는 타격보다 더 큰 부상을 입는다. 조용히 다시 집으로 들어가면 좋으련만 혼자 있지 못해 안절부절못한다. 이런 반응을 '불안형 불안정 애착'이라고 부른다.

　　불안형이 인간관계를 맺는 모습은 어떨까? 자신(집)을 믿지 못하니 자신감이 없는데 그렇다고 포기할 수는 없으니까 어떻게든 살아가려고 발버둥을 친다. 나 아닌 다른 사람에게 늘 도움을 청하는 방식으로 말이다.

　　도통 혼자 지내질 못하니 의존성이 강해지고, 누군가 자신을 기억하고 있다는 사실을 확인받으려 하며, 의존에 성공하느냐 실패하느냐에 따라 감정 기복도 심하다.

회피형이 자신의 동굴로 들어가 소통을 끊고 자기만의 시간에 몰입하는 무뚝뚝한 사람이라면, 불안형은 끊임없이 사람들과 교류하려 하고, 간섭을 주고받고, 초조함이 습관이 된 경우가 많다.

혼자 지낼 자신이 없어 연인을 한 명 더 만들어놓고 환승 이별을 시도하는 사람들, 연애를 시작해놓고도 자신의 판단을 믿지 못해 "우리 정말 사귀어도 되는 걸까?" 하며 갈팡질팡하는 사람들, 자신의 끈기에 대한 신뢰가 없어서 "어차피 나는 끝까지 못 갈 것 같아. 여기서 포기하자"라며 미리 단념해버리는 사람들 마음속엔 불안형 애착이 숨어 있다. 자신에 대한 불신이 여러 관계들에 영향을 끼치는 것이다.

○ **불안정 애착 3:**
   혼합형

혼합형 불안정 애착은 자신도 믿지 못하고 남도 못 믿는 사람이다. 길에서도 뱀을 만나고 집에서도 뱀을 만나, 그 상황에 압도된 형국이다. 이들에게는 세상 어디도 안전하지 않다. 혼자 집에 있으면 스스로를 방어할 수 없다는 생각에 사로잡혀 불안하고, 나가자니 그런 모습을 눈치 챈 사람들이 자신을 무시하고 외면할 거라고 생각해 불안하다. 그래서 이들은 집에 혼자 있기도 두렵고 길을 나서는 것도, 거기서 만날 사람도 두렵다.

혼합형은 앞서 보았듯 타인과 자신 모두에게 부정적인 사람이다. 우리가 흔히 보는 모습으로는 잘난 척, 센 척, 행복한 척하는 사람들이 있다. 사이좋게 지내는 척하는 쇼윈도 부부, 본인의 업적이나 재산을 과장해서 보여주며 열등감을 감추는 사람들, 이들은 무의식중에 거짓 자아를 만들어내고 가식적인 모습으로 인간관계를 유지해나간다.

남들이 속아주느냐 아니냐가 가장 중요한 일이 되어버리니 인생이 순조로울 수가 없다. 집에서 진득하게 혼자 있지 못하고 타인을 만나도 진실한 소통을 하지 못한다. 혼자 있으면 외롭다고 하고 같이 있으면 성가시다고 불만을 품는다. 뭘 해줘도 만족하지 못하고 고마워하지도 않으니 본인은 물론 주변 사람을 지치게 하는 타입이다.

이들은 자신을 못 믿지만 남도 못 믿어서 사람에게 온전히 의지하지 못한다. 그래서 사람이 아닌 다른 것에 기대어 살아가는 경우가 많다. 알코올이나 탄수화물로 공허함을 달래고 고카페인 음료로 활력을 찾는다. 과도한 쇼핑이나 신제품을 통해 끊임없이 두근거림과 설렘을 수혈하는 경우도 있다. "기계는 거짓말을 안 하잖아요. 뒤통수도 안 쳐요"라고 말하던 한 얼리어댑터의 쓸쓸한 표정이 기억에 남는다. 외로움이 불편해 자극을 추구하지만, 그런 자신을 보면서 자괴감을 느낀다. 사람의 자리, 사랑의 빈자리는 쉽게 채워지지 않기 때문이다.

○ 안정형 애착은
어떻게 다른가

그렇다면 과연 건강한 안정형 애착은 어떨까? 이들도 뱀을 마주친다. 하지만 이들은 먼저 상황을 파악하고 현실적인 방법을 생각한다. 우선 뱀과 적당한 거리부터 유지한다. 그리고 차분하게 살핀다. 뱀이 나를 공격할 거리에 있는지, 독사는 아닌지, 또 주변을 살펴 방어할 무기도 찾아본다. 이들은 뱀을 집에서 만나건 길에서 만나건 감정에 압도당하기보다 사태를 파악하고 해결책을 찾는 유형이다. 말하자면 뱀을 보고 혼이 빠지는 게 아니라, '아하, 요즘 날이 좀 풀려서 뱀이 돌아다니는구나!' 하며 차분히 뱀이 지나가길 기다리는가 하면, 혼자 잡을 수 있다고 생각되면 잡아보려고 시도한다. 정 위험하다고 판단되면 이웃을 부르기도 한다. 즉 기다리느냐 도망치느냐가 중요한 게 아니라 자신의 상태와 문제점을 파악해 가장 안전한 방식을 택하는 것이다.

안정형 애착을 지닌 사람도 뱀이 무섭고 징그럽기는 마찬가지다. 다만 그 감정에 휘말리지 않고 대책을 세우는 데 집중한다는 차이가 있다. 울타리를 만들거나 이웃에게 알릴 표지판도 설치한다. 이웃이 안전해야 자신도 안전하다는 사실을 알고 있기 때문이다. 그런가 하면 뱀을 만나도 냉큼 잡아 죽이지 않는다. 뱀도 어쩌다 자신과 마주친 엄연한 생명임을 알기에 잔인한 짓을 하지도, 악감정을 품지도 않는다. 화를 내고 미워한다고 달라질 게 없다는 사실을 기억하기 때문이다.

이 모든 과정을 고스란히 사람과 인간관계에 대비해보녀 애착형의 차이를 이해하기 쉽다. 안정형 애착 유형도 사람인지라 살다 보면 남들과 갈등이 생긴다. 하지만 그 밑바닥에 인간에 대한 기본적인 존중이 깔려 있다. 자신과 다르다고 무조건 혐오하거나 무시하지 않는다. 그렇다고 불편한 것을 억지로 감수하거나 함부로 위험을 무릅쓰지도 않는다. 포기할 사람은 포기하고, 더 좋아하는 사람들에게 집중하면서 유연하게 인연을 이어간다. 완벽함이 아니라 적정함과 융통성을 기반으로 행동한다. 자신도 완벽하지 않다는 걸 알기 때문에 타인에 대해서도 관대하고 다름을 인정하는 자세를 갖고 있다.

당신의 애착 유형은 무엇에 가까운가? 안정형인가, 회피형인가, 불안형인가? 아니라면 혼합형인가? 아직 잘 모르겠어도 괜찮다.

지금까지 애착의 중요성과 안정·불안정 애착을 큰 틀에서 살펴보았다. 이제부터는 불안정 애착의 각 유형을 좀 더 깊이 탐구해보도록 하자.

3. 불안정 애착 1: 회피형

○ 회피가 생기는 과정

사춘기에 연애를 시작한 친구가 있다. 우리는 고등학생이었고 그 친구는 곧 부러움의 대상이 됐다. 공부 잘하는 것보다 여자친구가 있다는 게 더 큰 자랑거리던 때다. 우리는 한동안 모였다 하면 녀석을 졸라 사랑 이야기를 들었다. 하지만 제일 먼저 사랑을 시작한 그 친구는 이별도 제일 빨랐다. 녀석이 여자친구와 헤어졌다는 말을 듣던 날 우리는 "그럼 그렇지"라며 킥킥거렸다. 친구는 지지 않고 사자후를 토해냈다. "인생은 원래 혼자인 거야! 너희도 다 필요 없어."

　녀석은 한동안 연애 공포증(?)에 시달렸다. 다시는 누구도 좋아하지 않겠다고 맹세했고 다른 친구가 연애를 시작하면 대놓고 초

를 쳤다. "영원할 것 같지? 그것도 다 한때야! 두고 봐라." 애늙은이
가 따로 없었다. 나중에 생각해보니 그 친구의 냉소는 첫 이별의 쓰
리고도 아픈 마음의 다른 표현이었다. 우연의 일치일까, 실제로 그
친구는 우리 중 가장 늦게 결혼했고 연애 과정도 순탄치 않았다.

누구든 안 좋은 일을 겪고 나면 그것과 관련된 모든 것이 두려워
진다. 나는 초등학생 때 해수욕장에 놀러 갔다가 바다 멀리까지 떠
내려간 적이 있다. 아주 잠깐이었지만 '이대로 죽는구나' 싶은 공포
에 휩싸였다. 그 일 이후 몇 년간 물 가까이 가지 못했고 심지어 중
학생이 된 후에도 샤워기로 머리를 감지 못했다. 머리 위로 물이 떨
어지는 느낌이 두려워 숨을 쉴 수 없었기 때문이다.

나쁜 경험은 이렇게 자연스럽게 '회피'로 이어진다. 사랑에 크게
데거나 상처를 입은 사람은 사랑을 주고받기를 두려워한다. 그래서
가볍게 '썸'을 타거나 친구로 지내는 것까지는 그럭저럭 수월하게
이어지지만 각별한 사이가 되거나 사생활을 공유하는 사이로 발전
하기는 꺼린다. 가까워진다 해도 상대가 눈치 채지 못할 만큼 천천
히 멀어지거나, 결정적 순간이 되면 강하게 밀어내기도 한다. 이런
유형은 평소 도도해 보이고 낯을 많이 가리기 때문에 눈이 높다는
말을 자주 듣지만 마음속에서는 줄곧 이렇게 외친다. '사랑했다가
상처 받을까 봐 두려워!'

드물지만 특별한 상처가 없는데도 회피가 성격으로 자리 잡은
사람들도 있다. 사람을 만나고 싶은 욕구는 있지만 상대가 거절할
까 봐 다가가지 못하는 사람들이다. 그렇게 타고난 기질이 있는 데

다 따돌림 당하거나 창피했던 경험이 덧입혀지며 고착된 경우가 많다. "그렇다고 쿨하게 내 갈 길을 가는 것도 아니고, 사람을 만날 용기가 있는 것도 아니에요" "그쪽에서 저를 싫어하면 어떡해요" 하며 늘 긴장한 상태다. 뒤에서 자세히 설명할 불안형 애착의 사람들처럼 감정은 불안하지만, 행동은 많은 사람을 거절하고 자신만의 성으로 도망친다. 이런 경우 실제로 가슴 아픈 이별의 상처를 경험할 일도 없지만 인간관계에 도전할 용기도 없기 때문에 안정된 애착을 형성하는 데 상당히 긴 시간이 걸리고는 한다.

○ **아프니까**
멀리한다

사실 '회피'는 상처를 받거나 아픔이 생겼을 때 본능적으로 생겨나는 자기 방어 시스템이다. 몸에 생채기가 생기면 자연스럽게 상처날 상황을 피하는 것과 같은 이치다. 다만 이것이 마음에 난 상처라는 점이 다르다. 회피는 반복을 통해 강화된다. 누군가와 가까워졌다가 큰 상처를 입거나 가까운 사람의 트라우마를 반복적으로 접해서 방어 체계가 강화되는 증상이다.

예컨대 매일 싸우는 부모를 보며 자란 사람이 '난 절대 결혼 안할 거야!'라고 결심하는 것, 육아 문제로 울상 짓는 선배를 보면서 '애 낳으면 고생뿐이니 낳지 말아야지!'라고 마음먹게 되는 생존 전략이 회피의 일종이다.

회피는 드라마나 영화의 단골 소재이기도 하다. 웹툰 〈유미의 세포들〉에서 유미의 첫 번째 남자친구인 구웅이나 〈냉정과 열정 사이〉의 남자 주인공 준세이 같은 사람이 전형적인 회피형이다. 좀처럼 속을 보여주지 않는 냉소적인 사람. '그냥' '아무거나'라는 말을 입에 달고 살고 딱히 감정 변화도, 특별히 좋아하는 것도 없는 사람. 신비로워 보여 옆에 있으면 눈이 가지만 다가갈수록 껍데기만 만지는 것 같아 헛헛해지는 사람. 사랑에 상처 받은 회피형의 전형적인 특징들이다.

이들은 세상과 타인에 대한 불신은 있지만 자신에 대한 믿음은 비교적 온전히 남아 있다. 그래서 타인과 자주 교류하기보다는 혼자 있는 게 편하고 시끌벅적한 자리보다는 다소 외로운 고요와 자유를 추구한다.

이들은 마음속에 '지독히 사랑했기 때문에 아픈 거야. 그러니 거리를 두면 괜찮아'라는 굳건한 믿음이 있다. 그래서 사람을 최대한 멀리 두려고 한다. 그렇다고 해서 누군가와 가까워지려는 마음과 사귀고 싶은 욕망이 사라졌다는 뜻은 아니다. 이런 유형은 많은 시간을 혼자 보내다가 지치면 빼꼼히 고개를 내밀어 사람에게 다가간다. 제법 가까워지기도 한다. 하지만 사이가 조금만 어색해지거나 상대의 마음이 변한 것 같으면 재빨리 자신만의 동굴로 숨어버린다. 그러고는 또 대부분의 시간을 혼자 보내며 마음의 문을 열지 않는다.

이런 사람을 사랑하게 되면 이별 후가 괴롭다. 나쁜 사람도 아니고, 적당한 신비감만 주고 떠났기에 깨끗이 포기하지도 못하고 미워하지도 못한다. 더 알고 싶고, 뭔가 정확한 이유가 생겨 헤어진 게 아닌 만큼 남겨진 사람은 힘든 시간을 보내게 된다.

회피형 중에는 스스로 문제의식을 갖고 직접 치료자를 찾아가는 경우도 있다. 하지만 대다수는 주변에서 치료를 권해서 마지못해 찾아간다. 그러니 치료자에게도 마음을 열지 못해 상담이 원활하게 진행되지 않는다. 핵심으로 들어가지 않고 온갖 피상적인 이야기만 늘어놓으며 도망가거나, 치료자가 관심을 갖는 것도 싫어서 "다 나았습니다"라고 거짓말을 하고 불현듯 사라지는 사람도 많다. 이런 사람들이 회사생활을 하면 '예스맨'이나 '일 많이 받아 오는 팀장'이 될 확률이 높다. 조직에서 생기는 갈등이나 설득해야 하는 상황을 최대한 피하고 싶어 하기 때문이다.

○　　**회피형과 외골수의
　　차이**

비슷한 성향이지만 회피형 애착과 구분해야 할 사람이 '외골수 스타일'이다. 전문 용어로 '분열성 성격장애(schizoid personality disorder)'라는 진단명을 쓰기도 하는데, 이들은 아주 어릴 때부터 타인과 친밀한 관계를 맺고 싶은 욕구가 아예 없는 사람들이다. 혼자

있어도 특별히 외로움을 느끼지 못하며 사람을 만나야 할 필요성
도 느끼지 못한다.

이들은 사춘기도 요란하지 않게 통과하고 좀처럼 화도 내지 않
는다. 부모로부터 "우리 애는 참 순해요" "문제 한번 만들지 않는 착
한 아이에요"라는 평을 듣고 자란다. 하지만 어른이 되면 좀 문제가
된다. 연인이나 배우자를 무척 외롭게 만들기 때문이다. 외로움이
나 고립감을 고통으로 느끼지 못한 지 너무 오래 됐기에 상대의 감
정을 이해하지도 못하고, 배려하거나 노력할 이유도 찾지 못한다.
함께 살기 무척 힘든 유형이다. 이런 유형을 배우자로 두면 한 사람
은 아무 문제를 느끼지 못하는 반면 한 사람은 평생 채워지지 않는
결핍감과 싸우고 있는 경우가 많다.

○   회피의 방어기제:
      냉소

회피 성향이 있는 이들은 주로 '냉소'를 방어기제로 사용해 자신의
마음을 지킨다(평상심을 유지한다). 즉, 좋을 때나 불안할 때 또는 화
가 났을 때도 냉소를 가득 담은 말과 행동을 한다. "…해본들 뭐하
나" "그래봤자야"라는 말로 냉정을 되찾는 식이다. 드물게 마음에
드는 사람이 나타나 심장이 두근거려도 '결국 헤어질 사람인데 정
은 줘서 뭐해!'라고 생각하며 평정심을 되찾고, 누군가와 갈등이 생

겨도 적극적으로 해결하기보다는 '굳이 일일이 설명해야 해?' '난 그럴 필요를 모르겠어'라며 상황을 피한다. 연인과 문제가 생기면 잠수 타기 일쑤고, 그러다 말싸움이라도 하게 되면 "어쨌든 내가 미안하다잖아!"라는 피상적 사과로 상황을 모면하려 한다. 자신은 두려움 때문에 하는 행동이지만 상대방은 무시당했다고 느끼고 자존심에 상처를 입는다.

이 유형은 겉으론 쿨하고 시크한 것 같지만 내면 깊은 곳에서는 사랑 받고 싶은 마음이 누구보다 크다. 다만 수면 위로 자꾸 올라오는 자신의 상처를 끌어내리느라 상대의 감정에 관심을 가질 여유가 없을 뿐이다.

회피형은 타인에게서 안정적인 지지를 받아본 경험이 없거나 적은 탓에 소모적인 경험을 하지 않아야겠다고 결심한 나머지 대인관계 자체를 회피하게 된 것이다. 하지만 이 말은 그들이 덜 예민하다는 뜻은 아니고 오히려 타인의 행동이나 말에 무척 민감해서 싫은 평가를 듣지 않기 위해 정서적으로 얽히는 일을 꺼리는 쪽이라고 할 수 있다. 그래서 결국 이들 중 다수는 타인에게 무신경하고 이기적이라는 평판도 곧잘 듣는다.

반면 평소엔 얌전한 고양이처럼 보이지만 내면의 괴로움을 회피하기 위해 충동적으로 부뚜막에 오르기도 한다. 멀쩡해 보이다 일탈 행동을 저지르기도 하고 은근히 외도나 도박 같은 데 빠지기도 쉽다. 또한 연애나 결혼을 인생의 우선순위에 두는 사람들을 낮추어 보거나, 대인관계를 중시하는 사람을 비난하는 태도를 취해 갈등을 일으키기도 한다.

회피 성향의 이면에는 피해의식이 숨어 있는 경우가 많고, 실제 피해자였던 사례도 많다. 힘들었던 과거 기억 때문에 괴롭고 노 ㄱ 기억이 떠오를까 봐 피하는 마음은 이해되지만, 냉소라는 방어기제는 자신의 의욕이나 열정을 꺾어버리고 상대방도 맥이 풀린다는 데 한계가 있다.

회피 성향이 자주 하는 표현과 숨은 뜻

자주 하는 표현	숨은 뜻
• 난 혼자가 좋아. • 나는 사랑과는 안 맞는 사람 같아.	또 상처 받을까 봐 두려워.
• 난 원래 이래.	노력했다가 변한 게 없으면 당신은 더 실망할 거야. 그러니 기대하지 말고, 실망도 하지 마. 지금의 나를 사랑해줘.
• 내 마음을 알아줄 사람은 없어. • 나도 날 모르는데 누가 알겠어?	너무 힘들어서 너 힘든 거 알아줄 여유가 없어.
• 여자니까(남자니까) 이 정도는 당연히 해야지!	괜히 주장했다가 분란만 생길 수 있으니까 그냥 참자.
• 꼭 그걸 말로 해야 해? • 말한다고 뭐가 달라져?	표현했다가 잘못되느니 일찌감치 포기하자!

○ **회피를 이기는 방법:**
가급적 자세하게 설명하기

회피 성향은 생각보다 견고해서 단시간에 없애기 어렵다. 또한 당사자에게는 어떻게든 상처에서 벗어나보려는 몸부림이기 때문에 억지로 바꾸려 하다가는 더 깊은 고립으로 내몰 수도 있다.

하지만 해결책이 아예 없진 않다. 자신이 회피 성향이라고 느낀다면 '지금부터는 무엇이든 최대한 자세하게 설명해야겠다'라고 결심할 필요가 있다. 회피는 한마디로 '정면 승부를 하지 않고 피하는 행위'다. 따라서 피하고 싶은 마음을 표현하는 것만으로도 변화가 가능하다.

이게 말로는 쉽지만 대단한 용기가 필요한 과정이다. 내면의 무의식이 말하고자 하는 의지를 강력하게 막아서기 때문이다. 따라서 '말해봤자 무슨 소용일까' '설명하다 보면 싸우거나 상대가 싫어할 텐데' '버림받으면 어떡하지' 같은 생각이 들 때마다, '당장은 이해받지 못해도 알려주기는 하는 게 매너다'라고 끊임없이 자신을 설득해야 한다.

또 자신의 감정이 어떤지, 대화가 싫다면 왜 싫은지, 무엇을 피하고 싶은지, 알고 싶은 것과 원하는 것은 무엇인지를 의식적으로 표현하려고 노력해야 한다. 입을 다문 채 혼자 결론짓고 도망치지 말라는 뜻이다. 설령 설명하는 습관이 들지 않아 앞뒤가 안 맞고 장황해진다 해도 조금씩 시도라도 해야 한다. 그렇게 해도 문제가 다 해결되지는 않겠지만 적어도 설명하지 않아 생길 오해와 답답함은 피할 수 있다. 정 모르겠다면 "나도 내가 왜 이러는지 모르겠는데, 지금은 좀 혼자 있고 싶어" 정도는 말해주는 게 상대에 대한 최소한의 예의다.

지금 사랑하고 있는 사람이 회피 성향이 강하다면 어떻게 해야 할까? 만약 사귈까 말까 고민하는 단계라면 자신이 그런 성향을 견딜 수 있는 사람인지 진지하게 고려해봐야 한다. 회피는 오래된 습관이고 생존 기술이어서 함부로 지적하거나 침범했다가는 낭패를 보기 쉽다. 선을 넘어가면 상대는 공격적으로 변할 수도 있고 관계를 단절하는 데에도 매우 능숙하다. 따라서 자신이 혼자 있기를 좋아하고 타인의 관심에 몸서리치는 성향을 지닌 사람에게 상처 받지 않을 덤덤함이 있는지, 끈기가 있는지 자문해봐야 한다. 나아가 상대가 주는 고독감을 견딜 수 있는지도 검토해볼 필요가 있다.

직관적 성향이 강해서 즉각 반응하고 확인하길 좋아하는 사람, 또는 '내가 이 사람을 바꿔보겠어!'라고 맘먹는 사람은 대개 회피 성향과 어울리지 않는다. 혼자 있기를 좋아하는 회피형은 자율성의 화신이라 옆에서 이래라 저래라 말하면 되레 청개구리 짓을 하곤 한다. 둘 다 회피형 애착을 가지고 있는 부부가 싸움을 하면 서로 몇 달간 대화도 하지 않고, 봐도 못 본 척하며 지낼 정도다.

회피형의 사랑은 기찻길 같은 사랑이다. 평행선처럼 일정한 거리를 두고 간격을 유지하는 사랑, 물과 기름의 관계처럼 굳이 섞이지 않으려는 방식을 선호한다. 이들과 친해지려면 모험보다는 잔잔한 삶, 지극히 조용하고 심심한 삶을 견딜 수 있어야 한다. 성격 화끈한 사람들은 속 터져 쓰러진다.

○ 회피형이 살아가는 방식:
일중독

회피형 애착의 대표적 행동은 일중독이다. 혼자 있길 좋아하고 고독하지만 시종일관 그렇게 살 수는 없는 노릇이다. 이들은 세상에 대한 믿음은 약한 대신 생산 활동과 성공에 대한 의욕은 비교적 온전히 남아 있어 일로 도망치는 경우가 많다.

우리나라의 문화, 특히 교육 제도는 회피형 애착을 조장, 강화하는 데 한몫을 한다. 우리가 어릴 때부터 자주 듣는 말, "친구들 신경 쓰지 마!" "대학만 가면 만날 사람이 줄을 선다!" 같은 얘기는 사실 인간관계에 무심하길 바라는 마음을 담은 거대한 압박이다. 자연스럽게 생기는 인간의 감정과 에너지를 이런 식으로 공부와 학업으로 전환시켜왔다.

시작은 평범한 논리에서 출발한다. 행복하려면 원하는 환경에서 하고 싶은 걸 하며 살아야 하는데 그러려면 돈이 필요하다. 돈을 벌려면 돈을 많이 주는 직장에 가야 하고 그러려면 학벌이 좋아야 한다. 결과적으로 행복하려면 공부를 잘해야 한다는 역설로 이어져, 우리네 어린이 놀이터는 텅텅 비어 있다. 일곱 살도 안 된 아이들이 학원을 꽉 채운 세상이다.

오래 축적된 이런 무의식은 나이가 들수록 더욱 강화된다. 한번 올라탄 생계 열차에서 내리기란 쉽지 않다. 자칫하다간 영원히 패배자가 될 것 같고, 조금만 더 달리면 특별한 보상이 기다리고 있을 것만 같다. 일중독은 그렇게 장기간에 걸쳐 학습된다. 결국 수능으로, 명문대로, 취직으로, 성공으로 내달리는 순환 열차에서 내리지 못한다.

O   **일 속으로,**
        일 속으로

회피형은 복잡하고 벅찬 세상에서 멀어지기 위한 방법으로 일을 선택한 사람들이다. 그들은 일이라는 좋은 피신처로 도망친다. 일은 결코 배신하는 법이 없다는 절반의 믿음을 안고.

　"일이 좋아서 중독되는 사람이 얼마나 있겠어? 일을 해야 먹고 사니까 어쩔 수 없이 하는 거지"라고 반박하는 사람도 있을 것이다. 하지만 심리적으로 일이 인간관계나 사랑보다 쉽다고 여기는 사람은 의외로 많다. 일은 공부와 습성이 비슷하다. 반복하다 보면 익숙해지고, 잘하면 박수 쳐주는 사람도 있고 적절한 보상도 생긴다. '열심히 하면 성과가 따라온다'는 믿음은 현실이 된다. 특히 공부만 열심히 하면 무엇이든 양해해주는 환경에서 자란 사람은 다른 것보다 일을 우선하는 태도가 몸에 배기도 한다.

　이런 사람과 연애를 하면 연인이 외롭다고 아무리 호소해도 당사자는 뭐가 잘못됐는지 모른다. "내가 얼마나 열심히 살고 있는데, 응원은 못 할망정 웬 외로움 타령이야?"라고 타박하거나 "얼마나 더 잘해달라는 거야?"라며 억울해한다. 공부만 하고 있으면 친구를 사귀지 않아도, 놀지 않아도, 타인을 배려하지 않아도 무사통과하던 어린 시절의 패턴을, 일이라는 대체물로 반복하는 것이다.

○ 행복해서 vs.
더 불행하지 않기 위해

그럼 이렇게 항변할 사람도 있을 것이다. "나는 정말 일이 좋아요. 일할 때 느끼는 보람과 성취감이 그 무엇보다 커요! 그런데 회피라뇨?" 맞는 말이다. 사랑을 뒤로 미루고 일에 몰두하는 모든 사람이 회피성 일중독자는 아니다. 다만 일이 정말 좋아서 하는 사람은 일을 할 때 진심으로 행복해하고 일이 끝나면 흡족한 마음을 안고 퇴근한다. 일을 하며 에너지를 얻고, 거기서 얻은 충만감을 사랑하는 사람에게도 나눠준다. 분명 일중독이라 부를 만큼 일에 빠져 있는데 행복해 보이고 주변 사람들에게도 배려 넘치는 사람이라면 회피성이 아닌 게 분명하다.

　회피성으로 일을 택한 사람들은 좀 다르다. 일을 하며 괴로워하고 피곤해하고 금방 지친다. 좋아서 하는 것도 아니고 좋은 만큼만 하는 것도 아니기 때문이다. 더 불편한 것을 피하기 위해 덜 불편한 것을 찾았으니 그럴밖에.

　일에 중독되는 이유는 다양하다. 성취욕이 매우 강하거나 인정 욕구가 과해서일 수도 있고, 거절을 잘 못해서일 수도 있으며, 실직에 대한 과도한 불안 때문일 수도 있다. 이유는 다양하지만 결국 사랑을 방해한다는 점은 같다.

일만으로도 충분히 만족한다는 사람도 사실 정서적, 심리적 빈자리가 채워지지 않으면 장기적으로 위험하다. 인간의 기본 욕구인 감정 표현과 공감, 위로, 스킨십 등을 나눌 때 따라오는 본능적 만족감을 일이 대체하지는 못한다. 따라서 일이 잘못되었을 때 삶의 지지대가 사라져버려 예기치 못한 큰 방황을 하기도 한다.

O   **일만 하라고**
       태어난 인생이 아니다

아무리 바쁘게 살아야 되는 세상이라지만 사랑을 뒤로 미루거나 포기할 정도라면 뭔가 잘못 돌아가고 있다는 걸 감지해야 한다.

여기서 말하는 사랑이 반드시 연인이나 부부간의 사랑에 한정되는 것은 아니다. 반려동물에게 애정을 쏟거나 식물을 키우는 것도 사랑이다. 사랑할 대상이 사람이 아니라면 스스로를 살뜰히 아끼고 챙기거나 행복을 주는 다른 것에 몰입할 수 있어야 한다. 노동은 분명 신성하지만 노동만 하라고 있는 게 인생은 아니니까.

우선 일중독은 건강에 해롭다는 점을 기억하자. 자신이 맡은 일을 좋아하고 열심히 하는 건 좋지만 건강과 인간관계를 해칠 수준이라면 분명 문제가 있다. 내 코가 석 자인데 어떻게 남에게 관심을 주고 공감할 수 있겠는가?

더군다나 이제는 100세 시대다. 정년퇴직을 하고도 몇십 년은 더 살아야 한다. 일에 인생을 걸어봤자 직장은 우리의 노후를 지켜주지 못한다. 열심히 일만 하는 삶과 행복이 정비례하지는 않는다는 것을 받아들이자. 누구보다 열심히 살고 있다는 자기 위안의 함정에도 빠지지 말자. 일을 하고 살되 사람들과 교감할 에너지는 남겨둘 필요가 있다. 가진 에너지를 전부 일에 쏟는 건 너무 아깝지 않은가.

근면과 성실의 아이콘인 베이비부머 세대를 보라. 부부의 사랑과 행복을 은퇴 이후로 미뤘다가 낭패를 보는 사람들이 어디 한둘인가. 30~40년을 서로 제대로 대화해본 적 없이 일만 하다가 배우자가 무엇을 좋아하고 싫어하는지, 어디가 아픈지도 모른 채 노년기를 맞이한다. 목표했던 돈이 생겨 이제 좀 여유 부리며 살까 했는데 눈앞에 닥친 건 큰 병이나 황혼 이혼이라면 그만큼 허탈하고 쓸쓸한 게 있을까.

사랑은 거창한 것이 아니다. 도통 시간을 내기 어려운 상황이라면 점심 먹고 들어가는 길에 전화 한 통, 문자 한 줄이라도 보내야한다. 바쁜 와중에 힘들게 잠깐 만났다면 최대한 많이 웃으려 해보자. 최대한 따뜻한 표정을 지어 보이자. 내 사랑이 일보다, 회사 상사보다 소중하다.

대인관계 좋은 인기남이 회피형이라고요?

Q: 회피형 애착에 대해 알게 되니, 예전에 만났던 남자랑 비슷한 것 같습니다. 저는 좀 진지하게 만나고 서로의 마음도 보듬어주는 관계를 원했는데 그 사람은 그런 걸 못 견뎌했거든요. 다정하고 공감도 잘하는 것 같았지만, 막상 사귀는 동안에는 왠지 껍데기만 만나는 듯한 느낌이 들어 점점 지쳤어요. 그런데 의문이 드는 게 그 사람은 절대 고독하거나 소심한 사람은 아니었습니다. 일중독은 더더욱 아니었고요. 일은 적당히 하면서 늘 자기계발에, 취미 활동도 다양하게 했어요. 동호회마다 인기도 많고 따르는 동생들도 많았습니다. 생각해보니 내가 너무 매력이 없었나 하는 자괴감이 드네요. 그런데 그렇게 활달한 회피형 애착도 있나요?

A: 질문자가 만나셨던 분이 어떤 분인지 알 수는 없지만, 회피형 애착의 사람이라고 해서 다 말이 없거나 무뚝뚝한 것은 아닙니다. 인간관계의 틀에 따라 애착이 구분된 것이지, 개인의 에너지 레벨과는 무관하기 때문입니다. 매너 좋고, 유머도 있고, 대외 활동에 열심인 것은 좋지만 그것과 애착의 틀은 별개입니다. 자신은 괜찮은 사람이고 세상은 믿을 수 없는 대상이라고 인식하면서도 피상적인 사회생활은 얼마든지 잘 해내는 사람들도 있습니다. 하지만 깊은

관계의 사람에게 마음을 털어놓기는 쉽지 않을 수 있지요.

일중독 외에도 회피형 애착 유형의 행동은 다양합니다. 타인의 의견에 늘 태클을 걸면서 '나는 좀 달라!'를 확인하는 사람, 동네 주민들에게는 한없이 다정하면서도 집에만 들어오면 말 한마디 없는 배우자, 평소에는 연인에게 시큰둥하고 관심도 없다가 헤어지자고 하면 집착하고 매달리는데 막상 다시 사귀자고 하면 또 도망 다니는 사람, 술에 의존해야만 속내를 털어놓으니 데이트가 늘 술판으로 끝나는 커플 등등이 있지요. 이 모두가 곁에 있는 사람과 친밀하게 지내는 게 편치 않다 보니 생기는 현상입니다.

만일 헤어진 그 사람이 회피 성향이 있었다면 질문자는 많이 외롭고 상호 소통에 목말랐을 겁니다. 시간이 흘러도 '도대체 그 사람이 왜 그랬을까? 왜 헤어지게 된 거지?' 하는 미스터리가 남는 경우도 많습니다. 힘드셨겠지만, 그 경험이 앞으로의 사랑을 위한 좋은 자원이 되길 바랍니다.

4. 불안정 애착 2: 불안형

○ 당신이 탄 비행기가
   불시착했다

영화 〈우리 사이의 거대한 산〉을 흥미롭게 보았다. 경비행기를 타고 눈 덮인 산악 지대를 비행하던 남녀가 산봉우리에 불시착하는 내용이다. 영화에서 이런 상황엔 으레 의견이 갈리게 마련이다. 여자는 산 아래로 내려가 민가를 찾자고 하고, 남자는 남은 식량을 먹으며 산 위에서 구조를 기다리자고 고집을 부린다.

진부한 스토리 같지만 여기에 중요한 힌트가 있다. 애착 문제도 비행기 사고처럼 사랑으로 인한 '사고'에서 시작된다. 연인 사이의 다툼이든 가족 간의 불화든 친구와의 싸움이든 사랑이 난파된 것이다. 영화에서 '떠나자 파'와 '기다리자 파'로 나뉘듯 사랑이 난파되면 '회피파'와 '불안파'로 나뉜다. 앞서 회피파에 대해 살펴봤고, 이제 그 반대 성향을 지닌 불안파에 대해 알아볼 차례다. 세상에 대한 믿음은 남아 있지만 자신에 대한 신뢰가 깨져버린 사람들 말이다.

혹자는 회피형 애착과 불안형 애착 중 무엇이 나은지 묻기도 하는데, 안타깝지만 솔직히 어느 쪽도 더 나을 것이 없다. 이 질문은 비행기가 불시착했을 때 '그 자리에 있어야 하는가, 산을 내려가야 하는가'라고 묻는 것과 같다. 답은 '상황에 따라 다르다'이다. 식량이 얼마나 남았는지, 지형의 특징은 어떤지, 구조 신호를 보낼 방법은 있는지, 날씨가 어떤지 등에 따라 판단이 달라진다. 벌어진 상황을 빨리 받아들이고 문제를 하나씩 해결하겠다는 자세가 중요할 뿐이다. 하필 왜 그 비행기를 탔을까 하고 후회하거나, 운 나쁜 누가 탔기 때문에 추락했다며 비논리적인 책망을 하거나, 비행기가 떨어졌을 리 없다며 현실을 부정해봤자 달라지는 건 없다.

○ **사랑만 하면
작아지는 사람**

유독 사랑 앞에서만 한없이 작아지는 사람이 있다. 집안, 학력, 직장, 성격, 외모 등 뭐 하나 빠지는 게 없어 누가 봐도 부러운데 이상하게 연애만 했다 하면 일상의 평화가 깨지는 사람이 있다. 실컷 사랑을 받고 데이트를 즐겨도 모자랄 시간인데, '지금 나한테 질려서 저러는 것 아닐까?' '나에게 실망했겠지?'라는 생각에 하염없이 가슴을 줄이고 저자세의 사랑을 한다.

불안형 애착의 전형적인 모습이다. 이들은 관계가 깊어질수록, 사랑이 깊어질수록 좌불안석이다. 회피형이 감정을 통제하려고 '냉정해져야 해' '거리를 둬야 해' 하며 차갑고 까칠해진다면 불안형은 긴장한 표정, 다급해진 말투, 연락 집착 같은 행동이 눈에 띄게 는다. 그 사람이 떠날까 봐, 혼자 남겨질까 봐 불안하다. 자신을 신뢰하지 못해 나타나는 현상이다.

이들은 우선 툭하면 자책부터 하는 습관을 갖고 있다. 왜 하필이면 자책을 하게 되었는지는 명확하게 알 수 없다. 다만 주변에 "네 탓이야"라고 노골적으로 비난하는 사람이 있었거나 지속적으로 힐난하는 사람이 있었을 확률이 높다. 오랫동안 자존감이 떨어져 있었고 자책을 유발하기 좋은 환경에 노출되어 있지 않았을까 짐작한다.

사랑을 시작하자마자 이별의 순간을 상상하며 겁을 먹는 이들의 마음속에는 버려질까 봐 두려운 마음이 가득하다. 행복한 순간에조차 상대가 떠날 순간을 상상하며 불안을 끌어당긴다. 심해지면 잠을 설치고 연락에 집착하며 질투와 의심에 사로잡히기도 한다. 그런데 그런 자신을 바라보면서 '나는 매력도 없고 성격도 나쁜데 심지어 집착까지 하고 있네. 이런 나를 사랑할 리가 없지'라는 생각이 들어 다시 자기를 비난한다.

이들은 한시도 온전한 행복을 누리지 못한다. 싫어하는 사람을 만나면 싫어서 기분 나쁘고, 좋아하는 사람을 만나면 자신이 그 사람을 실망시킬까 봐 불안하다.

아이러니한 건 이 불안이 종종 성공의 원동력이 되기도 한다는 점이다. 부모에게 사랑받지 못할까 봐 공부를 열심히 하는 모범생들이 있고, 따돌림을 당하지 않기 위해 사교성을 발휘하는 사람도 있고, 미움을 받지 않기 위해 더 많이 양보하는 사람도 있다. 이런 사람은 남들 보기에는 잘 사는 것처럼 보여도 정작 본인은 늘 마음을 졸이며 산다. 어릴 때부터 비관적 느낌과 불안감을 연료로 살아온 사람들이라 불안을 끊어내기가 어렵다.

○　**경제 불황이
우리 삶에 끼친 영향**

이들은 어쩌다가 이렇게 불안한 사람이 되었을까? 가장 쉽게 찾을 수 있는 원인은 아무래도 어릴 때 겪은 가정 내의 불화를 꼽을 수 있겠다. 1990년대 말 찾아온 IMF 외환위기 사태나 2008년 불어닥친 서브 프라임 모기지 사태는 경제적인 면에서뿐 아니라 사람들의 정서에도 큰 영향을 끼쳤다. 이런 큰 사건들은 개인들의 삶까지 바꿔놓는다.

부모가 하던 일이 잘못되거나, 열악한 환경에 살게 되거나, 가족이 뿔뿔이 흩어지는 등의 사건은 성장기 아이에게 정서적 타격을 입히는 경우가 많다. 그동안 의지했던 부모가 파산하고, 걸핏하면

서로 싸우며, 정신적으로 무너지는 모습을 목격하거나 부모와 갑작스럽게 헤어지는 일을 겪은 아이들은 성인이 돼서도 분리 불안에 시달리고는 한다.

아이들은 안 좋은 일이 생기면 자책부터 하기 때문이다. '내가 잘못해서 부모님이 다투는 거지' '나 키우느라 돈을 많이 써서 우리 집이 가난해졌나 봐'라는 식으로 생각한다. 미숙한 뇌로 상황 판단을 하다 보니 자신이 세상에 끼치는 영향력을 너무 과하게 책정한 결과다.

그래서 부모는 부부싸움을 하거나 가정 환경에 변화가 생기면 자녀들에게 구체적인 설명을 해줘야 한다. 아이는 모르고 지나갔으면 하는 바람에 쉬쉬하거나 아무렇지 않은 척하면 아이도 모르는 척 장단을 맞추지만 사실은 다 알고 있다. 게다가 아이는 점점 자신 때문에 벌어진 일이라는 생각을 굳힌다. 자신에 대한 부정적인 선입견이 시작되는 순간이다. 그렇게 성인이 되면 자신을 힘없는 존재로 인식하기가 쉽다.

사실 성인에게는 혼자 있는 게 부정적이지만은 않다. 누가 돌봐주지 않아도 자유를 누리고 본인이 원하는 일에 집중할 수 있는 시간이다. 외로움은 격렬한 운동 후에 찾아오는 근육통 같은 것이다. 좀 불편하고 몸이 축나지만 시간이 지나면서 자연스럽게 회복되며 성장이 일어난다. 하지만 혼자 되는 것이 공포로 각인된 사람은 혼자가 되리란 예감이 들면 감정이 먼저 폭발한다. 상대가 연락이 닿지 않거나 낯선 사람과 친밀하게 대화하는 모습만 봐도 '나는 곧 외톨이가 되겠구나' 하는 파국화 반응을 시작한다.

○ 불안의 불을
   옮겨 붙이지 않기

이들은 자신에게 내재된 자원을 신뢰하지 못한다. 고독한 시간을 견뎌내지 못할 거라고 스스로 마음 상태를 저평가한다. 그래서 사랑하는 사람과 헤어지면 '난 다시 일어서지 못할 거야'라고 생각해 절망부터 한다. 자신 안의 회복탄력성을 전혀 믿지 못하는 것이다.

   이런 지나친 두려움은 이별을 앞당기는 촉매제로도 작용한다. 근거 없는 두려움에 휩싸여 지나치게 의심하고, 눈치 보고, 일거수일투족에 집착하니 본인뿐 아니라 상대의 마음도 지치게 만든다. 버려질 수도 있다는 공포에 압도돼 연애를 즐기지 못하는 탓에 결국 헤어지는데, 혼자 있는 시간을 견디지 못하니 준비 없이 곧 아무나 사귀게 된다. 그러면 또 '아무것도 안 알아보고 너무 급하게 사람을 사귄 것 같네. 난 왜 이리 충동적일까? 이번에도 제대로 판단을 못 한 것 같아' 하는 불안을 느끼고 다시 또 헤어진다. 이렇게 준비 안 된 이별과 만남을 반복하며 관계에 대한 공포와 불안은 더욱 강화된다.

   이들에게 "만나다 보면 헤어질 수도 있지"라거나 "기왕 이렇게 된 거 혼자만의 시간을 즐겨봐요"라고 조언하는 건 무의미하다. 혼자서도 당당한 모습으로 살고 싶은 마음만 놓고 보면 이들을 따를 자가 없다. 그저 생각처럼 되지 않을 뿐이다. 그래서 진심 어린 조언을 해도 자칫 '남들은 쉽게 되는데 난 왜 이리 나약하지?' 하는 생각만 자극하고 말 수 있다.

불안형 애착을 지닌 사람과 이미 만나고 있거나 친해져야 한다면 그의 불안한 상태에 동요되지 않고 평온한 마음을 유지할 수 있는 능력을 갖고 있어야 한다. 불안은 마음속에서 불이 활활 타오르고 있는 상태와 같아서, 같이 불안해하거나 화를 내면 대형 화재로 번진다. 한 번에 불안을 끝내려고 들면 오히려 크게 폭발할 수도 있다는 점도 유념해야 한다.

특히 불안형에게 옳고 그름을 따져 논리정연하게 설득하는 시도는 대개 실패로 끝난다. 정색하고 말하는 상대 표정만 보고도 자신을 싫어한다고 단정하고 상상 이별을 시작하는 사람들이기 때문이다. 그저 지지하고 공감하는 표정으로 "아이고, 그것 때문에 마음을 졸였구나" 하면서 들어주는 시간을 가져야 한다. 자책을 기반으로 살아온 만큼 자기반성 시간은 충분히 마련할 사람들이니 굳이 이것저것 지적하거나 직면하게 할 필요가 없다.

지금 이런 유형과 사랑하고 있다면 그들의 말과 행동을 융통성 있게 받아들이고, 포용하는 태도로 평상심을 유지하는 데 집중하는 게 좋다. 논리적이고 냉정한 자아는 잠시 스위치를 꺼두기를 권한다.

○　　**상처는 과거에,
　　　나는 여기에 있다**

불안형이 겪는 불안은 두 개의 층으로 구성된다. 핵심에는 자신을 신뢰하지 못하는 낮은 자존감이 있고 겉에는 이별을 상상하며 느끼는 헤어짐에 대한 공포가 있다. 이중 우리가 먼저 다루어야 할 것은 겉에 있는 공포다. 불안한 상태에서 핵심으로 바로 파고들면 상당한 저항을 불러일으키기 때문이다. 상상이 아닌 현실에 집중하는 과정을 통해 세계가 생각보다 따뜻한 곳이며 위로해줄 사람도 있고, 더 이상 아픈 이별이 없다는 것을 반복적으로 확인해야 한다. 공포 영화를 보며 떨고 있는 사람에게 "저거 다 특수효과야! 내가 아까 분장하는 거 다 봤어!"라고 말해주면 두려움이 줄어드는 것과 비슷한 원리다.

　반복적인 안심을 경험하다 보면 우리는 더 이상 나약한 어린아이가 아니라는 사실을 깨닫는다. 이제 스스로 돈도 벌고 여행도 하고 생활에 책임도 질 수 있는 성인이다. 아이의 기억 속에 갇혀 살기를 과감히 거부하고 벗어나야 한다.

　아무리 무시무시한 상처가 있다 해도 상처에는 공통된 약점이 있다. 그것은 바로 세상 모든 상처는 과거에 갇혀 있다는 점이다. 상처는 과거다. 혼자 있던 공포도 과거다. 다 지나갔다. 미래에 대한 걱정도 마찬가지다. '(앞으로) 그런 일이 생기면 어떡하지?'라며 두려워하지만 세상의 모든 걱정은 상상의 나라에 산다. 현실이라는 링 위에 존재하는 건 지금 자신이다. 상처와 공포에서 벗어나기 위해서는 현재라는 무대에 올라서는 연습을 꾸준히 해야 한다.

그런 의미에서 불안형에게는 오늘부터 하루 한 장씩 그림을 그려보길 권한다. 무엇이든 상관없다. 눈앞에 보이는 것을 똑같이 따라 그려보자. 그림을 그리는 동안은 눈앞의 현실에 집중하기 때문에 꽤 효과가 있다. 실력이 좀 없으면 어떤가. 필사나 컬러링북 색칠하기, 퍼즐 맞추기, 스도쿠, 식물 돌보기 등 집중할 수 있는 것이라면 무엇이든 괜찮다.

불안이 찾아오고 마음 둘 곳이 없어 전전긍긍하고 있다면 무언가를 오래오래 들여다보라. 앞에 보이는 건물의 유리창 수를 세어봐도 되고 하늘의 구름을 봐도 된다. 그러다 보면 아무 일도 생기지 않는다는 것을 알게 될 것이다. 생각보다 세상이 평화롭다는 느낌도 받을 것이다. 우려할 만한 일은 벌어지지 않는다. 당시 느꼈던 공포와 불안은 과거에 멈춰 있다. 그리고 당신은 지금, 전혀 다른 현실에 살고 있다. 안심해도 된다.

부디 데이트할 때는 데이트에만 집중하고 상대의 말과 행동에 집중하자. 혹시라도 염려했던 것처럼 언젠가 헤어지게 된다면 그때 대처해도 늦지 않다.

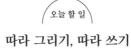

따라 그리기, 따라 쓰기

1. 따라 그리기

무엇이든 상관없다. 주변에 있는 그림을 꺼내 무조건 따라 그려보자.

2. 따라 써보기

어차피 헤어질 인연은 어떻게든 헤어진다.

어차피 만날 인연은 어떻게 해도 만나게 되어 있다.

오지도 않은 미래를 미리 걱정하지 말자.

○ 불안형의 생존법:
의존

혼자 있는 것을 두려워한다는 말은 자존감이 낮다는 말과도 상통한다. 그렇다고 사람을 아예 못 만나거나 늘 나약한 상태로 사는 건 아니다. 회피형 애착이 일중독을 이용해 살아간다면 불안형은 대개 의존을 무기로 살아간다. 그래서 불안형 애착에서 벗어나기 위해서는 의존을 버리고 독립의 길을 걷도록 연습해야 한다.

'애착 기능에 문제가 생겼는데 의존을 한다고? 이런 사람들을 받아주는 사람이 있어?'라고 의문을 품을 수 있지만 천만의 말씀이다. 이들은 사회생활도 잘하고 연애도 비교적 자주 한다. 주변에 사람도 많고 쾌활하다는 칭찬도 곧잘 듣는다. 의존성이 강한 사람을 사귀어본 사람은 이들의 매력을 잘 알 것이다.

의존성은 상대방의 나르시시즘을 자극한다. 예컨대 깜깜한 길을 혼자 갈 자신이 없는 사람이 최대한 친절한 표정을 지으며 부탁을 한다. "저기, 나랑 좀 같이 가줄래요?" 그리고 성공률을 높이기 위해 상대방을 띄워주기도 한다. "제가 오랫동안 지켜봐왔는데 가장 믿음직스러우세요. 저랑 같이 가주시면 정말 좋겠어요!" 불안형은 이런 표현을 하는 데 매우 능숙하다. 냉소적인 회피형과는 전혀 다른 매력이다.

선택받은 사람의 기분은 어떨까? 일단 뿌듯하다. 잘 챙겨주고 사소한 결정도 도와달라고 하니 특별한 존재가 된 것 같고, 자신의 가치를 인정받았다는 뿌듯함도 생긴다. 좀 의존적인 게 대수인가. 수시로 '당신 없이 난 아무것도 못 해'라는 메시지를 받으면 왠지 어깨도 으쓱해진다.

○　상대방이
　　강하다는 착각

사실 도움을 받는 건 나쁜 게 아니다. 아침에 눈을 뜨려면 알람의 힘을 빌려야 하고, 출근하려면 전철에 의지해야 하고, 아프면 의사의 도움을 받아야 한다. 하지만 자신을 믿지 못해 시작된 의존은 이런 것과 차원이 다르다.

　의존성이 높아지면 스스로 문제를 해결할 능력은 줄어들기 때문에 결국 탈이 난다. 비슷한 예를 들어보겠다. 잠시라도 인터넷 없이 사는 게 불가능한 요즘, 서울의 한 지역구 통신 기지국에 불이 나 몇 시간 동안 유무선 인터넷이 끊긴 적이 있다. 그때 어땠나? 해당 지역 사람들의 일상이 갑자기 마비되어 큰 혼란이 일었다. 인간의 마음도 그렇다. 의존성이 한 사람의 주요 성격으로 굳어버리면 작은 위기에도 크게 타격을 입는다. 해외 의존도가 높은 나라가 외국과 활발하게 교류할 때는 괜찮지만 글로벌 경제 위기가 닥치면 순식간에 무너지는 것과 마찬가지다.

　사랑하는 두 사람이 서로 의지하는 건 자연스럽고 아름다운 일이다. 하지만 의존을 하더라도 최소한의 주체성은 지키고 있어야 한다. "뭐 먹을까?" "자기가 먹고 싶은 거" "이번 여행은 어디로 갈까?" "자기가 정하면 난 무조건 따를게." 이런 식의 관계가 지속된다면 안전하지 않다는 신호다. 왜냐하면 의존하고 있는 상대도 불완전한 인간이기 때문이다.

누군가를 믿고 의지하는 건 어느 정도 필요하지만 늘 성공할 수는 없는 전략이다. 내가 의존하는 상대도 알고 보면 시시때때로 다른 이에게 의지하고 싶어 한다.

과도한 의존성은 결국 한계를 드러낸다. 직장 생활에서 '승진 후 우울증'을 앓는 게 그런 예이다. 신입 시절이나 경력이 적을 때는 문제가 없다. 리더십은 상사가 발휘하고 자신은 그저 시키는 대로 하면 되니까. 하지만 이들이 직급이 올라가고 부하 직원이 생기면 극심한 스트레스에 시달리며 어쩔 바를 모른다. 신입 시절을 그리워하며 우울증을 겪는다. 리더로서 압박감을 견뎌내야 하는 시간이 찾아온 것이다.

평소 누군가의 도움을 받고 감사하며 사는 것도 좋지만 문제를 해결해나갈 내면의 힘은 반드시 키워야 한다. 언젠가 무기력한 자신에게 실망하지 않으려면 말이다.

○ 독립적으로,
　　　대등하게

연인 사이의 의존성은 결혼식처럼 중요한 일을 앞두고 극명하게 드러난다. 선택하고 결정할 일들이 많아지는 과정에서 상대가 어떤 사람인지 더 잘 보이기 때문이다. 나 몰라라 외면하고 판단을 한쪽에 맡겨버리는 모습, 사소한 것 하나도 결정 못 하는 우유부단한 모습, 남 탓만 하는 모습 등이 정체를 드러낸다. 다정하고 착하다고만 생각했는데 알고 보니 정서적으로 독립이 덜 된 사람은 아니었는지 신중하게 살펴야 한다.

　의존적인 사람들이 쉽게 변하지 않는 이유는 기대고 의지할수록 깊은 사랑이라고 여기는 그릇된 신념 때문이다. 이들에게는 '너 없이는 못 살아!' 하는 로망이 있다. 그래서 이들은 주말 부부처럼 떨어져서도 잘 지내는 커플을 보면 사랑이 식었거나 관계가 잘못됐다고 치부해버린다. 애착에 대한 오해다. 혼자서도 잘 사는 사람이 함께 있을 때도 사이가 좋은 법이다. 부부가 나이가 들어 각자 직업과 공간을 가질 때 더 금슬이 좋아지는 경우가 많다.

　독립국 대 독립국으로 공정한 거래를 하는 것이 사랑이다. 의존성이 지나치면 식민지가 되어버린다. 관계는 가깝다고 해서 무조건 좋은 게 아니다. 식민지처럼 일방적인 힘의 흐름은 집착이나 지나친 간섭을 불러일으켜 조금씩 관계를 잠식해간다. 대등함이야말로 건강한 사랑의 기본이다.

○ 적당한 의존성을 유지하는 방법

그럼 어떻게 하면 독립성과 의존성을 조화롭게 운용할 수 있을까?

첫째, 무조건 질문부터 하고 보는 습관이 있다면 과감히 끊어야한다. 의존성이 강한 사람은 누구나 알 만한 일도 "이거 뭐야?" "이거 어떻게 해?" "그건 뭐 같니?" 같은 질문부터 하고는 한다. 질문하는 행위 자체는 별문제가 아니다. 문제는 본인이 정말 모르는지, 감당할 수 있는 건지 아닌지 생각해보지도 않고 무턱대고 질문하고 상대에게 선택권을 넘겨버린다는 것이다. 메뉴를 정하는 사소한 일부터 중요한 결정까지 타인에게 의존해버리면 내 인생을 남이 대신 살아주는 꼴이 된다.

그런데, 그런 질문에 답을 해주면 말은 잘 듣기는 할까? 아니다. 막상 조언을 해주면 조언이 무색할 만큼 본인이 생각한 대로 행동하기 일쑤라 상대는 허탈해진다.

둘째, 의존을 좀 하더라도 내 인생을 책임지는 사람은 자신이라는 점을 명심해야 한다. 누군가를 목숨처럼 사랑한다 해도 그 사람이 내 인생을 대신 살아주진 않는다. 때때로 의견을 구하고 결정을 맡기더라도 최종 선택과 결정, 책임은 스스로 져야 한다는 점을 잊지 말자. 의존성이 강한 사람의 습성 중 하나는 나쁜 결과가 나오면 "네가 하라는 대로 했다가 망했어!"라며 꼭 남 탓을 한다는 것이다. 자책을 할 때도 마찬가지다. 성격 탓, 유전자 탓, 심지어 자신은 도통 해결 방법을 모르겠다고 막연한 대상 탓을 한다. 이처럼 책임을 미루다 보면 실패를 통한 깨달음을 얻을 수 없다. 그래서 매번 비슷한 상황이 와도 실패를 합리화하고 스스로 성장할 기회를 걷어차 버린다.

자신에게 의존성이 있는 것 같다면 도와준 사람에게 감사하되 결정과 책임은 스스로 지겠다는 자세를 유지하려고 의식적으로 노력해야 한다. 결과가 안 좋아도 '내가 도전해본 경험이 도움이 될 거야' 하면서 다시 한 번 집중하고, 결과가 좋으면 '역시! 내가 해냈어!' 하면서 스스로 뿌듯함을 느껴보자.

마지막으로, 내 모든 욕구를 사랑하는 사람이 채워줄 수 없음을 기억해야 한다. 사랑은 위대하지만 사람은 유한하다. 그래서 사랑이 우리의 모든 감정을 받아줄 수도 없고, 늘 의견이 일치할 수도 없다. 어느 순간 상대에게 서운한 마음이 들면서, '남들은 연애하면 이 정도는 다 해준다던데?' 하는 생각이 올라오면 기억하자. 사랑을 통해서 모든 것이 채워지지 않는 이유는 사랑이 문제여서가 아니라 내 욕심 때문일 수도 있다는 것을.

5. 불안정 애착 3: 혼합형

○   **나도 너도**
    못 미더워

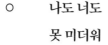

우연히 뱀을 만난 이야기를 다시 떠올려보자. 길에서 뱀을 만나고 놀라 '세상은 너무 위험해! 다신 나가지 않을 거야!'라고 다짐했다면 회피형 애착, 집에 혼자 있다 뱀을 만난 후 '혼자 집에 있는 건 위험해! 반드시 옆에 누가 있어야 해!'라고 생각한다면 불안형 애착이라고 했다. 그런데 혼자도 위험하고, 함께 있는 것도 안전하지 않다고 생각하는 사람도 있다. 바로 혼합형 불안정 애착을 가진 이들이다.

이들도 자신에 대한 신뢰가 깨져 있다. 그래서 문제가 생기면 자신에게서 원인을 찾거나 혼자 해결할 수 없다고 생각한다. 여기까지는 불안형 애착과 비슷하다. 하지만 이들에게는 하나가 더 있다.

바로 타인도 믿지 못한다는 점이다. 회피형이 '이건 나 혼자 해결해야 할 일이야' 하고 고독의 길을 가고, 불안형이 '이걸 누구에게 부탁해야 들어줄까'라고 의존을 떠올린다면 혼합형은 다음과 같이 생각한다. '내가 이런 거 하나 처리하지 못하는 걸 알면 날 무시하겠지?' 때로는 '저들이라고 뭐 뾰족한 수가 있겠어?'라고 여겨 선뜻 의지도 못한다. 자존감이 낮은데 타존감(?)도 낮은 셈이다.

이들이 자주 하는 생각, 즉 '이렇게 사는 나를 험담하거나 비웃겠지' '사회성 없다고 이상한 사람 취급하겠지'라는 생각에는 자신은 물론 타인에 대한 낙인도 스며 있다. 자신을 긍정적으로 보지 못하는 동시에 타인 전체를 '비웃을 사람들' '무시할 사람들'과 같이 부정적으로 판단한다.

○　　**대표적 생존법:**
　　　가면 쓰기

하지만 이들에게도 누구보다 성공하고 싶고 칭찬 듣고 싶고 존중받고 싶은 욕망이 있다. 인정도 받고 만족감도 주고 싶다. 그런데 이미 자신과 타인에 대해 부정적인 인식이 깊이 자리하고 있다 보니 평범한 방법으로는 해낼 수 없다고 생각한다. 결국 '지금의 나'로는 부족해 '가면 쓴 나'를 만들어낸다. 실제보다 더 대단해 보이는 '가상의 나'를 만드는 것이다. 부자를 꿈꿨다면 가상의 부자를,

똑똑함을 원하면 똑똑한 가면을 만든다. 그렇게 만든 가면을 쓰고 잘난 척, 똑똑한 척, 부자인 척하며 산다. 그럼 가면 쓴 모습을 누구 앞에 내놓을까? 바로 가면에 속을 사람들, 가면 쓴 모습에 열광할 사람들 앞에 내놓는다. 허세와 허언으로 남을 속여야만 좋은 관계를 유지할 수 있다는 그릇된 믿음 때문이다.

○ 허세와 허언에 깔려 있는 인지 왜곡

멋있게 보이고 싶은 마음은 인간의 자연스러운 욕구다. 하지만 지나친 잘난 척은 열등감에서 출발한다. 열등감이 있으면 사소한 결함이 들통나도 과하게 수치스러워한다. 어떻게든 감추고 싶은 절박함과 초조함이 안정된 애착을 망치는 것이다. 이 기저에는 세 가지 인지 왜곡이 있다.

첫째, 중요성 왜곡이다. 자신에게는 남들보다 모자란 결핍이 있는데 그게 인생에서 아주 중요한 요소라고 여긴다. 예를 들어 학벌에 열등감이 있는 사람은 학벌이 엄청 중요하다고 생각하고, 외모에 열등감이 있는 사람은 외모의 중요성을 과잉 해석한다.

두 번째는 타인에 대한 불신이 인지 왜곡을 심화시킨다. 타인을 판단할 때 '나를 이러저러하게 평가하겠지' '나의 약점만 보겠지' 하는 식으로 보는 것이다. 자신은 스스로를 타인의 평가에 예민하고 눈치를 보는 사람이라고 생각하지만 사실은 이미 타인을 그렇게 평가하기 때문에 시작된 왜곡이다. 사실 대다수 사람들은 남들에게 관심이 없는데 말이다.

마지막으로 이들은 만에 하나 타인이 자신을 얕잡아보거나 놀릴 때 자신을 지켜낼 방어력이 있다는 사실을 믿지 못한다. 사실 열등감 자체가 나쁜 건 아니다. 열등감이 좀 있어도 타인이 무시할 때 대응할 회복력만 있다면 괜찮다. '가난한 집안 형편 때문에 내가 무시를 당한다면 그건 무시하는 사람들 문제야. 나는 당당하게 살 수 있어!' '헤어지더라도 나는 곧 극복할 수 있을 거야'라는 믿음이 있다면 다소 억울하기는 할지언정 큰 문제가 되지 않는다. 하지만 '한번 얕보였다간 끝이야!'라고 생각하면 거짓말이라도 해서 자신을 지키려고 한다. 사실은 싸운 적도 없는데 말이다.

부자인 척, 유식한 척, 똑똑한 척, 밝은 척, 고상한 척 등 우리가 사용할 수 있는 가면은 무궁무진하다. 특히 SNS로 표현할 기회가 많아지면서 마음만 먹으면 어느 정도의 허세 부리기는 어렵지 않다. 한번 '척'을 하고 그것에 속아 넘어가는 사람이 생기면 점점 가면 속 자신이 진짜라고 본인까지 속아 넘어간다.

○ 사랑을 받아도
받은 게 아니다

이들은 타인의 인정과 사랑을 받기 위해 거짓 자아를 만들고 전면에 내세운다. 이 방식의 문제는 정작 남들이 인정과 칭찬을 해줘도 진정한 의미의 만족감을 느끼지 못한다는 것이다. 자신이 원해서 거짓 자아를 만들었지만 그것이 자신이 아니라는 사실을 자기가 누구보다 잘 알고 있기 때문이다. 그래서 칭찬을 받아도 잠시 기쁠 뿐, 의식 깊은 곳에서는 '내 본모습을 알게 되면 크게 실망할 거야' 하는 생각으로 이어진다.

심지어 이 거짓 자아가 사랑까지 받지 못하면 문제는 더 심각해 진다. '와, 이렇게까지 해도 날 싫어하는구나. 원래 모습을 보였으면 큰일 날 뻔했네!'라고 생각해 더 가진 척, 멋진 척, 잘난 척을 할 테 니 말이다. 악순환의 시작이다. 이런 가면 쓰기는 자신과 타인을 믿 지 못하는 마음에서 비롯했기 때문에 웬만해선 멈추기 어렵다.

그러면서 이들은 점점 지쳐간다. 원래 자신과 다른 모습으로 살 아가는 건 엄청나게 피곤한 일이다. 진짜 자아가 사랑을 받으면 정 신 에너지가 충전되지만 아바타가 사랑을 받고 있으니 안정감도 거짓 자아에게 빼앗겨버린다. 타인과 있을 때는 척을 하느라 긴장 하고 혼자 있으면 들통날까 봐 불안에 시달린다.

만약 거짓 자아를 만들어서라도 인정받고 싶은 사람이 이 글을 읽고 있다면 '모든 게 당신 생각일 뿐이다'라고 말해주고 싶다. 자신에게 치명적인 단점이 있다고 믿는 것도, 남들이 당신을 저평가하고 깎아내릴 준비를 하고 있다는 생각도, 사람들이 당신의 거짓 자아를 더 좋아할 거란 믿음도 모두 스스로 만든 착각일 뿐이다. 또 하나, 가면으로 타인을 속였다고 믿고 있겠지만 그마저도 혼자의 착각일 수 있다. 많은 사람이 진실을 알고 있으면서도 모른 척해주고 있는 것이다. 사람이 그렇다. 나쁜 사람도 있지만 좋은 사람이 훨씬 더 많고 대다수는 남에게 별 관심이 없다.

사실 사람을 더 매력적으로 보이게 하는 요소는 약간의 부족함이다. 너무 잘난 사람은 매력적이지 않다. 뭔가 채워줘야 할 것 같고 보호 본능을 유발하는 사람들이 오히려 따뜻한 사랑을 이어가는 경우가 많다. 이 사람에게 내가 필요하겠다는 생각이 들면 둘 사이엔 공고한 감정의 연대가 만들어진다. 나 없이도 멀쩡하게 잘 살아갈 사람한테는 정이 덜 가게 마련이다. 너무 잘나서 만날 때마다 나를 초라하게 만드는 사람은 멀리 두고 싶은 게 인지상정이다.

○　　**이런 사람을
사랑하고 있다면**

만일 사랑하는 사람이 이런 타입이라 걱정이라면 당분간 그냥 내버려두고 지켜보길 권한다. 정상적인 사람도 잠시 그럴 수 있고, 대부분 얼마 못 가 그만두기 때문이다. 잘 보이고 싶은 마음에 잠시 그러다가도 한계에 이르면 '몰라. 그냥 내 방식대로 살래' 하며 제자리로 돌아오는 사람이 많다. 누구나 사랑하는 사람에게 잘 보이고 싶은 본능이 있지 않은가. 그러니 과하지 않다면 그것조차 사랑스럽게 봐주면 된다. 가면을 쓰지 않아도 사랑받을 수 있다는 사실을 깨달을 동안 잠시 기다려주자.

혹 도가 지나쳐 '척'하는 것이 습관이 된 사람을 대할 때도 마찬가지다. 법적·윤리적으로 문제가 없는 한 조용히 지켜보길 권한다. 나쁜 의도가 있다기보다는 자기 딴에는 이미지 관리를 위해 열심히 사는 중이기 때문이다. 열등감은 폭발성이 강한 감정이라 함부로 직면하게 하거나 무안을 줘서는 안 된다. 안타까운 마음에 진실을 드러냈다가는 현실 도피나 분노 폭발 같은 극단적 반응이 나올수도 있다. 남에게 피해를 주는 상황이 아니라면 '참 열심히 사는구나. 애쓴다' 하는 마음으로 바라보면 된다. 애초에 세상과 자신에게 믿음이 없어서 생긴 문제이기 때문에 세상이 자신을 공격하지 않는다는 안정적인 인식이 스며들 때까지는 시간이 걸릴 수 있다.

– Tip –
'~처럼' 행동해야 그렇게 되는 거 아닌가요?

Q: 가면을 쓰는 게 그렇게 나쁜 건가요? 자기계발서를 읽다 보면 '이미 그것을 가진 사람처럼 행동하라'는 말도 있습니다. 자기가 원

하는 모습을 상상하고, 그 행동을 따라 하다 보면 정말 그렇게 되는 경우도 있지 않나요?

A: 행동을 변화시키는 것은 중요합니다. 공부를 잘하고 싶어서 우등생이 하는 행동을 하고, 부자가 되고 싶어 부자들의 마음가짐이나 습관을 따라 하는 일이 나쁠 리는 없습니다. 중요한 것은 세상과 자신을 바라보는 관점입니다. 우등생의 스케줄을 따라 하면서 '나는 이렇게 해봤자 소용없어. 사람들이 비웃을 거야'라고 생각한다면 성공하기 힘들겠지요. 이 글에서 가면은 실제의 자신과 겉으로 보이는 모습이 다르다는 취지에서 비유한 것입니다. 그러니 행동뿐 아니라 마음 자세도 롤 모델의 긍정적인 마인드를 따라 하고, 긍정적인 미래를 꿈꾸며 행동하면 좋을 것 같습니다.

O   **최악의 상태,
         프로 불편러**

허언과 허세가 익숙한 사람을 그대로 둬야 하는 이유는 이미 그들 스스로가 충분히 괴로운 상태이기 때문이다. 아무리 거짓 자아를 만들고 강한 척, 센 척을 해도 마음 한구석에 자리 잡은 허전함까지 지울 수는 없는 법이다. 멀쩡하게 사는 것 같지만 부지불식간에 '이게 진짜 내 모습인가' '이렇게 해서 인정받으면 무슨 소용이 있나'

'남들이 알아채면 어떡하지' 하는 혼돈을 지속적으로 겪는다. 그래서 그렇지 않은 사람들보다 에너지 소모가 엄청나게 많고 빨리 지친다.

그런데 몸과 마음이 지쳤을 때조차 이들은 척하는 습관을 멈추지 못한다. 힘 빠진 모습을 보이면 더 실망할 거라고 여기기 때문에 또 한 번 인지 왜곡을 한다. 보통 사람이라면 다 내려놓고 휴식을 취할 타이밍에 이들은 다시 한 번 거짓 자아를 출동시킨다. 마지막 에너지를 쥐어짜내 슈퍼맨인 척하는 것이다.

그렇다면 과연 그 끝에는 무엇이 있을까? 허언과 허세가 강화되면 결국 '프로 불편러'가 된다. 자신도 싫고, 남도 싫고, 그렇게 부정적인 자신이 또 싫은 사람. 어떻게 해도 만족이 안 되고 지치다 보니 어린 시절 자아로 퇴행해 남 탓을 하기 쉽다. 내세울 것 없는 자신은 초라해서 싫고, 잘난 사람만 인정받는 세상도 싫다. 이 꼴 저 꼴 다 보기 싫은, 불평불만이 가득한 상태가 된다. 인간관계에서 최악의 단계다. 심해지면 급기야 '내가 사라지면 싫은 꼴 다 안 봐도 된다'는 지경까지 간다.

이들이 타인을 대하는 모습을 한마디로 표현하면 '싫어 증후군'이라 부를 만하다. 몸은 이미 어른인데 질풍노도기, 정체성의 방황이 지속된다. 본인이 메뉴를 정하는 것도 싫고 상대가 추천해주는 것도 별로다. 스파게티는 느끼해서 싫고, 한식은 흔해서 싫고, 중식은 기름져서 싫다. 누군가를 만나자니 귀찮아서 싫고 혼자 있으면 외로워서 싫다. 얼핏 보면 자신에게 딱 맞는 이상형을 찾아 헤매는 사람 같지만 실상은 그냥 불만만 가득한 사람이다.

이런 사람을 직장 상사로 만나면 여간 고역이 아니다. 본인이 일하기는 싫으니 죄다 아랫사람에게 떠넘기는데 어떤 결과물을 내놔도 만족하는 법이 없다. 자율적으로 알아서 하라고 해놓고 막상 알아서 하면 왜 마음대로 하느냐고, 내가 그렇게 가르쳤느냐며 화를 낸다.

○ 프로 불편러가 사랑하면 생기는 일

열등감과 불만족이 성공의 비결로 추앙받던 때가 있었다. 부족함을 깨닫고 대오각성해 노력하도록 부추기는 자기계발서도 흔했다. 물론 부족한 부분에 채찍질을 하는 건 나쁘지 않다. 하지만 성공으로 이어지려면 열등감이라는 재료만으로는 부족하다. 자신에 대한 믿음과 희망이 더해져야 한다. '지금은 부족하지만 언젠가는 해낼 수 있어!'라는 긍정적 자기관이 성공으로 이끄는 것이지, 무턱대고 채찍질만 하다 보면 쓰러지고 만다.

사랑을 할 때도 마찬가지다. 자신과 타인 모두를 부정적으로 보는 사람들이 사랑을 할 때 보이는 대표적 행동에는 두 가지가 있다. 사람을 지치게 하고 결국 파국을 부르는 행동들이다.

첫 번째로 잦은 '테스트'다. 상대가 나를 얼마나 사랑하는지 확인하기 위해 끊임없이 시험대에 올리는 행동이다. 이런 사람들은 '수시로 연락이 안 돼도 나를 믿을 수 있어?' '어떤 경우에도 날 떠나지 않을 수 있어?' '내가 이렇게 아프다고 하면 얼마나 빨리 달려올까' 등을 테스트한다. 그리고 점점 수위를 높이며 도발한다. 웬만해선 만족을 못 하니 끊임없이 새로운 시험으로 상대의 마음을 들었다 놓았다 하며 사랑을 확인받고자 한다. 그런 상대를 이해하고 챙겨주는 것도 한두 번이지, 예기치 못한 상황과 돌발 행동에 24시간 긴장해야 하는 파트너는 점점 지쳐간다. 시험하는 사람은 이런 과정을 통해 상대가 진심으로 자신을 사랑하는지 확인하고, 시험을 통과한 사람과 진심 어린 사랑을 이어가겠다는 심리를 갖고 있지만, 문제는 정도를 벗어난 테스트를 반길 사람이 없거니와 통과할 사람도 없다는 사실이다. 한두 번 통과했다고 해도 점점 수위를 높이니 한도 끝도 없기 때문이다.

두 번째 행동은 '오락가락하는 패턴'이다. 이들은 상대가 좀처럼 진심을 알아채지 못하도록 생각도, 행동도 이랬다저랬다 한다. 간이라도 빼줄 듯 다가오다가 순식간에 차가워지고, 떠난 줄 알고 포기할 때쯤 돌아온다. 상대가 이런 상황에 지쳐 그만 놔줘야지 싶을 때 힘껏 잡아당긴다. 내향적이라고 확신할 즈음 외향성을 드러내고, 순한 줄 알았는데 폭발도 잘 한다. 막상 헤어지면 죽을 것처럼 슬퍼하지만 다음 날 다른 사람과 뜨거운 사랑에 빠지는 일도 적지 않다. 중요한 일이 있어도 뒤로 미루고 몇 시간이고 SNS에 몰두하기도 한다. 자신의 감정과 결정에 확신이 없으니 혼란이 극심하고 그렇다 보니 추진력이나 지구력이 약해져서 생기는 일이다.

이런 성향은 종종 매력으로 둔갑하기도 한다. 종잡을 수 없고 자극적인 캐릭터라서 사람을 유혹하는 치명적인 매력으로 작용할 수 있다. 하지만 이들의 진심은 알기 어렵다. 원래 진심이 없으니까.

○　　**뜻밖의
　　잠재력**

그런데 반전도 있다. 상대의 진을 빼놓던 부정적인 태도가 어느 순간 사라지면서 잠재력이 폭발해 삶이 크게 변하는 기적이 일어나기도 한다. 그러면 사업, 인간관계, 가족 문제 등이 척척 풀리고, 주변을 감동시키는 해피엔딩으로 마무리되기도 한다. 바야흐로 인생의 변곡점을 맞이하는 순간이다. 대체 어떻게 된 일일까?

시종일관 부정적인 태도를 견지하면서도 삶을 일정 수준으로 유지하고 있다는 건 그만큼 다른 자원도 함께 갖추었다는 뜻이다. 부정적 기질을 가진 사람들 가운데에는 관찰력, 분석력, 순발력, 창의력이 뛰어난 사람이 많다. 직장에서는 불평불만만 하지 않으면 나무랄 데 없다고 능력을 인정받는 사람도 많다. 부정적 태도로 살아갈 때는 드러나지 않던 이런 자원들이, 긍정적으로 변한 어떤 순간에 한꺼번에 발현되면 기적이 일어난다.

남들은 90점의 장점과 −30점의 단점을 만나서 60점 인생을 살고 있다면, 이들은 -130점의 단점이 있는데도 190점의 숨은 장점이 있어서 60점 인생을 살던 사람들이다. 그러던 어느 날, 자신도 알지 못하던 190점짜리 자원을 그대로 사용하는 경험을 하면 스스로도 깜짝 놀란다. '나 자신과 세상을 신뢰했더니 190점의 결과가 나오네!' 그렇게 세상을 긍정적으로 보았을 때의 좋은 점을 깨닫고, 이런 자세가 점차 학습되면 과거와는 전혀 다른 마음가짐으로 살기도 한다. 물론 이런 일은 흔치 않고 대부분 새드엔딩으로 끝나지만 가끔 보는 이런 스토리 때문에 연인은 희망고문을 당하기도 한다. 행동이나 태도에서 변화의 기미가 보일 듯 말 듯하기 때문이다. 남들이 말리는 '전쟁 같은 사랑'을 이어가면서 헤어지지 못하는 연인이 있다면 바로 이런 경우가 아닐까 한다.

○   현재의 모습부터
    인정하기

혼합형 불안정 애착 유형에게 조언하기란 몹시 조심스럽다. 세상을 향한 불신이 생각보다 견고하기 때문이다. 사람을 믿었다가 뒤통수 맞을까 봐 늘 신경이 곤두서 있는 상태라고 할까.

독자 중 프로 불편러가 있다면 분명 이럴 것이다. '또 뻔한 소릴 하겠지' '전문가란 인간들은 늘 이론으로 모든 걸 해결하려 하지' '본인이나 잘하라고 해!' 하며 허점부터 찾으려 할 터이다. 이들의 심연엔 '만족하면 곧 도태된다'는 믿음이 있기 때문에 어떻게든 불평거리를 찾는다. 그것이 생존 전략이다.

극단적인 예시만, 일부러 문제 있는 사람을 택해 연애를 하는 경우도 있다. 고생길이 훤한 사랑을 기꺼이 선택하는 속마음을 들여다보면, 고통 받고 힘들어하면서 자신이 단련될 거라는 그릇된 믿음이 도사리고 있다. 자신보다 잘나고 괜찮은 사람을 만나면 위축되고 무시당할 수도 있다는 걱정 때문에 결말이 뻔한 불구덩이 속으로 고집스럽게 뛰어들기도 한다. 만족은 익숙지 않으니 본능적으로 어려운 대상에게 마음을 주는 것이다.

이들 중에는 상담을 받으며 자신에 대해 점점 잘 알게 되고 자아를 존중해가는 과정에서 기꺼이 파트너와의 이별을 선택하는 경우도 있다. 더 이상 자신도, 상대도 괴롭히지 않기 위해 잘못 끼워진 첫 단추를 바로잡는 선택을 하는 것이다. 물론 관계는 유지하면서 부분적으로 해결을 해나가는 사람도 있다. 어느 방법이 더 낫다고 단정할 수 없지만 어쨌든 자신에 대한 신뢰를 회복하는 방향으로 움직여야 한다는 게 내 생각이다.

이유를 막론하고 불평과 불만을 연료로 살면 본인도 괴롭고 남도 괴롭다. 그러니 후회하고 있다면 후회하고 있는 나를, 헤어졌다면 헤어진 나를 있는 그대로 존중해야 한다. 노력하고 있는데도 여전히 의심하고 불평하고 있다면 그 모습조차 받아들이고 존중하자. '맘에 드는 수준까지 변한 후 그런 나를 사랑해야지'라고 생각하는 순간 또 거짓 자아를 만들게 되고 다시 악순환이 시작된다. 아마 이들은 십중팔구 정신이 너덜너덜해졌을 것이다. 수많은 의문과 불만을 품고 살아왔으니 그렇지 않은 사람에 비해 인생을 두세 배산 것처럼 심신이 지치기 마련이다. 그러니 매사 부정적이고 불평도 많고, 만족을 모르는 상태에서도 지금까지 살아온 자신의 '버티는 힘'을 칭찬해주도록 하자.

오늘 할 일
감사 일기 쓰기

지금까지 애착에 대해 알아보았다. 자신이나 세상에 대한 관점이 부정적일 때 애착의 틀에도 문제가 생긴다는 게 핵심이다. 그렇다면 자신과 세상을 긍정적으로 바라보기 위해서는 어떻게 해야 할까?

부정적인 사람이라고 해서 늘 부정적인 것은 아니다. 좋은 일이 있으면 고마운 마음도 들고 세상에 대한 신뢰도 생긴다. 다만 그걸 너무 빨리 잊는 게 문제다. 긍정적인 사람과 부정적인 사람의 차이는 어떤 기억을 더 오래 간직하느냐에 있다.

그런 이유로 '감사 일기'는 세상을 바라보는 관점을 변화시키는 데 효과적이다. 하루에 세 가지 정도 짧게라도 오늘 고마웠던 일들을 기록하는 것이다. 기록은 긍정적인 경험을 되새기고, 표현하고, 시간이 남을 때 들여다보면서 다시 기억하는 역할을 한다. 이 과정을 통해 자신과 세상에 대한 인식이 점차 긍정적으로 바뀐다. 이른바

'긍정 감수성'을 자극하는 과정이다. 인스타그램에 사진과 함께 남겨도 괜찮고 세 줄 일기 쓰기 같은 간단한 어플도 있으니 꾸준히 이용해보자. 침대 머리맡에 노트를 두고 한 줄씩만 써봐도 효과가 있다. 적기 민망할 정도로 사소한 것도 괜찮다.

오늘 고마웠던 경험 적기

1. 제목:

내용:

....

....

2. 제목:

내용:

....

....

3. 제목:

내용:

....

....

살다 보면 어쩔 수 없이 다양한 애착 문제를 가진 사람을 만나게 된다. 내가 그 사람일 수도 있고 좋아하는 사람이 그럴 수도 있다. 그럴 때 문제를 해결하려면 뭘 해야 하고, 자신을 받아들이기 위해서는 뭘 어떻게 해야 할까. 어떻게 하면 애착 유형을 좋은 쪽으로 바꿀 수 있을까.

애착이 안정형으로 향하지 못하는 이유는 크게 두 가지다. 첫째는 사랑을 받은 경험이 부족해서 생긴 애정결핍증이고, 둘째는 사랑을 받기는 했는데 이별의 상처가 너무 커서 생긴 이별증후군이다. 이제부터는 이 증상들이 어떻게 우리 일상에 숨어 발현되고 사랑을 괴롭히는지 하나씩 살펴보려고 한다.

chapter 3

애정결핍의
근원과 악순환

1. 애정결핍증이란?: 안전지대의 부재

○ 필자의 애착 유형은?

글을 쓰면서 문득 궁금해졌다. 과연 나의 애착은 건강한가?

20대 어두웠던 시절을 떠올려보면 영 자신이 없다. 백발이 성성한 지금도 낯을 많이 가리는 편이고 일중독 증세도 있다. 회피형 애착 유형이 아닐까 생각한다. 그런데 간간이 나타나는 강박을 보면 불안 지수도 꽤 높은 것 같고 아직도 물을 무서워한다. 특히 정해진 일정이 틀어지는 걸 몹시 견디기 힘들어한다. 성격이 급한 탓도 있겠지만 단번에 휘갈겨 쓴 글을 출판사에 보내고 "편집자님만 믿습니다!" 하는 걸 보면 의존성도 있는 것 같다. 한때 불평불만도 많았고, 그 연료로 해낸 일도 제법 많다. 그렇다면 혼합형 불안정 애착인가?

글을 쓰면 쓸수록 가까운 사람들에게 미안해졌다. 내가 힘들고 상처 받았던 것만 기억했는데 오히려 그들을 많이 괴롭혔다는 걸 알게 됐다. 그럼에도 나에게는 안정형 애착의 틀도 내재되어 있는 것 같다. 앞서 말한 문제점에도 불구하고 지금껏 그런대로 잘 살고 있기 때문이다.

나는 어떻게 자존감이 높은 사람이 되었을까? 나의 안정형 애착은 어떻게 생긴 것일까? 한시도 가만있지 못하고 이것저것 새로운 도전을 즐기는 심리의 기저에는 어떤 경험이 있는 걸까?

내가 안정형 애착을 가졌다면 그건 십중팔구 외가의 영향 덕분이라고 생각한다. 어머니는 8남매의 맏딸이다. 내겐 이모와 외삼촌이 일곱 명 있다. 이분들이 결혼을 조금씩 늦게 하는 바람에 사촌들도 늦게 태어났다. 그래서 나와 형은 10년 넘게 '귀한 외손자' '큰누나(언니)의 아들'이라는 지위와 사랑을 독차지했다. 그 덕분에 충만하고 행복한 유년 시절을 보냈다. 아버지는 5남매의 맏아들이다. 그러니 총 열한 명의 삼촌, 이모, 고모가 있고 나를 조카라고 부르는 사람이 스물두 명이나 있다.

나는 좋은 환경의 수혜자다. 운이 좋았다. 집안 형편이 넉넉한 편도 아니었고 딱히 특출한 점도 없었지만 뒤에 언제나 든든한 버팀목이 있는 기분이었다. 대학에 떨어졌을 때도 '이도 저도 안 되면 외가에 빌붙어야지'라고 생각했고, 책이 안 팔릴까 봐 걱정될 때도 친척들이 한두 권씩만 사줘도 500권은 팔리겠다고 생각하면 마음이 편해졌다. 나는 사랑받을 만한 사람이고 세상이 나를 버리지 않

을 것이라는 굳건한 믿음 뒤에는 부모님과 외가 친지의 사랑이 든
든하게 자리 잡고 있다.

O   안전지대:
     마음의 세로토닌

나에게 외가처럼, 떠올렸을 때 마음이 편해지고 안심할 수 있는 존재
를 '안전지대'라고 부른다. 사람일 수도 있고 물건일 수도, 추억의 장
소일 수도, 신앙, 동물, 아니면 상상 속의 어떤 이미지일 수도 있다.

그게 무엇이건 확실한 안전지대를 가진 사람은 여러 면에서 유
리하다. 우선 시련이나 위기가 닥쳤을 때 비교적 빨리 회복한다. 도
와줄 사람이 없고 상황이 안 좋아도 스스로 마음을 진정시키고 금
세 이성을 되찾는다. 요즘은 식물을 키우거나 혼자 여행을 가거나
알려지지 않은 음식점을 찾아 치유받고 사진으로 남겨두는 사람이
많은데 이 모든 행위가 마음속에 안전지대를 많이 만들어놓고 싶
어서 나온 것이다.

안전지대가 있다는 말을 생물학적으로 해석하면 세로토닌이라
는 신경 전달 물질이 충분하다는 뜻이다. 세로토닌은 감정 기복, 현
실을 왜곡하는 생각, 걱정 등에 완충 역할을 한다. 마음을 하나의
냄비라고 가정하면 세로토닌은 그 안에 담긴 물이다. 냄비에 물이
넉넉하면 급작스러운 온도 변화에도 비교적 안전하다. 외부 자극도

무던히 흡수한다. 하지만 물이 너무 적으면 금방 끓거나 증발해버린다. 안전지대는 냄비 속 물 같은 역할을 한다.

감정은 날씨와 같아서 수시로 변한다. 그래서 감정을 조절한다는 말은 변덕스러운 날씨에 어떻게 대응하느냐에 비유할 수 있다. 맑은 날씨에 우산을 펴 들거나 영하의 온도에 반소매 티셔츠 하나만 입는 건 미숙한 대응이다. 비가 오면 우산을 쓰고 바람이 불면 옷깃을 여미는 것처럼 감정에 적절하게 반응하는 게 어른스러운 감정 조절이다.

안전지대가 있는 사람은 날씨가 궂어도(나쁜 감정) '왜 하필 지금 비가 와서 내 퇴근길을 망치는 거야!'라고 날씨를 탓하거나 폭발하지 않는다. '어, 비가 오네. 우산 어디 있지?' 정도로 반응한다. 감정과 반응 사이에 안전한 지대가 있어 합리적인 반응을 준비하는 데 유리하다.

○   **안전지대의**
      영향력

모든 인간관계는 필연적으로 갈등을 수반한다. 질투, 경쟁심, 분노, 자기연민, 슬픔 등 다양한 감정이 따라오는 게 관계의 속성이다. 안전지대는 이런 때 대피소가 되어준다. 소나기가 올 때마다 비를 피할 오두막이 있다고 생각하면 쉽다. 사랑받은 경험이 많은 사람은 위기가 왔을 때 재빨리 오두막으로 들어간다. 당장 들어갈 오두막이 없어도 오두막을 떠올리며 안정을 되찾는다. 그 오두막 밑에서 실컷 낮잠이나 자다 날이 개면 나가겠다는 배짱과 여유가 생기기 때문이다.

사랑을 듬뿍 받아본 경험은 특히 뭔가를 꾸준히 하는 데 큰 힘이 된다. 장기간에 걸친 시험 준비, 건강을 회복하기 위한 운동, 장기 연애 등 오래 하면서 생기는 문제나 두려움, 실망감도 여유롭게 넘기도록 돕는다. 든든한 뒷심이 되어준다.

그렇다고 안전지대가 반드시 이상적인 경험인 건 아니다. 애정 결핍이 있는 사람은 흔히 오해하기를, 안전지대의 경험은 순수하고, 아름답고, 평화로워야 한다고 여긴다. 그렇지 않다. 이해를 돕기 위해 비유해보자면, 여행을 가서 우리는 기분 좋은 휴식과 맛있는 먹을거리도 경험하지만 때로는 길을 잃거나 다치거나 도둑을 맞기도 한다.

당연히 내 외가에도 다툼과 갈등이 있었다. 어른들이 이유 없이 짜증을 내거나 분위기가 싸해서 살살 눈치 보던 날들이 기억난다. 덕분에 나는 사람이 모여 살다 보면 이런저런 일들이 생기는 거라고, 그렇다고 해서 그들이 날 사랑하지 않는 건 아니라고 자연스럽게 배운 것 같다.

안전지대는 이렇게 현실을 그대로 인정하되 상황을 긍정적으로 받아들이도록 도와준다. 개인적으로 이 부분이 안전지대의 가장 큰 역할이라고 생각한다.

반면 안전지대가 없는 사람은 같은 상황도 정반대로 받아들인다. 즐기러 간 여행지에서도 소매치기를 당할까 봐 숙소 밖으로 나가지 못하는 것 같다고나 할까. 사소한 일에도 거의 매번 살벌한 비난과 공격이 오가는 걸 겪었다면, 작은 소란만 일어도 곧 큰일이 나겠다 싶어 불안해한다. 물론 상황을 수습할 방법도 모르고 그럴 마음의 여유도 없다. 작은 갈등만 생겨도 총소리 난무하는 전쟁으로 받아들이니 매사 불안하고 위태롭다.

사랑받은 경험이 부족한 경우가 그래서 참 안타깝다. 안전지대가 없다는 건 힘들 때 기댈 추억이 없고 위험할 때 도망칠 공간이 없다는 말과 같다. 이 세상에 날 인정해주고 사랑해주는 사람이 없다고 느낀다면 얼마나 무기력하고 억울하고 서러울까.

그래도 포기하기엔 이르다. 이 책을 여기까지 읽었다는 건 적어도 책과의 관계는 안정적이라는 뜻이며, 따라서 안정형 애착의 자원을 가지고 있음을 방증한다. 지금부터 조금씩 안전지대를 확장해나간다면 아픈 마음과 사랑력도 곧 회복될 것이다. 서두르기보다는 심호흡을 하며 나아가자. 이번 기회를 놓치지 않겠다는 마음을 갖고 말이다.

○ 애정결핍,
사랑의 악순환

애착의 문제가 생기는 첫 번째 이유는 애정결핍이다. 애정결핍증은 단순한 증상이 아니다. 악순환하는 여러 증상들의 복합 증후군이다. 사랑받은 기억이 없다 보니 감정을 추스를 안전지대가 없고, 자신을 사랑하는 법도 몰라 자존감 저하로 이어진다. 낮아진 자존감은 사랑을 '버림받음의 전조'로 인식하여 극심한 스트레스를 만들어낸다. 이는 착한 아이 증후군, 자기연민으로 이어지며, 사랑을 하지 못해 받지도 못하는 악순환 현상이 일어난다. 결과적으로 애정결핍은 여러 가지 증상이 반복되며 타인에 대한 공감 능력이 저하되고 일탈이라는 폭탄으로 터지곤 한다.

애정결핍을 앓는 사람들은 이중으로 힘들다. 내부적으로는 악순환이 있고, 외부적으로는 사랑을 주지 않았던 사람에 대한 서운함과 억울함도 상당하다. 그렇다고 현실적으로 남이나 과거에게서 치유를 기대할 수도 없다. 태풍이 지나간 듯 마음은 황폐하고 부정적인 생각이 가득할 것이다.

많은 사람들이 애정결핍의 근본 원인을 찾기 위해 노력한다. 하지만 나는 그런 시도를 권하지 않는다. 충분한 사랑을 받지 못한 건 분명 억울한 일이지만 그 이유를 찾아본들 이미 지난 일일 뿐 아니라 지금 해결할 수 있는 것도 거의 없다. 과거를 낱낱이 들추고 원인을 찾느라 악순환의 이면을 놓치는 일이 비일비재하다. 그보다는

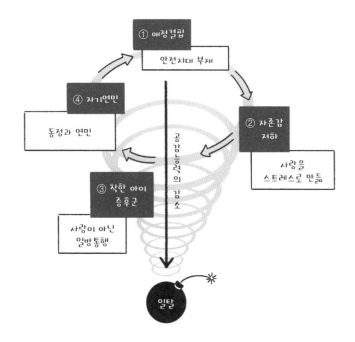

애정결핍이 불러오는 사랑의 악순환

① 애정결핍
안전지대 부재

② 자존감
저하
사랑을
스트레스로 만듦

③ 착한 아이
증후군
사랑이 아닌
일방통행

④ 자기연민
동정과 연민

공감능력의 감소

일탈

애정결핍의 악순환을 심도 있게 들여다보는 일이 중요하다.

지금부터 애정결핍이 우리 삶에 어떤 영향을 미치는지 짚어볼 것이다. 애정결핍과 안전지대 부재가 자존감, 성격, 인간관계에 어떤 영향을 미치는지 알아보려 한다. 또한 스트레스에 취약하다는 말이 무슨 뜻인지, 사랑을 주고받는 경험이 인생을 어떻게 바꾸는지 구체적으로 살펴보자.

2. 악순환의 고리 1: 낮은 자존감

○ 낙인을 내면화하다

시골 마을에서 남자아이가 주검으로 발견된다. 마을 사람들은 그 옆에 있던 틸리라는 소녀를 살인범으로 지목하고, 그녀가 신의 저주를 받았다며 마을에서 추방한다. 25년이 지난 후, 틸리는 유명 패션 디자이너가 되어 마을로 돌아온다.

〈드레스 메이커〉라는 영화의 도입부다. 어른이 된 틸리는 "난 그때 고작 열 살짜리 여자애였는데 어떻게 사람을 죽여!"라며 억울해한다. 주민들을 일일이 찾아다니며 증언을 듣고 경찰서를 뒤져 자료를 찾아 끝내 자신의 결백을 밝혀낸다.

하지만 틸리는 어린 시절 각인된 자신의 이미지까지 바꾸지는 못한다. 자신이 저주받은 아이라는 생각에 갇혀버린 것이다. 아름답고 능력 있는 어른으로 성장했지만 여전히 자신이 불운을 불러온다고 생각한 틸리는 사랑하는 남자의 프러포즈에 응하지 못한다.

○ 타인을 비난하면서
위로받는 사람들

멀쩡한 사람의 가치를 왜곡하고 평가절하하는 것으로 위로 아닌 위로를 얻으려는 사람들이 있다. 그들은 타인을 비난함으로써 자신의 괴로움을 떨치려 한다. 안타깝게도 틸리는 그런 사람들의 희생양이 됐다.

그런 특성이 있는 이들은 예컨대, 틈만 나면 연예인의 외모 지적에 열을 올리고 뛰어난 운동선수의 경기력을 질타한다. 의지가 부족하다느니, 정신 상태가 글러먹었다느니, 자기관리가 엉망이라느니 등등 본인이 들어야 할 말을 타인을 향해 쏟아낸다.

자존감을 도둑질해 가거나 망쳐놓는 이들은 대개 이런 식이다. 본인에게 이득이 되는 것도 아니면서 상대에게 상처를 주는 말을 서슴지 않고 한다. 심지어 즐기기까지 한다. 온라인에 넘쳐나는 혐오와 근거 없는 비난, 조롱도 이런 범주다.

가시 돋친 말은 자존감을 직접 공격한다. 특히 충분한 사랑을 받아야 할 어린 시절에 비난이나 공격에 반복적으로 노출된 사람은 그 비난에 자신을 투영한다. '남들은 쉽게 하는 일을 난 왜 못 하지?' '이런 날 누가 좋아할까'라고 생각하며 이 이미지를 굳혀버린다. 걸러지지 않은 거친 비난을 받았을 때 즉각 튕겨내지 않으면, 자신이 얼마나 사랑스럽고 괜찮은 사람인지 잊기가 쉽다.

○   **자존감 낮은 사람의**
        사랑

사랑을 받아야 할 때 공격만 받은 사람들, 이들은 사랑을 받아보지 못했기에 주는 법도 알기 어렵다. 타인을 사랑하는 법은 물론 자신을 사랑하는 법도 잘 모른다. 애초부터 자존감을 지켜나가기가 아주 힘들다.

자신이 사랑스럽지 않다고 생각하면 누군가 자신을 사랑한다고 말해주었을 때 낯선 느낌이 들고 심지어 불쾌할 때도 있다. 자신이 그렇게 괜찮은 사람이 아닌데 상대방이 뭔가 잘못 알고 있는 것 같다고 생각한다. 또는 무슨 속셈이 있어 자신을 좋아한다고 하는 것 아닌가 하며 의심하고 경계한다. 사랑스러움이 그 자체로 인정받지 못하고 '왜 그런 생각을?' 하는 논쟁거리가 되어버린다.

이런 사람의 데이트는 행복하지 않다. 상대가 좋아지면 좋아질수록 마음이 복잡해진다. 좋은 풍경을 보고 맛있는 것을 먹으면서도 마음 한구석에서는 '왜 이렇게 나에게 잘해주는 거지?' '이러다 곧 실망할 텐데, 좋은 추억만 남길 수 있는 지금 헤어지자고 할까?'

하는 생각이 고개를 든다. 자존감 낮은 사람의 데이트는 행복과 에너지 충전이 아닌, 극심한 감정노동을 가져올 뿐이다.

이렇게 애정결핍이 만들어낸 낮은 자존감은 사랑을 스트레스로 만든다. 자신의 매력을 믿지 못하니 늘 나쁜 결말을 떠올리기 때문이다. 설레는 마음은 압박이 되고, 잘 보이고 싶은 욕구는 부담이 된다. 들뜨고 설레야 할 데이트가 눈치 보기, 걱정, 떠보기, 자책으로 이어지니 마음 편할 날이 없다.

자기 불신이 외부로 투사되어 상대를 향한 의심으로 변하기도 한다. 그러면 조금만 틀어져도 '내가 어떤 사람인지 알았으니 이제 떠나겠다 이거지?'라고 생각하고, 태도가 조금만 달라져도 '날 만만하게 즐길 대상 정도로 여긴 게 분명해'라는 의구심을 떨치지 못한다. 이런 의심이 심해지면 공격성으로 이어진다. 집착, 감시, 사생활 침해 등 폭력의 기저에는 낮은 자존감이 자리 잡은 경우가 많다.

그래서 자존감이 낮은 사람과 사귀는 건 무척 피곤하다. 티격태격 말다툼만 조금 해도 온갖 이유를 끌어들여 과장하고 확대하기 때문이다. 예컨대 상대가 약속 시간에 늦었다 치자. 짜증은 나지만 다음부터 늦지 말라고 하면 끝날 일이다. 하지만 자존감이 낮은 사람은 그 쉬운 해법에 관심이 없다. '날 무시하니까 늦은 것' '나오기 싫어서 늦은 것' 등으로 확대해 본질 이면의 원인을 찾는 데 집중한다. 이러면 30분 짜증 났다가 끝날 싸움이 긴 냉전으로 이어진다.

낮은 자존감은 이런 식으로 사랑을 방해한다. 자존감이 낮아진 데에는 애정결핍이라는 이유가 있지만, 그 결과로 자신이 얼마나 사랑스러운지 몰라서 사랑을 놓치고 피곤한 사람이 되어가는 걸 보면 참 안타깝다.

○　자신과
　　한 팀이 될 것

지금 자존감이 낮은 상태로 사랑을 하고 있는 사람에게 나는 팀플레이 정신을 떠올리라고 조언하고 싶다. 사랑한다는 것은 일종의 팀이 된다는 뜻이다. 이때 우리 팀에는 나와 그 사람 외에 눈에 보이지 않는 또 다른 팀원이 있음을 알아야 한다. 무슨 말일까?

　나는 한 명이 아니다. 세상엔 세 명의 '나'가 있다. 바로 '내가 생각하는 나, 남이 생각하는 나, 본연의 나'다. 이 세 명의 모습은 비슷할 수도 있지만 대개 다르다. 따라서 사랑하는 두 사람이 팀을 이뤘으면 그 팀에는 여섯 명이 있는 셈이다.

　자존감이 낮은 것은 '본연의 나'보다 '내가 생각하는 나'가 열등하고 못난 경우다. 이렇게 내 안의 팀원들 간에 우열 관계가 생기면 외부의 누구를 만나든 좋은 팀을 이룰 수 없다. 내부에서 조화를 이루지 못하는 팀은 외부 자극에 취약해지고, 작은 공격에도 동맹이 깨진다.

　타인을 사랑하려면 최선을 다해 자신을 먼저 사랑해야 하는 이유가 여기에 있다. 자신을 사랑하기까지는 아직 시간이 좀 걸릴 것

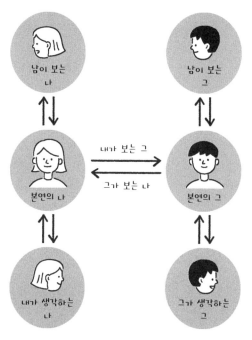

누군가와 만나는 건 여섯 자아가 만나는 것과 같다

같다면, 일단 자신을 비하하는 것부터 멈추기를 바란다. 그리고 누군가 나를 좋게 평가해주면 그런 매력도 있다고 인정해주자. 밖에서 보는 나는 완전히 다를 수 있기 때문이다.

자신을 사랑하기 위해 우선 자신과 사이좋게 지내는 연습이라도 시작하는 게 좋다. 그래야 자존감이 올라가고 스트레스에도 쉽게 휘둘리지 않는다.

3. 악순환의 고리 2: 착한 아이 증후군

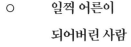

○ **일찍 어른이 되어버린 사람**

애정결핍의 상처가 있고, 그래서 자신을 잘 존중하지 못하는 사람들은 어떤 모습으로 살아갈까? 몇 년 전 푹 빠져서 본 드라마 〈나의 아저씨〉에서 그런 사람을 발견한 적이 있다. 어려서부터 할머니와 남동생을 혼자 돌봐야 했던 주인공 이지안. "상처 많은 아이들은 일찍 어른이 돼"라는 대사가 인상적이어서 오래 기억에 남았다.

아이유가 연기한 이지안은 드라마 초반에 도통 표정이 없다. 기쁨도 슬픔도 못 느끼는 로봇처럼 오로지 일만 한다. 낮에는 계약직으로 일하고, 퇴근하면 식당 아르바이트를 하고, 남은 음식을 집에 싸 가서 대충 한 끼 때우고 잠이 든다. 그녀의 머릿속은 돈을 벌어야 한다는 생각뿐이다. 할머니 요양원 비용이 밀려 있는데 버는 족

족 사채 빚을 갚는 데 들어가기 때문이다. 그녀의 몸과 마음엔 오로지 '의무'만 있다. 친구도, 사랑도, 꿈도 없이 철저히 홀로 살아간다. 딱히 좋아하는 것도 없고 손을 내미는 사람은 차갑게 거절한다.

이처럼 보살핌을 받아야 할 시기에 제대로 받지 못해 일찍 어른스러워지는 사람이 있다. 간혹 역경을 잘 이겨내고 진짜 어른으로 성장하는 사람도 있지만 욕구는 억누른 채 의무에만 충실한 '착한 아이 증후군(good child syndrome)'에 빠지는 사람도 많다. 안전지대나 자존감의 기반 없이 사회생활을 하려다 보니 일방적인 헌신만 거듭하게 된다. 이런 사람이 사랑을 하자면 여간 힘든 게 아니다.

이들은 자신이 무엇을 좋아하고 원하는지 살피는 대신 돌봐야 할 대상이 무엇을 바라는지, 그걸 위해 자신이 무엇을 해야 하는지에 집중한다. 점점 자신의 욕구를 억압하는 것이 습관이 되고 타인의 욕구를 파악해 충족해주려고 노력한다.

착한 아이 증후군을 가진 사람 중 앞의 드라마 주인공처럼 표정 없는 얼굴로 살며 독기만 남은 사람도 있지만 대다수는 자기 검열과 근심 걱정이 심하다. 자기 행동이 타인에게 어떤 영향력을 행사하는지를 중시해서 생기는 현상이다. 예컨대 짜증이 나도 자신이 화를 낼 만한 상황인지, 화를 내면 상대방이 어떻게 받아들일지 등을 먼저 고려해 감정을 절제한다. 겉으로는 어른스럽고 배려가 깊어 보이지만, 세상이 원하는 것에 맞추기에 급급해 정작 본인은 행복감을 느끼기 어렵다.

○ 사랑의 기본은
상호작용

착한 아이 증후군에 걸린 사람의 가장 큰 문제는 자신에게 솔직할 수 없다는 점이다. 자신의 관심보다 타인의 평가나 욕구가 더 중요하고, 좋은 평판을 듣고 싶은 마음이 자기 존중을 압도한다. 그래서 자기 욕구는 아예 없는 셈 친다. 표현을 안 할 뿐 아니라 자신이 무엇을 좋아하고 싫어하는지 알려고 하지조차 않는다. 남이 하자는 대로 하거나 알아서 남이 좋아할 것 같은 선택을 한다.

가난하고 결핍된 환경에서 자란 사람만 이런 게 아니다. 부유한 집안 출신의 의사, 변호사 중에도 착한 아이 증후군에 걸린 사람들이 있다. 이들은 어릴 때 어른들이 정해준 학원을 다니며 그 속에서 경쟁하는 것을 운명으로 받아들였다. 부모의 사회적 지위나 눈높이에 맞춰 진로를 정하고 부모가 환영할 만한 배우자를 만나려고 노력한다. 자신의 행복이 아니라 '부모의 만족'을 목표로 살아간다.

이런 사람은 타인을 배려하는 습관이 있으니 사랑을 잘할 것 같지만 전혀 아니다. 사랑의 기본인 상호작용이 일어나지 않기 때문이다.

인간은 누구나 타인을 돕고 싶고 나쁜 평판을 두려워하는 사회적 욕구가 조금씩 있다. 하지만 그보다 더 큰 욕망이 있다. 바로 자신을 챙기고 자신이 원하는 대로 살고 싶은 욕망이다. 이런 이중적인 마음은 나쁜 것이 아니다. 양가감정을 오가는 것이 상호작용이기 때문이다. 돌봐주고, 돌봄을 받고, 행복을 주고 그로 인해 행복한 상태가 선순환돼야 한다. 악어와 악어새처럼 서로가 윈윈하는 관계가 사랑이라는 강한 에너지를 만들어낸다.

반면에 상호작용이 없는 관계에서 만들어지는 에너지는 너무 약하고 지속력도 짧다. 요즘은 기업에서도 일방적이고 권위적인 업무 시스템을 버리고 수평적이고 자율적인 체제를 만들기 위해 노력하는데, 이게 다 다원화된 세상에 적응하기 위해서다. 일방적으로 전달하는 방식은 단기적으로는 효과적일지 모르지만 장기적으로 보면 반드시 부작용이 생긴다.

사랑도 마찬가지다. 상호작용이 없으면 남들은 참 좋은 사람이라고 하는데 정작 사귀는 사람은 마치 껍데기와 만나는 듯한 느낌을 받는다. 두 사람이 서로 다른 의견도 주고받고 때론 다투기도 하며 그 갈등을 해결하는 과정에서 더 돈독해지는 것이 진짜 사랑이다. 그런데 착한 아이 증후군을 가진 사람은 좀처럼 속을 드러내지 않아 상대는 감정의 허기를 느낄 수밖에 없다.

○ **억압하면**
폭발한다

인간의 마음은 세 개의 자아가 지층처럼 구성돼 있다. 솔직한 욕망이 우선인 이드, 되고 싶은 이상적 모습인 초자아, 이 둘 사이에서 이리 갈까 저리 갈까 평생 방황하는 자아가 그것이다.

착한 아이 증후군을 가진 사람은 이드가 꿈틀대기도 전에 초자아를 출동시켜 이드를 꽉 눌러버리는 격이다. 그래서 착한 아이 증후군의 기저엔 늘 '억압'이 있다. 놀고 싶은 욕구를 억압하고 공부하기, 자기주장을 억압하고 눈치 살피기, 자기 욕망을 억압하고 타인에게 양보하기가 착한 아이 증후군의 출발점이다.

그렇다면 착한 아이 증후군의 끝엔 무엇이 있을까? 결국 이드가 반란을 일으킨다. 소리를 지르든 물건을 던지든 몸에 병을 만들든 다양한 방식으로 저항한다. 심리학 용어로 행동화(acting out)라고 부르는 미숙한 방어기제다.

착한 아이 증후군의 시작은 억압이고 그 끝은 폭발이다. 억압이 클수록 폭발도 잦고 크며, 폭발하고 나면 크게 자책하며 다시 억압한다. 억압과 폭발의 무한 반복이다. 타인에게 폭발하지 않으면 자신을 향해 폭발하거나 그것도 못 하면 몸속에서 화병이나 암 등 질병으로 폭발한다. 외부로 자주 폭발하는 사람은 심폐 질환 발병률이 높고, 자기 안에서 폭발하는 사람은 암 발병률이 높다. 그러니 매번 폭발하는 것도 해롭고, 참았다가 한꺼번에 폭발하는 것도 해롭다.

이처럼 착한 아이의 사랑은 착하지 않은 결과를 초래한다. 내색을 전혀 하지 않다가 한 번에 터지기 때문이다. 평소에는 멀쩡해 보이다가 예기치 못한 곳에서 크게 폭발하는 사람을 매번 이해하거나 감당하기란 쉽지 않다.

○   세련된 배출,
     말로 하기

사랑하는 사람 앞에서 최대한 좋은 모습만 보이고 싶은 건 자연스러운 감정이다. 하지만 그렇다고 자신이 힘든 내색을 하면 상대가 떠나버릴 거라고 단정하고 억누르는 태도를 과연 진정한 사랑이라고 할 수 있을까.

착한 아이 증후군 기질이 있는 사람이라면 세련된 방식으로 욕구를 표현하고 배출하는 방식을 익혀야 한다. 사람 사이에서 생겨나는 감정과 불편을 상황과 상대에 맞게 적절하게 발산할 필요가 있다.

감정을 말로 표현하는 습관을 들이는 것이 가장 기본적인 방법이다. 유난히 힘든 날은 억지로 웃을 게 아니라, "오늘은 기분이 영 별로라 도저히 웃음이 안 나온다"라고 말하자. 무엇이라도 좋으니 자신의 욕구를 말하는 연습부터 하자. "오늘은 좀 피곤하니 그 부탁은 다음에 들어줄게"라고 말하고, 그 정도 표현도 어렵다면 하루 세 번 밥 먹는 시간에 "아이, 배고파" "맛있는 음식 먹고 싶어!" "이건 진짜 내 입에 안 맞는다. 다신 먹지 말아야지"라고 말해보자. 아무것도 아닌 것 같지만 자신이 원하는 것, 불편한 것을 세상 밖으로 꺼내는 첫걸음이 될 수 있다. 점차적으로 단계를 높여 자신의 바람을 세련되게 말하고 적절히 협상하는 방법까지 익혀보자. 감정과 욕망을 표현하는 것이 결과적으로 상대도 존중하는 길이다.

4. 악순환의 고리 3: 자기연민

○ 자기연민이 핵심 감정일 때 나타나는 일들

애정결핍이 지속될 때 주로 느끼는 감정은 자기연민이다. 이 감정은 불안이나 우울과는 또 다르다. 자신에 대해 안됐고 슬픈 마음이 드는, 좀 복잡한 감정이다. 마음 깊은 곳에 '세상에서 나보다 불쌍한 사람은 없을 거야' '내 주변은 왜 늘 이런 식이지?' '내 마음을 알아줄 사람은 없어' 등의 서러운 감정과 생각이 자리 잡고 있다.

　이런 생각은 평소에는 잘 드러나지 않지만 자기 인식과 연결되면 등장한다. 별다른 이유 없이 눈물이 터지거나 영화나 드라마를 보면서 뜬금없이 감정이 휘몰아친다. 남의 고민을 들어주다가도 자신의 처지를 종종 호소한다. "힘들지? 그런데 난 더한 일도 겪었어"라는 식이다. 자기연민이 핵심 감정인 이들은 따뜻하고 정이 많아

보이지만 실제 공감 능력은 떨어진다.

어떤 이들은 처음 만났을 때부터 자신의 트라우마를 태연하게 말하곤 한다. 정작 듣는 사람은 왜 지금 그런 얘기를 꺼내는지 어리둥절한데도 본인은 아랑곳하지 않는다. 어찌 보면 자신에게 그런 일쯤은 아무것도 아니라는 당당함을 내비치는 것 같지만, 사실은 '나는 이런 일까지 겪었으니 당신들이 알아서 배려를 해줘'라는 메시지를 담고 있다.

이들은 또 타인의 감정을 과하게 살피는 경향이 있는데, 그것도 자신을 위해서다. 미움 받으면 얻게 될 상처가 두려워 스스로 과잉보호하는 것이다. 간혹 자신을 방어해야 한다는 생각에 공격적인 태도로 무장하는 사람도 있다. '나를 돕지 않으면 나쁜 사람이야' '내가 이렇게 된 건 그만한 이유가 있어서야'라고 여겨 자신의 무례한 행동을 합리화하기도 한다. 이들은 수동공격적이라 태도는 공손해 보여도 마음 상태는 무척 거칠 수 있다.

술이나 담배, 커피나 달달한 음식을 갈망한다는 특징도 있다. 스스로를 정에 굶주린 어린아이로 인식해서 보상 심리를 작동하기 때문이다. 건강에 나쁜 건 알지만 자신을 달래기 위해서는 입에 넣을 것이 필요하고 그마저 없다면 버티기 어렵다고 여긴다. 엄밀히 말해 그것을 즐긴다기보다는 의존한다고 할 수 있다. 그래서 끊으라는 주변의 말에 서운함을 느낀다.

자기연민이 심한 사람들은 사랑을 향한 열망도 강하다. 늘 위로받으려 하고, 끊임없이 곁에 누가 있어주길 바라고, 그래서 쉬지 않고 연애를 하거나 환승 이별도 자주 한다. 이들에게 다가오는 사람들은 주로 남을 돕고 싶어 하는 성향이거나, 자신의 영향력을 과대평가하는 나르시시스트이다. 영화나 드라마 소새로 쉽게 볼 수 있는 조합이지만 현실은 그다지 아름답지 않다.

○ 실패해서 슬프고
슬퍼하다가 실패한다

솔직히 자신의 처지가 딱하다는 생각을 안 해본 사람은 거의 없을 것이다. 가정불화나 학교폭력 같은 굵직한 사건이 아니어도 때때로 자신이 초라하고, 뒤처지는 것 같고, 남들은 다들 문제없이 잘 사는 것 같아 위축된다. 입시 지옥, 끝없는 취업 준비, 막막한 사회 초년생 시절을 겪었다면 특히 자기연민을 깊이 느껴보았을 터이다. 하지만 같은 경험, 비슷한 자기연민을 겪어도 어떤 사람은 거기에 갇혀버리고 어떤 사람은 감기처럼 앓고 지나간다.

마음이 건강한 사람들은 당장은 좀 불행하더라도 미래를 바라보면서 빠져나온다. 앞으로는 나아질 거라는 희망을 품는다. 혹은 자신의 경험을 일반화시키며 감정을 달래기도 한다. 이 시기를 겪는 또래들은 비슷할 거라고, 다들 힘들 거라고 자신에게 위안을 준다. 이런 방법은 근본적인 해결책은 아니지만 정서적인 고립에서 빠져나가기 위해 시도한다는 것 자체로 의미가 있다.

반면에 자기연민에 갇히는 사람들의 시선은 과거를 향하며 스스로 고립된다. '왜 내 인생만 이럴까?' '좋은 유전자는 다 동생에게 갔어!' 같은 생각과 연결하며 자신에게 굴레를 씌운다. 비난과 비교와 비약으로 스스로를 괴롭히니 그나마 갖고 있던 잠재력도 썩혀 버린다. 하나라도 더 외우고 한 번 더 연습할 시간에 멍하니 인생을 반추하고 슬퍼하며 보낸다.

그러다 보니 자기연민에 취한 사람들은 중요한 경쟁에서 자주 밀린다. 주관적 행복감이 약해 위기 상황에 쉽게 무너지고 특히 면접시험에 약하다. 사람들은 대개 긍정적이고 미래지향적인 사람과 함께 일하고 싶어 하기 때문이다. 자기연민과 슬픔에 젖어 있느라 나쁜 결과를 얻고, 경쟁에서 밀려 다시 한 번 슬픔에 빠진다. 슬픔과 실패의 악순환이다.

○　　**사랑이 어려운 이유 1:**
　　　감정의 전염성

자기연민에 젖어 있는 사람을 사랑하는 건 참 어렵다. 첫 번째 이유는 감정의 전염성 때문이다. 감정은 타인에게 전파되면서 동화시키는 성질이 있다. 영화나 공연을 친구와 함께 볼 때 더 재미있는 것도 그 때문이다. 옆 사람의 반응이 옮겨 와 내 감정을 동화시켜 더 웃기고 더 슬퍼진다. 자기연민도 감정이라 가까이 있으면 어느 정도 전염된다.

옆에 있는 사람은 사랑을 통해 상대가 좋아지는 것을 보고 싶어 한다. 원래 아픔이야 있었지만 지극한 사랑의 힘으로 극복하게 되었다는 이야기를 기대한다. 하지만 자기연민은 중독성이 강해 아무리 사랑을 줘도 좀처럼 달라지지 않는다. 잠시 좋아진 듯 보이다가 다시 제자리다. 술에 취한 사람이 더 술을 찾듯이 위로와 동정만을 골라 모아 쓸어 담으려 한다. 이런 상황이 지속되면 곁에 있던 사람도 '끝도 없이 이러고 있는 나도 참 딱하다' '내가 더 안됐다' 하는 비슷한 감정으로 동화된다. 심하면 '나는 상대에게 아무 도움도 되지 못한 무능력한 사람'이라고 여기거나 '필요할 때만 나를 찾는구나' 같은 분노나 자괴감으로 이어진다. 자기연민은 조용히 주변까지 물들인다.

○ **사랑이 어려운 이유 2:**
   나쁜 사람을 강한 사람으로 착각

자신이 불쌍하다는 생각에 빠져 있다 보면 '나쁜 사람'에게 끌릴 위험이 높아진다. 약한 사람이라는 자기 인식 때문에 강한 사람에게 의존하려는 집착이 생기기 때문이다. 본인이 강해져 직접 상처를 극복해보겠다고 나서기보다는 자신은 방법을 모르겠고 그럴 환경도 되지 않는다는 이유를 댄다. 그리고 이때 자주 발생하는 착각이

'나쁜' 면을 '강한' 면으로 오해하는 것이다.

예컨대 소리 지르는 아버지 때문에 두려움에 떨었던 자녀는 무의식적으로 소리 지르는 사람을 강한 사람으로 인식한다. 결과적으로 자신도 강해지기 위해 소리를 지르거나 그런 사람에게 의지하려 든다. 강점이 아니라 나쁜 점인데 본인이 그것 때문에 고생하다 보니 혼동하는 것이다. 이 착각에서 벗어나지 못하면 가장 멀리하고 싶었던 스타일과 가장 가까이 지내는 실수로 이어진다.

이렇게 좋은 것과 나쁜 것을 구분하는 기준에 혼선이 생기면 사랑도 뒤죽박죽이 된다. 자존감을 깎아대는 말만 하는 사람을 만나면서도 "저 사람이 내 편이 되어줄 때도 있어. 잘해줄 땐 참 든든해"라는 식이다. 불행하고 괴로운데도 힘들게 버티며 관계 유지를 위해 애쓰는 사람이 있다면, 또 그 패턴이 반복된다면 나쁨과 강함을 혼동하는 것은 아닌가 생각해봐야 한다. 바람기 있는 사람이나 폭력적인 사람, 무능한 사람에게 반복적으로 매력을 느끼는 경우도 마찬가지다. 사랑은 좋은 사람과 하는 좋은 경험이어야 한다.

○   연민에서 빠져나와
      사랑으로 가기

연민은 사랑을 닮은 듯하지만 엄연히 다르다. 이 둘을 헷갈리다 보면 사랑이 아닌 연민과 동정만 주고받을 수 있다. 그래서 반드시 구분해야 한다. 어떻게 구분할까.

사랑은 존중과 믿음을 기반으로 하는데 연민에는 사랑의 첫 번째 축인 '귀하게 여기기'가 결여되어 있다. 연민은 약한 사람을 도와주려는 착한 감정이기는 하지만 신뢰가 결여돼 있다는 한계가 있다. 쉽게 말해 사랑을 요구하는 것은 당당하고 대등한 관계를 추구하는 것이고, 연민을 원한다는 것은 격차를 인정하고 원조를 달라는 것이다.

특히 자기연민이 강해질수록 자존감은 떨어지고 타인에 대한 불만도 늘어난다. 남들에게 사랑스럽다거나 매력적이라는 얘기를 들으면 '내가 얼마나 불쌍한 사람인데!' 하며 도리어 불편해하고, 남들이 불쌍해하면 존중을 받지 못한다고 여겨 불편해하기 때문이다. 이렇게 자신도 모르게 혼합형 불안정 애착 유형인 프로 불편러가 되어간다.

이런 사람을 사랑하려면 '감정에 동요되지 않는 무덤덤함'이 필요하다. 무력감과 무가치감에 전염되지 않고, 연민이 아닌 사랑을 끊임없이 다짐해야 하기에 그렇다. 당장 눈앞에 보이는 결과에 연연하지 말고 일관적인 모습으로 버티는 힘이 중요하다. 예컨대 이런 태도로 대하면 좋다. "당신은 나에게 소중해. 자신을 소중히 여기라고 강요할 생각은 없어. 그냥 내가 그렇다는 거야" "당신은 정말 멋져. 외모도, 마음도 훌륭해. 당신은 아니라고 하지만 각자 판단은 다를 수 있잖아. 내가 보기엔 그렇다는 얘기야" "나만큼은 아니지만 언젠가 당신도 당신이 얼마나 괜찮은 사람인지 알았으면 좋겠어. 몰라도 어쩔 수 없지만."

이렇게 가능성을 열어두고 평행선을 달리는 태도가 필요하다. 그 사람의 낮은 자존감까지 사랑할 준비도 해야 한다. 참 쉽지 않은 일이다.

스스로 자기연민에서 빠져나오는 것도 비슷한 과정을 거친다. 자기연민은 낮은 자존감, 착한 아이 증후군과 오랫동안 뒤섞인 감정이기 때문에 갑자기 끊으려고 하면 금단 증상이 심하다. 당당하고 건강한 사람이 되면 연민마저 못 받게 될까 봐 불안해하는 경우가 많다. 그러니 실행하기 쉬운 간단한 것으로 시작하길 권한다. 가령 '앞으로 3일간은 나에게 감사하기' '하루에 한 가지만이라도 잘했다고 칭찬해주기' 정도로 목표를 낮게 잡자. 작은 것에 성공하는 경험을 반복하며 성취감에 익숙해지기 위해서다. 난이도를 높여가는 것은 천천히 해도 좋다.

— Tip —
자기연민을 끊어내는 7단계 활동

1. 실컷 울기

자신이 한없이 불쌍하고, 우주에 혼자가 된 것 같은 느낌이 들 때가 있다. 이럴 땐 실컷 우는 것도 좋은 방법이다. 눈물을 흘리는 것도 일종의 소통이고 표현이다. 안전한 장소, 안전한 사람 앞이어도 좋고, 없다면 혼자서라도 엉엉 울어야 한다. '평생 울음을 참으며 살아온 사람은 있어도 평생 울고 있는 사람은 없다'라는 말이 있다. 울고 싶을 땐 맘 놓고 실컷 울어보자.

2. 자서전 적어보기

살아온 삶 전체를 한번 훑어볼 필요가 있다. 자신의 인생을 사랑하고 존중하고 싶다면 일단 관심을 가져야 한다. 어디에서 태어나 어떻게 자랐는지, 누구를 만나고 무슨 일을 겪었는지 세세하게 기억해보고 그것을 연결해본다. 그리고 글이나 그림으로 표현해보자. 되도록 많은 기억을 끄집어내고 상세하게 적고 읽어보자. 생각을 명료하게 하는 데 도움이 될 것이다.

3. 어려움을 헤치고 지금까지 살아온 자신의 힘을 떠올려보기

자존감이 낮아지고 자기연민이 생길 만큼 나쁜 일을 겪었다면 참 유감이다. 하지만 그런 나쁜 일을 겪고도 잘 버텼고 지금까지 잘 살아왔다는 건 칭찬받을 일이다. 원래 가진 잠재력은 많은데 나쁜 경험들이 그것을 억압하는 방향으로 작용했을 것이다. 발휘되지 않은 잠재력이 분명 더 있다. 힘은 들었지만 지금까지 살아오도록 작용한 내면의 자원이 무엇인지 생각해보자.

4. 도와준 외부의 힘 생각해내기

지금의 내가 있기까지 나를 도와준 외부의 힘이 무엇인지 생각해보자. 예를 들어, 매번 불운을 겪었지만 버틸 수 있도록 지원해준 사람들, 경제적으로 힘들 때 버티게 해줬던 것들, 몸이 아팠지만 악화되지 않는 데 도움이 된 습관들, 힘들 때마다 다시 일어서게 해준 마음, 관심과 애정을 표현해준 사람들을 떠올려보자.

5. 3과 4에 감사하기

분명 현재 이만큼이라도 살아내기까지 힘이 되어준 자신의 어떤 능력, 도와준 사람, 상황이 있을 것이다. 그것에 감사하자. 만일 아무것도 떠오르지 않는다면 '앞으로는 내 안에 능력이 생겨났으면 좋겠다' '앞으로는 나를 도와줄 사람을 만나고 그 도움에 감사하고 싶다'라고 말해보자. 변화의 첫걸음은 '원하기'다.

6. 거울을 보고 입 꼬리를 귀 방향으로 당겨보기

가능하다면 웃는 표정도 지어보자.

7. "다시는 자기연민에 빠지지 않을 거야!"라고 소리 내어 말하기

자기연민에서 빠져나오는 과정은 술을 깨는 과정과 비슷하다. 최대한 주사를 줄이고 한숨 푹 자면 술이 깨듯, 눈물을 한바탕 흘려본다. 술이 깬 후 어제 일을 더듬어보듯 살아온 인생을 조목조목 살펴본다. 술을 끊으려면 마음부터 고쳐먹어야 하듯 자기연민에서 벗어나려면 결심부터 해야 한다. 결심한다고 다 이루어지지는 않겠지만 결심조차 하지 않으면 아무것도 이루어지지 않는다.

5. 악순환의 결과: 공감 능력의 결여

○ **공감은 생각보다 어렵다**

공감이 얼마나 중요한지는 여기저기서 자주 강조하기에 새삼스러울 게 없다. 그럼에도 공감은 우리가 생각하는 것보다 훨씬 더 중요하다. 특히 사랑을 할 땐 핵심 능력이라고 해도 과언이 아니다.

지금까지 살펴본 애정결핍의 악순환 고리인 '안전지대의 부재' '낮은 자존감' '착한 아이 증후군' '자기연민'은 공통적으로 공감 능력을 떨어뜨린다. 공감을 받아본 경험이 부족하기 때문에 방법을 몰라 시도하지 못하고, 공감의 힘도 믿지 못한다. 마음 한구석에서 자신이 가장 힘들다는 생각이 요동치니 타인의 감정에 집중하거나 헤아릴 여력이 없다. 여기에 체력이 떨어지거나 피해의식까지 있다면 공감은 더욱 요원해진다.

공감의 중요성이 강조되고 있지만 현실에서 공감을 제대로 실천하는 사람은 많지 않다. 상담실을 찾아온 부부들을 보면 놀랍게도 서로 짠 듯 비슷한 패턴을 보인다.

"본인이 무기력하면 운동이라도 하든가…. 아무리 방법을 알려줘도 이 사람은 할 의지가 없어요."

"내가 돈을 못 버는 것도 아니고, 바람피우거나 도박하는 것도 아닌데 도대체 뭐가 불만인지 모르겠어요! 만날 투덜거립니다."

"그냥 툭툭 털고 일어나면 얼마나 좋아!"

부부가 같이 상담실을 찾았을 때는 문제를 해결하고자 하는 의지가 있었을 텐데, 상담하는 와중에도 상대 감정에 대한 배려가 없다. 배우자 탓에 자기가 잘못됐다고 하지나 않으면 다행이다.

○   한국 사회에서
      공감하기란

감정에 대한 솔루션은 공감 외에는 뾰족한 방법이 없다. 사실 공감은 시간이 좀 걸릴 뿐, 관계와 사랑 문제를 해결하는 가장 효율적인 방법이다. 공감이 좋은 감정은 증폭하고 나쁜 감정은 서서히 소거하는 역할을 하기 때문이다.

그래서 전문가가 제시하는 해결책은 대부분 상대방의 감정에 공감해주라는 것이다. 그게 정답이다. 그러면 내담자들 대다수는 무척 실망스러운 표정을 지으며 좀 더 차별화된 해법이 없는지 묻는다. 그들은 공감의 효과를 신뢰하지 못할 뿐 아니라 평소 자신이 충분히 공감을 해줬는데도 상대가 변하지 않는다고 믿는다. 그래서 다른 기발한 방법을 찾고 또 적용해본다. 너도 똑같이 당해보라는 식으로 말꼬리를 잡거나, 자극을 주겠다며 공격적인 모습을 보이고, 상대의 집안 문제를 들먹이면서 속을 뒤집어놓는다. 뭔가 획기적인 한 방을 시도하다 보니 무리수를 두게 되고, 그 결과 효과는 못 보고 에너지만 허비한다.

"선생님, 사실 전 할 만큼 했어요. 이 이상 뭘 더 해요?"

그렇다. 절박한 심정으로 찾아온 이들은 진심을 다해 노력한다. 그런데 방법이 문제다. 감정을 치유하는 유일한 방법이 공감인데 공감은 안 하고 '정신 번쩍 들 강한 방법'을 시도하니 상대는 점점 더 짜증을 내는 것이다. 또 다른 이유도 있다. 공감이라는 방법은 제대로 했지만 충분한 양의 공감이 일어나지 않을 때도 그렇다.

대한민국에서 공감을 잘하기란 아직 쉽지 않다. 엄밀하게 말하면 공감 자체가 어려운 게 아니라 그동안 공감하는 방법을 배운 적이 없다고 봐야 옳다. 당연히 공감을 받아본 경험자도 적다. 오랜 기간 권위주의 시대를 살아내다 보니, 공감보다는 참고 억압하는 방식을 먼저 배웠다. "그렇게 약해빠져서 어떻게 살래?" "너만 힘든 거 아냐. 그런 고민은 일단 대학만 가면 다 해결돼" "울지 마. 뭘 잘했다고 울어!" "그렇게 노닥거릴 시간에 영어 단어 하나 더 외워!" 자라면서 이런 말 하나쯤 들어보지 않은 사람이 있을까? 감정을 표현하는 행위가 유약한 사람이나 하는 짓이라는 관념을 암암리에 학습한 우리는 공감 능력보다 문제 푸는 능력을 중시하며 자랐다. 당연히 공감 능력이 떨어질 수밖에 없다.

일례로 몇 년 전 피겨 스케이팅 선수 김연아의 경기에 대한 국내외 해설이 회자된 일이 있다. 해외 해설가들이 김연아 선수의 경기 모습에 감탄하고, 찬사를 보내고, 눈물을 흘린 반면 우리나라 해설가들은 점프를 제대로 했는지, 착지에서 실수를 하지 않았는지, 기술 난이도는 몇 점인지, 감점 요소는 무엇인지 등에 촉각을 곤두세웠다. '아름답다'라는 감정보다 '1등을 못 하면 어쩌지'라는 생각이 각인되어 생긴 차이가 아닐까 싶다.

사실 정신과 의사인 나도 감정을 중시하기보다는 해답을 찾는 태도가 몸에 배어 있어 부끄러울 때가 많다. 감정은 수학 문제가 아니라서, 논리와 이성으로 해결하겠다는 목표로 접근하면 오히려 문제가 더 복잡해지고는 하는데 말이다.

그렇다면 그 중요한 공감은 어떻게 하면 잘할 수 있을까?

1단계: 같은 감정 느끼기

공감의 첫 단계는 의외로 간단하다. 같은 감정을 느끼면 된다. 상대가 슬퍼하면 함께 슬퍼하고, 화가 나 있으면 함께 화를 내주는 것이 공감의 시작이다. 그런데 이게 말처럼 쉽지가 않다. 공감은 뜻이나 의지만으로는 되지 않고 관심과 에너지가 필요하기 때문이다. 상대의 상태에 따라 귀를 쫑긋 세워야 할 때도 있고, 힘껏 슬픔에 빠져들기도 해야 하고, 심장도 평소보다 더 두근거려야 할 수도 있다. 체력이 떨어지면 공감하기 어렵다는 말은 바로 이런 뜻에서 나왔다. 수면 부족이나 과도한 다이어트 등으로 기력이 없을 때, 또는 마음에 상처가 남아 있는 상태에서는 공감을 하기가 어렵다. 나를 지탱할 기운이 모자란데 상대에게 쓸 에너지가 없는 건 당연하다.

한편 주의할 점도 있다. 사람이 계곡물에 빠져 떠내려갈 때 구해주겠다며 자신도 급류에 풍덩 뛰어든다면 도움을 줄 수가 없다. 공감도 그렇다. 감정을 공유하되 현실 감각은 유지해야 한다. 떠내려가는 사람을 구하려면 발은 물에 담그더라도 내 몸은 안전한 곳에 두고 구조 도구를 건네야 한다.

친한 친구가 고민을 털어놓았다고 해보자.

"나 오늘 부장한테 또 깨졌어! 이번 달만 벌써 몇 번째인지 몰라. 정말 회사 다니기 싫다. 아침에 일어나 출근하는 게 지옥에 끌려가는 기분이야. 나가라는 신호일까? 나 너무 힘들어."

당신이라면 어떻게 할 것 같은가?

평소 합리성을 추구하는 사람이라면 이럴 때 냉정과 객관화를 무기로 정답을 찾아주려고 할 것이다.

"음, 부장 입장에서는 마감에 임박해 보고서를 받는 게 스트레스일 수 있잖아. 내가 너라면 야근을 해서라도 보고서를 좀 일찍 드릴 것 같아. 직장 생활이라는 게 모름지기 상사 스타일에 맞추는 거잖아. 너 정도 경력이면 그 정도는 알 텐데."

이런 사람은 물 밖에서 헤엄쳐 나오라고 지시만 하는 사람이다.

잘잘못을 떠나 공감이 선행되지 않았기 때문에 듣는 사람은 반감이 들 수 있다.

반대로 같이 욱하는 마음에 이렇게 말한다면 어떨까?

"야, 그 부장 정말 벌써 몇 번째냐? 내일 당장 사표 쓰고 나와! 아니다. 한 방 멋지게 복수해주는 게 어때! 내가 도와줄까? 그 인간 전화번호 당장 줘봐."

이런 자극적인 말로 일을 키우는 사람은 물속으로 뛰어들어 함께 죽자는 사람이다. 진짜 공감이 생기려면 우선 상대와 같은 감정을 느끼되 이성은 지키고 있어야 한다.

"와! 진짜 어이없다. 그 부장 도대체 왜 너만 갖고 그래? 너도 하느라고 하는데 그걸 몰라주냐. 듣는 내가 다 억울하다."

"본인도 대리 시절이 있었을 텐데, 어떻게 다 잘해? 잘하려다 그런 건데 정말 너무하네."

이런 식으로 감정을 같이 느껴줘야 한다. 그게 힘들다면 "아, 그랬구나. 그런 일이 있었구나!"라고 함께 탄식하며 감정 주파수를 맞춰야 한다. 그렇게 감정을 공명해서 나쁜 감정을 소거한 후 2단계로 넘어가자.

2단계: 함께 해결책 고민해보기

다음 단계는 해결책을 같이 고민하는 것이다.

"일단 따듯한 뭐라도 먹자. 속 쓰린 날은 밥이라도 든든히 먹어야지! 내가 살게. 먹으면서 얘기해보자."

이렇게 '나는 당신 편이다'라는 메시지를 보내며 함께 고민해주 겠다는 태도만 보여도 상대는 큰 용기를 얻는다. 한 발 나아가 '내 경우엔 이렇더라' 하는 자기 경험을 보태는 정도면 충분하다. 이 정 도만 해도 상대의 감정은 풀리고 두 사람의 관계는 한층 좋아질 것 이다. 조언이나 충고를 한다고 지나치게 앞서 나가지 말자.

명심하자. 1단계인 감정의 공유 없는 2단계는 큰 효과도, 의미도 없다. 사랑하는 사람에게 필요한 건 똑똑이 스머프가 아니라 든든 한 국밥 같은 친구다. 공감해주기가 먼저다.

6. 애정결핍의 최후: 일탈

○ 사랑의 부재가 불러온 결과

지금까지 이야기한 애정결핍 문제를 정리해보면 다음과 같다. 애정결핍은 안전지대의 부재를 의미하는데 이는 '자존감 저하' '착한 아이 증후군' '자기연민' 등과 맞물리면서 악순환된다. 악순환의 결과 공감 능력은 떨어지고, 공감 능력이 떨어진다는 건 곧 사랑을 주고받는 능력이 떨어짐을 뜻한다.

이러한 악순환이 거듭되어도 절대 변하지 않는 것이 있다. 바로 사랑하고 사랑받고자 하는 욕망이다. 사랑을 향한 욕망은 식욕이나 수면욕처럼 생존과 직결된 본능이라 절대 사라지지 않는다. 사람에 따라 욕구가 적거나 숨길 수는 있지만 없애지는 못한다.

그렇게 늘 사랑을 원하는데 정작 사랑을 주고받을 능력은 약하면 어떻게 될까? 밥을 오래 굶으면 폭식을 하게 되듯 사랑을 오랫동안 받지 못하면 애정에 대한 갈망도 폭발한다. 사랑 비슷한 것만 봐도 물불 안 가리고 달려든다. 다시 말해 애정결핍이 쌓이면 원래 가야 할 길에서 벗어나기 쉽다. 이를 일탈(derailment, 탈선)이라고 한다. 일탈은 어떤 행위나 물질, 대상에 사로잡히는 상태로, 폭식, 불륜, 집착, 충동적 만남, 섹스 중독 등을 들 수 있다.

물론 모든 일탈이 애정결핍에서 비롯한 건 아니다. 일탈하는 원인 중 하나가 애정결핍일 수는 있지만 애정이 결핍됐다고 해서 모두 일탈하지는 않는다. 사랑을 충분히 받아도 나쁜 짓을 하는 사람이 있다. 따라서 일탈을 일삼는 사람이 애정결핍을 핑계 삼아 주변 사람을 탓하거나 자신의 행동을 합리화해서는 안 된다.

○ 일탈이라는
폭탄

애정결핍이 화약이라면 일탈은 폭탄의 안전핀을 뽑는 행동이다. 위험성이 눈에 잘 띄지 않고 천천히 쌓여가지만 한순간에 터지면서 주변 모든 것을 망가뜨린다. 일탈의 대표적 예인 불륜은 공고했던 믿음을 한 번에 무너뜨리고 광범위하고도 깊은 후유증을 남긴다. 믿고 사랑했던 존재의 배신보다 더 큰 고통은 없다. 배우자나 연인뿐 아니라 가까운 사람의 불륜 사실은 '세상에 믿을 건 아무것도 없다'는 불신을 퍼트려 희망의 불씨마저 짓밟는다.

일탈이라는 폭탄은 일탈하는 당사자의 정신 건강에도 해롭다. 우리에게는 마음 흘러가는 대로, 하고 싶은 대로 다 하고 살면 더 행복할 거라는 막연한 믿음이 있지만 그건 착각이다. 일탈하는 사람의 마음에는 '고작 이런 일로 위로받고 있는 나도 참 한심한 사람'이라는 자괴감이 생겨난다. 그러면 우울해지고 그래서 다시 일탈을 하는 악순환에 빠진다. 자신이 후안무치한 사람이라는 내면의 자책과 수치심, 후회도 든다. 주변의 비난과 냉담을 감내하기 부끄럽고 괴로워지면 "힘들어서 그랬다" "너무 외로워서 잠깐 실수했다" 따위의 변명도 한다. 하지만 그것이 오히려 철면피, 뻔뻔한 X이라는 죄목을 더해 평판과 이미지는 더 나빠진다. 일탈을 통해 채워질 거라고 기대했던 외로움과 공허함은 더욱 커진다.

아직 일탈을 들키지 않은 사람도 마찬가지다. 계속 거짓말을 해야 하는 스트레스, 언제 들통날지 모른다는 압박감이 상당하다. 고민이 생겨도 털어놓을 사람이 없어 고립되고 더 외로워진다. 아무에게도 말하지 못하는 고통은 꽤 커서, 탄로 난 후 오히려 발 뻗고 잔다는 사람도 있을 정도다. 배우자가 알면 어쩌나, 망신 당하지 않을까, 언제까지 이렇게 살 수 있을까, 모든 걸 잃게 되면 어쩌지 등등, 일탈로 인한 고민거리는 끊이질 않으니 마음 편할 날이 없다.

이것이 일탈이다. 얻는 것도 없이 괴로워지기만 하는 것.

○ 일탈하는
사람들의 심리

그렇다면 위험한 줄 알면서도 많은 사람들이 일탈의 길로 향하는 이유는 뭘까?

첫째, 우리의 뇌가 본능적으로 더 자극적인 것에 집중하기에 그렇다. 뇌는 생각보다 단순해서 좋은 것과 싫은 것, 옳은 것과 그른 것을 잘 구분하지 못한다. 그나마 컨디션이 좋을 때는 구분하지만 평소 뇌는 강한 자극에 끌리게 되어 있다. 수많은 비난에도 삼류 막장 드라마가 계속 만들어지고 인기를 얻는 이유가 바로 뇌의 이런 특징 때문이다. A 채널에서는 평범한 미혼 남녀의 사랑 이야기가 나오고 B 채널에서는 이복 남매 간의 금지된 사랑 이야기가 나온다면 후자에 사람들은 더 이끌린다.

금기의 자극이란 그런 것이다. 일상적인 안부 묻기, 즉 "밥 먹었어?" "뭐 해?" 같은 말에도 일탈 가능성이 있는 환경에서는 신체가 예민하게 반응한다. 100회 두근거릴 심장이 120회 두근거리고, 30초면 끝날 생각을 2시간 넘게 이어간다. 그럴 때 자극을 추구하는 성향이 강하거나 평소 자극에 목말랐던 사람이라면 자신도 모르는 사이에 가지 말아야 할 길에 들어서게 되는 것이다.

일탈을 감행하는 두 번째 이유는 자신의 능력을 확인받고 싶은 마음 때문이다. 애정이 결핍됐다는 말은 오랫동안 인정과 찬사도 받지 못했음을 뜻한다. 그러면 자신이 얼마나 매력적인 사람인지,

어떤 힘을 갖고 있는지 확신할 수 없어 그걸 느껴보고 싶은 마음이 든다. 그래서 자기 확신이 떨어지거나 상대의 무관심에 화가 나 있는 경우 가벼운 유혹에도 쉽게 흔들린다. 젊음을 확인하고 싶고, 권력을 휘둘러보고 싶고, 매력을 검증해보고 싶은 마음이 경계심을 이기고 위험 속으로 끌고 들어간다. 안전하고 주체적인 방식으로 인정 욕구를 채울 필요가 있는 케이스다.

세 번째는 관계 중독이 된 경우다. 다시 말해 혼자서 한시도 가만있지 못하는 스타일이다. 이런 사람들은 평화롭거나 심심하면 습관적으로 자극을 찾고 심하면 금단 증상까지 보인다. 앞에서 말한 불안과 회피의 애착이 결합된 형태다. 이런 사람은 혼자 있게 되면 '난 인기 없어' '난 버림 받았어' '이렇게 혼자 늙어가다가 고독사하겠지'처럼 부정적인 생각이 극단으로 치닫는다. 그러다 보니 회피에 집착하고 어쩌다 만날 사람이 나타나면 물불 가리지 않고 만나고 본다. 상대가 어떤 사람인지 알아볼 여력도, 관심도 없다. '노느니 장독 깨는' 식이다. 외로움과 마음의 허기에서 벗어날 수만 있으면 누구든 만난다. 돈도 충동적으로 쓴다. 정서적 허기에 이리저리 끌려 다니니 정신적인 피폐함을 동반할 수밖에 없다.

마지막으로, 그냥 나쁜 사람도 있다. 책임감도 죄의식도 없는 사람 말이다. 고통을 주고도 자신이 피해자라고 되레 큰소리를 치거나, 왜 나만 갖고 그러느냐며 뻔뻔한 사람들. 이들이 원래 나쁜 사람이었는지 후천적으로 변한 것인지는 알 수 없지만, 생각 없이 행동하고 합리화하는 패턴이 반복되다 보면 죄의식은 사라지고 염치라고는 찾아볼 수 없게 된다. 세상에는 좋은 사람도 많지만 이해할 가치도 없는 나쁜 사람들도 엄연히 존재한다.

○   어떻게 일탈을
    피할 것인가

일탈을 하지 않으려면 우선 겸손해야 한다. 자신을 통제할 수 있다고 확신하는 사람일수록 일탈의 늪에 빠지거나 헤어 나오지 못하는 경우가 많기 때문이다. 일탈을 감당할 여력이 있는 호모 사피엔스는 없다. 한 번쯤은 괜찮다거나 삶의 활력소가 되었다는 거짓말에 속으면 안 된다. 본인 인생만 망가지는 게 억울해서 남까지 망치려는 수작이다.

이 세상에 비밀은 없다는 사실을 기억하자. 우리의 모든 행동은 디지털로 기록되고 있다. 카드 사용 내역, 방문 장소, 통화 내역뿐 아니라 도처에 깔린 CCTV와 블랙박스, 카메라, 메신저 등에 일거수일투족이 남는다. 잘 숨겨서 안 걸리는 게 아니라 지금까지 운 좋게 아무도 파헤치지 않아서 묻혀 있는 것뿐이다.

지금도 이럴까 저럴까 하며 일탈의 기로에서 고민하고 있는 사람이 있다면 서둘러 돌아가라고 말하고 싶다. 일탈은 삶을 망치는 자극제다. 연애나 사랑이 초콜릿이라면 일탈은 마약에 가깝다. 시작과 동시에 중독되고 오늘 끊지 않으면 내일은 더 끊기 힘들어진다. 마약을 소지하고만 있어도 처벌받듯 일탈도 마찬가지다. 마음에 품고만 있어도 티가 나고 건강한 사랑을 방해한다.

일탈은 자극 강도가 지나치게 높기 때문에 뇌에 과부하를 불러온다. 결과적으로 곁에 있는 사랑을 지루하고 식상한 것으로 간주하게 된다. 평범한 행복이 진짜 행복이 아니라고, 익숙해진 사랑은 사랑이 아니라고 믿게 된다. 일탈에 취하면 뇌가 지치기 때문에 사랑력이 떨어질 뿐 아니라 소통하는 능력이 전반적으로 줄어든다. 이 궁리 저 궁리 하며 일탈을 합리화하려 하지 말고 한시라도 빨리 도망칠 궁리부터 하자.

한편, 자신이 만나는 사람이 언젠가 길을 벗어날 사람인지 아닌지 궁금하다면 대놓고 물어보는 것도 괜찮은 방법이다. "바람피우는 것에 대해 어떻게 생각해?" "어디부터가 양다리라고 생각해?" "살다가 권태기가 오면 어떻게 할 거야?" "스트레스 심하게 받았을 때는 어떻게 풀어?" 등의 질문을 던져 상대의 생각을 알아볼 필요가 있다. 테스트를 하라는 뜻이 아니다. 일탈의 개념이나 경계에 대해 기준이 다른 사람이 많다. 나중에 심각한 문제가 될 수 있으니 미리 체크해볼 만하다.

chapter 4

이별증후군에서
벗어나기

1. 이별을 잘해야
사랑도 잘한다

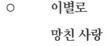

○   **이별로**
    망친 사랑

사랑은 요리와 같아서 망치게 되는 이유도 제각각이다. 재료 준비가
덜 되어서 안 되는 경우가 있고, 불 조절에 실패해서, 엉뚱한 요리법
을 적용해서, 사공이 많아서 산으로 가는 경우도 있다.

앞서 말한 애정결핍증은 경험 부족에서 오는 문제다. 요리를 해
본 경험이 없어 잘 못하는 것과 같다. 사랑을 받아본 적이 없으니
받아도 누리지 못하고, 주고 싶어도 자꾸 엉뚱한 재료인 연민만 주
거나 착한 짓만 하느라 사랑을 못 주는 문제로 보면 된다.

그런데 어렵게 요리는 성공했는데 먹고 난 후 탈이 나는 경우도
있다. 준비도 철저했고 조리도 잘했는데 어떤 이유에서인지 배탈이
나 두드러기가 난다. 그러면 다시는 그 음식을 먹을 엄두를 못 내는

사람이 있다. 또 이제 요리 따위 하지 않겠다고 마음먹기도 한다. 그런가 하면 이미 망쳐버린 음식이 아까워 못 버리는 사람, 애꿎은 음식에 화풀이를 하는 사람, 자기가 잘못했을 리 없다며 망친 요리를 재탕, 삼탕 하는 사람도 있다. 이 과정을 그대로 인간관계로 대치해보면 이해가 쉽다.

이별증후군은 이별을 할지 모른다는 과도한 불안이나 공포를 느끼는 것, 지나간 사랑에 지나친 미련이나 집착을 갖는 것, 그로 인해 폭력 양상을 보이는 것 등을 통칭한다.

이별증후군이 생기면 사랑을 하기 어려워지고 애착 유형 전반에도 문제가 생긴다. 그래서 이별에 관련된 상처는 안전하게 매듭을 지어야 한다. 좋은 기억은 좋은 느낌으로 남기고, 나쁜 기억은 교훈으로 새겨야 한다. 그래야 다른 사람을 만나도 마음 편히 다시 사랑할 수 있다. 성숙한 사랑을 하기 위해 이별증후군을 꼭 다뤄야 하는 이유다.

○   **헤어짐은 누구나**
       힘들다

이별과 관련된 문제를 앓고 있는 사람들에게 가장 먼저 하고 싶은 말은 '이별은 누구에게나 힘들다'이다. 다들 힘들어하니 엄살떨지 말라는 말이 아니라 당연히 힘든 일이므로 자책하지 말라는 뜻이다. 많은 사람들이 이별 후에 자신의 성격 탓을 한다.

"남들은 이별하고 나서도 쿨하던데, 저는 왜 이렇게 힘들까요? 제가 너무 유약한가요?"

"구질구질하게 이별의 아픔에서 여태껏 못 벗어나고 있어요."

"전 집착이 심한가 봐요. 마음에서 완전히 놓아지질 않는데 어쩌죠? 문제가 있는 거 맞죠?"

이별한 사람 중 다수는 이렇듯 자신을 이상한 사람으로 못 박고 책망한다. 그깟 역경쯤 훌훌 털고 일어나 씩씩하게 다음을 모색하라는 충고, 마음이 과하게 아픈 건 모종의 심리적 문제 때문이라는 단정, 고통스러운 모든 것을 문제로 보고 무조건 고쳐야 한다고 말하는 조언 등에서 영향 받았을 수도 있다.

그런데 한번 생각해보자. 가까웠던 사람, 사랑했던 사람, 믿었던 사람과 멀어질 때 힘들어하는 게 그리 이상한 일일까? 그건 성정이 약한 것도, 성격이 나쁜 것도 아니다. 극히 자연스러운 과정이다.

나도 그랬다. 잠깐 인연을 나눴던 사람이든 오래 만났던 사람이든 헤어짐은 언제나 괴로웠다. 나이가 들면서 가끔 '내가 살아오면서 누구에게 무슨 상처를 줬지?' 하고 되짚어볼 때가 있는데 헤어질 때 한 실수들이 많다. 내 괴로움에 매몰되어 상대의 마음을 배려하는 데 소홀했던 것 같다.

요즘은 상대의 잠수 이별이나 환승 이별 때문에 트라우마에 시달리는 사람들을 많이 만난다. 어제까지 멀쩡하게 만났는데 갑자기 연락이 되지 않거나 다른 사람을 만나고 있었다는 걸 확인하면 모든 것이 무너져 내린다. 상대를 좋아했던 자신의 안목과 믿었던 마음에 금이 가며 심각한 심리적 외상을 입는 경우도 많다. 그런데 이 상처를 제대로 치유하지 못하면 나중에 자신도 똑같은 이별 방식을 상대에게 행하는 일이 생긴다. 이별했던 두려움이 너무 크게 자리한 나머지 자신도 모르게 그런 방법을 택하는 것이다.

이것이 우리가 이별 상처를 제대로 치유하고 넘어가야 하는 이유다. 상처 입은 사람이 다시 엉뚱한 사람을 피해자로 만들다 보니 도처에 이별증후군이 범람한다. 이 사회가 안정된 애착을 갖추려면 이별 문제를 잘 다루어야 한다.

○ **상처를 덜 아프게 하는**
　　습관

사랑하는 사람과 헤어지는 일은 원래 아프지만, 그 고통을 가중시키는 습관이 있다. 이것만 잘 알고 다뤄도 이별은 한결 견딜 만하다.

첫 번째는 '확대'다. 말 그대로 이별의 고통을 실제보다 더 큰 사건으로 키우는 심리다. 누구나 하는 이별을 한 번 했을 뿐인데 '앞으로 계속 이러겠지(forever)' '누굴 만나든 비슷하겠지(whoever)' '세상 어디에도 나를 받아줄 곳은 없겠지(wherever)' 같은 생각으로 확대 해석하는 습관이다.

말하자면 상처에 소금을 뿌리는 격인데, 원래 확대는 앞으로 또

다가올지 모르는 위협에 알람 스위치를 켜는 긍정적 역할을 한다. 그래서 이 알람을 대책을 마련하는 계기로 삼으면 좋은 방패막이 될 수 있다. 하지만 걱정만 하면서 해결책을 찾지 않는다면 시끄러운 사이렌만 울려대는 것과 같다. 일단 알람을 꺼야 한다.

저런 생각이 들기 시작하면 얼른 알아채는 게 중요하다. "지금 내가 문제를 확대하면서 필요 이상으로 괴로워하고 있구나!"라고 입 밖으로 중얼거리며 눈앞의 현실로 돌아올 필요가 있다. 밖으로 나가 산책을 하거나 운동을 하면 좋고, 혼자 있는 밤이라면 생각을 멈추고 잠을 청하든지 친구에게 전화라도 해서 자기 상태를 객관화하도록 한다. 혼자만의 생각에서 빠져나오기 위해서는 새로운 자극이 필요하다. 적극적으로 다른 자극을 만들어야 한다.

두 번째, '이상화(idealization)'도 이별 과정에 왕왕 등장하는 고질적인 문제다. 헤어진 사람을 이상적인 대상으로 과장하는 심리다. '깊이 사랑한 유일한 사람' '기가 막히게 잘 맞았던 사람' '다시는 만날 수 없는 사람' '나에게만은 끔찍하게 잘해줬던 사람' 등등이 그런 예다. 안 좋았던 기억은 죄다 잊어버리고 대신 좋았던 순간, 간절했던 부분만 남기는 극단적인 미화를 한다. 이별은 괴롭지만 함께 나눈 사랑만큼은 소중한 추억으로 남기고 싶은 방어기제가 발동한 것이다.

그런데 이때의 문제는 방어가 지나치다 보니 자신을 비련의 주인공으로 만들어버린다는 데 있다. 극심하게 우울해하고 낙담하고 미련을 버리지 못한 채 괴로워한다. 주변 사람들이 보기에는 그저 어이가 없을 뿐이다. 하루가 멀다 하고 싸우고 미워하고 상처를 주고받았으면서 막상 헤어지고 나니 인생의 구원자라도 됐던 양 애틋해하니 말이다.

○   **객관적으로**
     바라보기

반면에 회복탄력성이 좋은 사람은 '객관적으로 바라보기'에 능숙하다. 이들은 힘든 일이 생겨도 일상을 망칠 정도로 문제를 확대하지 않는다. 이별에 과도한 의미 부여를 하는 일 없이 '사랑했다가 헤어진 일'로만 인식한다. 언제부터 언제까지, 어떤 사랑을 하다가 어떻게 헤어졌는지, 헤어진 지 얼마나 됐는지를 현실적으로 인식하고 딱 그만큼 아파한다.

그렇다고 이들이 피도 눈물도 없이 냉정하거나 변덕이 심해 마음이 쉽게 돌아선 것은 절대 아니다. 그저 바늘에 찔리면 찔린 만큼만 아파할 뿐이다. 살짝 찔려놓고 수술이라도 받은 양 아파하지도 않고 '나는 이렇게 아픈데 왜 바늘은 멀쩡해?'처럼 상대를 원망하거나 엄살을 피우지도, 반박을 하지도 않는다. 그렇기에 비교적 빠른 시간 안에 회복된다.

'객관적으로 바라보기'를 하려면 자신에게 벌어진 일을 표현하고 그 내용을 바라보는 시간이 필요하다. 주관적 체험을 객관적 관점으로 변환하는 과정이다. 장례식의 상주가 조문객을 받으면서 고인이 어떻게 해서 돌아가셨는지 간단히 설명하듯, 상황을 자체적으로 '내레이션'하는 것이다. 예컨대 '3년 만나던 사람이 느닷없이 헤어지자고 해서 충격 받았어. 대체 뭐가 문제지?' '괜찮을 줄 알았는데 시간이 갈수록 너무 보고 싶네' '청춘을 함께 보낸 사람인데… 시간을 도둑맞은 것처럼 허망해' 등 이별 후 상태와 감정을 말이나 글로 표현해본다. 이 경우 마음속으로만 생각할 때와는 달리 손이나 입으로 드러내면서 뇌의 표현 중추가 가동하고, 그런 자기 표현을 눈과 귀로 받아들이면서 뇌의 해석 중추가 더 필터링을 하게 된다. 이 두 번의 과정을 통해 뇌의 자정 작용이 일어난다. 물론 한두 번의 '내레이션'으로 상처가 다 아물지는 않을 것이다. 하지만 반복하다 보면 생각이 정리되고 이성적 판단을 할 수 있는 때가 찾아온다. '내가 할 수 있는 건 다 해봤구나' '우린 이런 부분 때문에 헤어진 거구나' '사랑하는 사람이 떠났지만 그게 인생의 끝은 아니구나'처럼 말이다.

또 하나의 방법은 자신에게 벌어진 일을 친구나 제삼자에게 벌어진 일로 생각해보는 것이다. 다른 사람이 같은 상황에 처했다면 자신이 어떻게 판단하고 조언을 건넬지 그려보자. 예컨대 연애 상담 프로그램에 내 사연이 나온다고 가정하고, 그에 대해 뭐라고 조언해줄지 상상해보면 해결책을 찾기가 좀 더 수월해진다.

○ **이별의 순간을**
견디는 요령

이유가 무엇이건 사랑하는 사람과의 이별은 힘들다. 얼마 사귀지 않은 사람과 헤어져도 3일에서 2주 정도는 심한 우울감을 겪는다 고 한다. 후회, 자책, 원망 같은 감정도 뒤따른다. 설령 헤어질 것을 예감했다 해도 현실로 눈앞에 닥치는 것은 완전히 다른 문제다. 생 각이 많아지고 불쾌하고 어떤 때는 화가 난다.

　하지만 이미 벌어진 일이라면 감정과 상처에 매몰돼 몸과 마음 을 혹사하기보다는 앞서 말한 객관화를 통해 해결 방법을 모색해 야 한다. 이때 근본적인 이별 원인을 찾으려 너무 애쓰거나 자책하 며 발버둥치지는 않는 게 좋다. 생각이 너무 많으면 에너지를 많이 소모하고 뇌가 지쳐 옳지 않은 판단을 내릴 수도 있기 때문이다.

　우선 이별한 상황을 거부하거나 저항하지 말고 차라리 실컷 울 거나 짧게나마 여행을 다녀오는 게 바람직하다. 슬픈 만큼 울면서 마음을 달래는 의식은 중요한 과정이다. 하던 일을 계속하는 것도 좋고, 여건이 된다면 가볍게 환경을 바꿔봐도 도움이 된다. 가구 배 치를 바꾸거나 일상의 루틴을 살짝 달리하기만 해도 효과가 있다. 뇌가 새로운 환경에 적응하기 위해 과거 기억을 먼저 정리하기 때 문이다.

　잊기 위해 술을 마시는 행위는 단연코 피해야 한다. 알코올은 뇌 에 독성으로 작용해 단기 기억부터 앗아 간다. 정작 잊고 싶은 기억은 그대로 남고, 술에 취해 저지른 오늘의 실수만 지워진다. 누군가 술을 먹고 심신의 안정을 찾았다면 그건 알코올 의존이 시작됐음을 의미할 뿐이다. 차라리 밥 한 끼라도 잘 챙기면서 뇌에 영양분을 공급하는 게 낫다.

헤어진 사람의 SNS에 들어가는 것도 삼가야 한다. 상대가 태연하게 잘 살고 있으면 마음만 상하고, 못 살고 있으면 불필요한 연민이나 내적 갈등만 올라온다. 잘 살든 못 살든 헤어진 사람은 멀리두는 게 순리다. 잘 살고 있기를 바라면 잘 살고 있다고 믿고, 못 살고 있기를 바라면 그럴 거라고 믿는 게 낫다.

가장 중심에 두어야 할 일은 마음을 긍정적으로 다잡는 것이다. 비탄과 패배주의에 빠져 있는 뇌에게 가야 할 방향을 새롭게 세팅해줄 필요가 있다. 마음을 잡고 싶다면 소리 내어 말해보자. "힘든 일이지만, 나쁜 일만은 아니야" "지금은 괴롭지만 시간이 지나면 오히려 잘한 선택일 거야" "이 일을 통해 나는 분명 더 성장할 거야!"

헤어짐의 고통은 당장 어쩔 수 없고 치러야 할 대가지만 그 통증을 성장통으로 변화시킬지 말지 결정하는 선택권은 나 자신에게 있다.

상처가 늘 병만 만든다는 건 선입견이다. 외상 후 성장(Post Traumatic Growth)이라는 용어도 있다. 상처가 상처에 머물지 않고 성장으로 이어질 때 경험으로서 새로운 가치를 얻는다. 이별에서 우리가 취해야 할 것은 바로 이 교훈이다.

2. 미련에서 벗어나
     받아들이기

○   미련은
    숨어 있다

그렇다면 구체적으로 어떻게 해야 이별의 아픔을 성장의 자원으로 승화시킬 수 있을까?

일단 미련을 걷어내야 한다. 미련이라는 감정은 긍정적인 영향을 줄 때가 거의 없다. 행복하고 효율적으로 살려면 '현재에 집중하기(here and now)'가 필수인데 미련은 이를 정면에서 방해하기 때문이다.

과거에 오래 얽매이고 싶은 사람은 없을 것이다. 미련이 쓸모없다는 사실은 누구나 안다. 그럼에도 많은 사람들이 미련을 붙들고 산다. 과거의 어떤 기억에서 벗어나지 못해 수년의 시간을 낭비하는 사람, 미련 때문에 한 발도 앞으로 내딛지 못하는 사람도 많다.

그 이유는 미련이 워낙 우리 마음속에 잘 숨기 때문이다. 얼마나 잘 숨는지, 힘들어하는 당사자도 힘든 이유가 자신이 잡고 있는 미련 때문이라는 사실을 모르는 경우가 태반이다. 이를테면 "이별 후 미련이 남아서 괴로워요"라고 상담을 청하는 사람은 잘 없다.

미련은 주로 '모르겠다' 뒤에 숨는다. 대표적으로 "사랑하는 사람이 떠났는데 어떻게 마음을 잡아야 할지 모르겠어요" "막막해서 어디서부터 시작해야 할지 모르겠어요" "잘한 선택인지 모르겠어요" 등이 있다. 이런 고민을 토로하는 사람들은 자신이 방법을 몰라 괴롭다고 생각한다. 하지만 진짜 범인은 미련이다.

사랑하던 두 사람 중 한 명이 종료 의사를 밝혔으면 이미 사랑의 인연은 끝난 것이다. 시작할 땐 두 사람이 합의해야 하지만 끝은 좀 다르다. 한쪽이 이별을 선택했다면 나머지 한쪽은 아프더라도 미련을 버리고 이별을 수용하는 것을 최우선 목표로 잡아야 한다. 그런 다음에는 이 경험을 통해 성장하고, 또 그다음엔 다시 찾아올 사랑을 위해 열심히 살아갈 궁리를 해야 한다. 그런데 첫 단계부터 목표를 잘못 잡고 있으니 삶이 고달플 수밖에 없다.

미련은 또 '욕심' 뒤에 숨는다. 예컨대 "그 사람을 다시 만나고 싶어요. 어떻게 해야 시간을 되돌릴 수 있을까요?" "그저 먼발치에서 잠깐이라도 바라봤으면 좋겠어요" 같은 말을 주로 한다. 사랑이 너무 깊어서 되돌리길 바라고, 그 욕심을 놓지 못해 고통 받는다고 생각한다. 하지만 그 모두가 이미 벌어진 일을 받아들이지 못하는 미련일 뿐이다.

○ 미련인지 아닌지
   확인하는 질문

그래서 이별로 힘들어하는 사람에게 "미련을 버리세요!"라고 충고하는 건 큰 의미가 없다. "이게 무슨 미련이에요? 이건 순애보예요!"라고 우기기 시작하면 설득할 방법도 없다. 옆에서 보기엔 과거에 매인 궁상이고 신파일 뿐이라도 본인은 숭고한 망부석에 빙의되어 있다. 어리석어서가 아니다. 그만큼 자기 인식이 힘들기 때문에 스스로 빠져나오기가 어렵다.

이럴 때는 스스로 미련을 알아챌 수 있도록 질문을 던져보길 권한다. 보통 미련에 대해서는 반발심이 크다. 따라서 자신의 감정이 미련임을 자각하게만 해줘도 대개 받아들일 준비를 한다. 그러기 위한 질문이 두 가지 있다.

첫 번째 질문은 '그게 가능할까?'이다. 갑작스러운 스트레스를 받으면 뇌는 이성 중추의 스위치를 끈 채로 본능 중추만 가동한다. 그래서 가능 여부를 따지지도 않고 무턱대고 행동부터 하게 된다. 산길에서 큰 산짐승을 만나면 침착해야 한다는 사실을 알면서도 비명부터 지르는 것과 같은 이치다.

이별의 고통도 워낙 큰 스트레스이기 때문에 우리의 뇌는 무턱대고 본능적으로 달려간다. '잘못했다고 빌어볼까?' '다시 시작하자고 매달려볼까?' 이럴 땐 차근차근 그게 가능한 일인지만 따져봐도 현재 감정이 미련임을 인식할 수 있다. 헤어져 이미 잘 살고 있는 사람과 다시 사귀는 게 가능한 일인가, 또는 시간을 되돌리는 게 가능한 일인가, 사사건건 부딪치던 습관을 바꾸는 게 가능한가, 이미 떠난 마음을 원상 복구하는 게 가능한가 등등. 이런 질문은 자신이 불가능한 바람 또는 희망을 갖고 있었음을 깨닫는 데 도움이 된다.

두 번째 질문은 '그게 중요한 일인가?(무슨 의미가 있나?)'이다. 이 질문은 본인이 잡고 있는 게 무의미한 집착이었음을 깨닫게 한다. 가령 한 번이라도 보고 싶다는 생각이 들면 '먼발치에서 한 번 보는 것이 중요한가? 뭐가 달라지나'라고 묻자. 분하고 억울해서 따져보고 싶다면 '헤어진 마당에 이유를 따져 알아내는 게 의미가 있나'라고 묻자. 자꾸만 그 사람의 SNS를 훔쳐보고 싶다면 '헤어진 사람의 SNS에 뭐가 올라오든, 어떤 댓글이 달리든 그게 나한테 중요한가'라고 질문하자. 이들 질문에는 대개 '별 의미 없다'라는 답이 돌아온다. 그런 것이 미련이다. 중요해서 간절히 얻고 싶었던 것이 아니라, 받아들이지 못해서 엉뚱한 데 집중했던 것이다.

○   받아들임은
         정서적 안정을 준다

특히 절대 미련을 가지면 안 되는 경우가 있다. 상대가 거절을 표했을 때다. 이때는 두말할 것 없이 이별을 받아들여야 한다. 마음을 돌릴 방법이 있건 없건 상관없다. 끝까지 설득해보고, 이별 사유를 충분히 듣고, 되돌릴 가능성을 짚어보고 나서야 포기하고 싶은 마음은 이해하지만 상대의 거절은 무조건 존중해야 한다. 이별하자고 하면 이별해야 한다. 미련은 혼자만의 욕심이라는 사실을 잊지 말자. 헤어지자는 말을 이별로 받아들이지 않을 때 발생할 수 있는 위험이 무척 크기 때문에 하는 말이다. 피해자들이 너무 많다.

설령 헤어지자는 말이 실수여서 변동 가능성이 있다 해도 마찬가지다. 열 번 찍어 안 넘어가는 나무는 없다는 속담은 머릿속에서 완전히 지워야 한다. 거절이나 이별의 말을 엄중하게 받아들여야 하는 시대다.

물론 그게 말처럼 쉽지는 않다. 시간이 흐른다고 저절로 이뤄지는 것도 아니고 나이를 먹는다고 익숙해지는 것도 아니다.

오랜 세월 농사짓고 살아오신 분들은 일에 대한 미련을 버리지 못한다. 몸은 일할 수 없을 정도로 쇠약해졌는데 땅이 노는 꼴을 보지 못한다. 혼자 걷기도 힘들면서 해가 뜨면 어김없이 논밭으로 나간다. "몸이 그렇게 아픈데 농사가 대수예요? 우리는 사 먹으면 돼요. 제발 좀 쉬세요"라고 아무리 설득해도 소용이 없다. "놀면 뭐하니, 몸이라도 움직여야 덜 아프다"라며 고집을 꺾지 않는다. 미련이 남아서다. 이처럼 산전수전 다 겪은 어른들도 오랜 습관과 결별하기란 쉽지 않다. 하물며 젊은 사람들이 한 번에 미련을 익숙하게 다루기란 결코 쉽지 않다.

어떤 사람들은 '받아들임' 즉 수용 자체를 포기로 간주해 진저리를 치기도 한다. 이별을 받아들이는 순간 모든 게 영영 끝날 듯이 공포감을 느낀다. 즐거웠던 추억까지, 함께했던 시간까지 무의미해지는 게 아닌가 불안하고, 그 모든 것이 물거품이 된다는 허탈감에 힘들어한다. 그런데 사실 받아들임은 그렇게 대단한 힘을 지니지 않았다. 뭔가를 끝낼 수도 없고 과거를 변화시킬 수도 없다. 추억을 지우는 행위도 아니다.

받아들임으로 우리가 얻을 수 있는 것은 정서적 안정이다. 수용하지 못해서 생기는 갈등과 마찰을 최소화해주기 때문이다. 받아들임을 통해 근본 상황을 흔들지 않고 부정적인 감정만 덜어내도 인생은 한결 수월해진다. 받아들임은 세상을 객관적으로 바라볼 수 있게 하고 쓸데없는 감정 소모를 줄여줄 뿐 아니라 에너지까지 충전해준다.

○ 받아들임의
   5단계

'미련을 버리는 것'과 '이별을 받아들이는 것'은 거의 동시에 일어나는 변화이기 때문에 비슷한 뜻으로 해석할 수 있다. 그런데 이 두 표현을 받아들이는 데에는 차이가 있다. '버리라'고 하면 왠지 어렵게 느끼고 '받아들이자'고 하면 상대적으로 저항이 덜하다. 따라서 여기서는 받아들임의 과정으로 미련 버리기를 설명하려 한다.

받아들임, 즉 이별을 수용하는 과정은 심리학자 엘리자베스 퀴

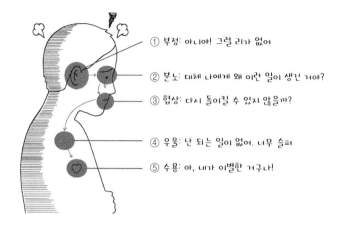

① 부정: 아니야! 그럴 리가 없어

② 분노: 대체 나에게 왜 이런 일이 생긴 거야?

③ 협상: 다시 돌이킬 수 있지 않을까?

④ 우울: 난 되는 일이 없어. 너무 슬퍼

⑤ 수용: 아, 내가 이별한 거구나!

블러 로스가 말한 죽음 수용 단계와 같이 다섯 단계를 거친다. 이별이 아니라고 저항하는 '부정' 단계, 나한테 왜 이런 일이 생긴 거냐며 화를 내는 '분노' 단계, 다른 방법이 없을까 고민하는 '협상' 단계, 부정적인 생각과 무기력이 찾아오는 '우울' 단계, 이 모든 과정을 거쳐 비로소 자신에게 일어난 일을 받아들이는 '수용' 단계에 다다른다.

많은 사람들이 두 번째 단계인 분노와 네 번째 우울 단계를 견디지 못하고 다시 전 단계로 역행하곤 한다. 그래서 이별할 때는 이런 감정을 잘 추스르는 것이 중요하다.

내 생각에 우리 사회는 아직 받아들임에 익숙하지 않은 것 같다. 어려서부터 노력하면 안 될 게 없다는 절대 가치를 주입받았고 불굴의 의지로 모든 것을 해결할 수 있다고 배웠기 때문이다.

이런 믿음은 동력이 될 때도 있지만 사고나 트라우마 앞에서는 엄청난 독이 되기도 한다. 세상에는 노력해도 안 되는 것도 있고, 불굴의 의지가 소용없거나 오히려 해로운 순간도 있다. 차분히 마음을 돌보고 위로해야 할 때인데 '약해지지 말고 정신 똑바로 차려!' '노력이 부족해서 그래'라고 자신을 공격하는 건 받아들임을 방해하고 자신을 부정해 더욱 약해지게 만든다. 어떤 슬픔은 극복이 아니라 받아들임을 통해 서서히 치유된다.

○   **받아들임이**
     쉬워지는 감탄법

불필요한 미련을 거두고 현실을 받아들이기 위해서는 무엇보다 현재에 초점을 맞추려고 노력해야 한다. '내가 어쨌기에 이런 일을 겪어야 할까?'처럼 과거를 파고들다 보면 분노나 원망이 올라오고, '후회가 남지 않을까?'처럼 미래를 생각하다 보면 불안과 우울이 찾아오기 쉽다.

반면에 감탄은 단박에 초점을 현실에 맞추는 힘이 있다. 그러니 '-구나!'로 끝나는 감탄형 문장을 쓰길 권한다. 예컨대 '그 사람이 헤어지길 원하는 거구나!' '살다 보면 이렇게 허망하게 헤어질 수도 있구나!' '다시는 볼 수 없는 거구나' '헤어지자는 그 말이 진심이었구나'로 감탄하는 것이다.

이렇게 한다고 단박에 기분이 좋아지지는 않겠지만 감탄은 꽤 힘이 세다. 상황을 객관적으로 읽어주고 감정에 공감하는 효과가 있다. 누군가 옆에서 위로하고 따뜻하게 감싸주는 것처럼 큰 힘이 된다.

원래 감탄은 현재에 집중하고 관찰을 한 후에 나오는 행위다. 멋진 풍경에 집중을 해야 '와! 멋지다'라고 비로소 감탄할 수 있다. 감탄을 하면 상황에 압도되지 않으면서 주체적으로 관찰자 입장이 될 수 있다.

가장 완벽한 감탄은 차분하게 상황을 관찰한 후에 하는 감탄이다. 이별 후 시간이 흘러 마음이 좀 편해졌다면 "요즘은 생각이 덜 나네"라고 말하는 식이다. 그런데 선후가 바뀌어도 뇌 작용은 똑같다. 감탄부터 하면 상황을 차분히 관찰하는 게 수월해진다. 헤어진 뒤 바로 '아, 우리가 헤어졌구나'라고 감탄하면 실제로 뇌가 그렇게 받아들인다. '죽을 것같이 아프더니 이젠 견딜 만하다!' '한 편의 추억 영화가 됐네!' 등도 가능하다. 감탄하기는 억지로 감정을 참는 게 아니라 상황을 객관화하면서 감정을 날려 보내는 유용한 방법이다.

감탄하는 연습은 어떤 상황에서든 가능하다는 점에서 매력적이다. 예를 들어 나는 글을 쓸 때 카페에 자주 가는데 잘 안 될 때마다 감탄을 한다. '아, 오늘은 글이 정말 안 나오는 날이구나!' '앗, 벌써 두 시간이 훅 갔구나!' 하고. 그러면 오히려 맘이 편안해지고 글에도 더 집중하게 된다.

여러분도 나처럼 특정 장소에 갈 때마다 감탄하는 연습을 해보길 바란다. '이 카페 분위기 괜찮네. 오늘 커피 맛도 좋겠는걸?' 하고 감탄하거나 이 책이 지루하다면 '진짜 지루하다. 도저히 더는 못 읽겠구나!'라고 하면 된다. 그편이 '대체 왜 이따위로 글을 썼지?'라고 화를 내는 쪽보다 한결 마음이 평화로울 것이다.

미련을 버리는 연습

1. 자신의 뇌에 이별한 사실을 알려주기

영어 단어 하나 외우는 데에도 반복 학습이 필요하듯, 우리의 뇌에 '연애 중'에서 '솔로'로 정보를 바꿔 입력하기 위해서도 같은 사실을 반복적으로 노출해줘야 한다. 튬튬이 "아, 내가 이별했구나!" "이게 헤어진 거구나"라고 중얼거리자. 그러면 우리의 뇌와 신체가 새로운 환경에 적응해나갈 것이다.

2. '벌써 시간이 이만큼 지났네'라고 생각하기

이별한 지 하루가 지났으면 '어, 벌써 하루가 지났네'라고 생각하고, 일주일이 됐으면 '헤어진 지 7일이나 지났네'라고 생각하자.
미련을 버리는 과정은 있는 사실을 그대로 받아들이는 과정이다.

그런데 같은 사실도 방금 일어난 일로 생각하면 더 생생하게 느껴지는 법이다. '헤어진 지 아직 한 달도 안 됐어'처럼 가까운 일로 기억하면 마음만 괴롭다. 되도록 오래된 일로 전환해서 기억의 창고에 쌓아두자. '이야, 하루만 못 봐도 죽을 것 같더니 벌써 열흘이나 끄떡없이 잘 살았네'라고 생각하는 게 유리하다.

3. 되도록 긍정적으로 해석하기

헤어진 사람과 함께 보낸 시간이 좋았다면 '한때 내게도 그런 시간이 있었지' '참 선물 같은 시간이었어' 정도로 생각하자. 원래 선물이란 게 받을 때 잠깐 좋고 곧 무덤덤해지지 않던가. 그 사람과 평생 함께 행복하지 못했다고 해서 선물이 아닌 건 아니다. 좋은 사람과 좋은 시간을 가졌던 건 분명 큰 축복이다. 그 시간을 고마워하는 마음은 정신 건강에도 좋다.

반대로 헤어진 사람에 대한 기억이 좋지 않다면 '헤어져서 참 다행이다'라고 생각하자. 과거에 얽매이지 않고 현재에 집중하는 게 중요하다고 했다. '내가 왜 그런 사람을 일찍 알아보지 못했지?' '아, 시간 아까워!'라고 생각하면 얼굴만 찌그러지고 주름만 는다. 후회는 신체 기능을 저하시켜 면역력도 떨어뜨린다. 이미 헤어진 사람이고 다시 볼 일 없으니 다행이라고 여기자. 좋았으면 좋은 추억이니 다행이고, 나빴으면 헤어졌으니 다행이라고 여기는 편이 마음을 홀가분하게 만들고, 미련에서 빠져나올 에너지를 만든다.

4. 집중하기 좋은 활동 하기

연애하느라 미뤄뒀던 취미가 있으면 다시 해보고, 배워보고 싶었던 게 있으면 새로 배워보자. 이별한 후엔 아무것도 하고 싶지 않고 무기력해질 수 있다. 이해한다. 그렇다고 너무 오래 멈춰 있으면 오히려 마음이 더 괴롭고 의욕만 떨어진다. 큰 기대가 없는 행위라도 최대한 변화를 주고 이것저것 시도해보자.

책을 읽는다면 딱딱하고 어려운 책보다는 쉽게 넘어가는 소설이나 만화, 재미있어서 손에서 놓을 수 없는 시리즈를 읽는 것을 추천한다. 시간도 술술 흐르고 울거나 웃으며 감정을 표출할 수 있는 활동이 좋기 때문이다. 상대적으로는 감성이 충만한 시기인 만큼 미뤄뒀던 영화나 드라마를 몰아 보는 것도 방법이다. 혼자 멍 때리기보다는 내 일상에 배경음악을 깐다는 생각으로 좋아하는 음악을 틀어놓는 것도 도움이 된다. 물론 밖을 산책하거나 몸을 움직여 땀을 흘리는 것도 아주 좋다.

3. 이별은 사랑의 끝이 아니다

○ 헤어진다는 의미

받아들임은 자신에게 공감하는 행위이고 이를 통해 미련에서 벗어날 수 있다. 받아들임은 마음의 상처에 따뜻한 온기를 비춰주는 작은 빛과 같다. 하지만 이는 상처 회복의 출발점이지 전부는 아니다.

회복의 핵심은 무엇일까? 나는 '생각의 전환'이 이별증후군에서 벗어나는 가장 중요한 핵심이라고 생각한다. 이를 설명하기 위해 내가 어릴 때 키웠던 강아지에 대해 이야기해볼까 한다.

어릴 때 강아지를 키운 적이 몇 번 있다. 그중 중학생 때 만난 강아지는 각별했다. 사냥견 호크였다. 호크 덕분에 난생처음 다른 존재를 보살피는 경험을 했다. 처음으로 직접 밥을 먹이고 씻기고 주사도 맞혔다. 흰색과 갈색 얼룩이 멋지고 키가 컸던 호크는 하루 종일 나를 기다렸고 반겨줬고 놀아줬다. 당시 나는 부쩍 외로움을 타고 말수도 줄던 시기였고 호크는 내 마음을 품어준 유일한 친구였다. 하지만 평범한 가정집에서 사냥개를 키우기는 쉽지 않았다.

중학교 3학년 겨울이었던 것 같다. 부모님이 시골에 있는 외삼촌 집으로 호크를 데려다주기로 결정했다. 나는 내키지는 않았지만 상황을 이해했기에 고민 끝에 그러자고 했다. 호크가 없으면 한동안 좀 허전하겠거니 싶기는 했다. 좋아하는 드라마가 끝나거나 친구가 전학 가버린 느낌 정도는 알고 있었으니까. 앞서 키웠던 강아지가 무지개다리를 건넌 일도 겪었던 만큼 호크와의 이별은 그리 큰 문제가 되지 않을 터였다.

그런데 그건 내 착각이었다. 이별의 고통은 상상을 훌쩍 뛰어넘었다. 청소년기의 왕성한 호르몬 작용 때문이었을까, 너무 힘들었다. 가슴이 찌릿찌릿 아팠고 많이 울고 짜증도 많이 냈다.

그때 크게 깨달았다. 뭔가를 좋아하면 이별까지 감당해야 한다는 것을. 그전에 식물에 물을 줄 때 꽃을 피우고 열매를 맺겠지 하는 막연한 기대만 했다면 그날 이후로는 시들고 말라 쓰레기가 되는 과정까지 지켜보고 책임져야 한다는 데까지 생각이 미쳤다. 좀 많이 부담스럽고 겁이 나는 느낌이었다. 다시는 강아지를 키우지 않겠다고 마음먹었고 실제로 그랬으니 호크와의 이별로 내 인생 첫 번째 이별증후군을 앓았던 것 같다. 그리고 불과 얼마 전 반려견 쿠키를 입양했다. 호크와 헤어진 지 30년 만이다.

○ 헤어지는 과정도 사랑이다

어린 나이였지만 보살피던 몇몇 강아지와의 이별을 통해 나는 헤어짐의 중요성을 어렴풋이 깨달았던 것 같다. 예쁘고 귀여운 모습뿐 아니라 아프고 병들고 영영 헤어지는 것까지도 사랑의 과정임을 느꼈다.

가까운 동안 잘해주는 건 누구나 할 수 있다. 좋을 때 좋은 모습을 보이는 건 누구나 할 수 있다. 문제는 멀어질 때 하는 행동도 그 사람이라는 점이다. 오히려 멀어질 때 그 사람의 본모습이 적나라하게 드러나는 게 아닐까. 평소 무척 잘해주던 사람이 갑자기 잠적했다면, 잠적하는 것도 그 사람 스타일이고 연락을 두절한 것도 그 사람의 일부다. 콩깍지가 씌워져 있을 때 생기는 일은 물론이고 애정이 식거나 이별할 때의 모습까지 그 사람과 함께한 시간임을 기억해야 한다.

진짜 사랑을 할 줄 아는 사람은 좋을 때도, 싸울 때도, 헤어진 후에도 적절하게 행동하는 사람이다. 연락하고 싶은 마음이 굴뚝같아도 상대를 위해 참을 줄 알고, 조금이라도 더 편하게 지낼 수 있도록 최선을 다해 관계를 마무리하는 것이 진짜 사랑일 것이다. 대학생 때 봤던 영화 〈엽기적인 그녀〉는 그런 의미에서 무척 인상적이었다. 주인공 견우는 사랑하는 여자친구를 떠나보내면서 그녀의 맞선 상대를 만나 '이 사람은 이러이러하니까 이렇게 저렇게 해주세요'라고 조언한다. 뭘 모르던 당시의 나도 견우가 그녀를 정말 사랑한다고 느꼈다.

아름다운 사랑인지 아닌지는 이별할 때, 그러니까 멀어질 때 더욱 선명하게 보인다. 잘 헤어지는 것도 사랑이 할 일이다.

하고자 하는 말은 이것이다. 이별도 사랑의 일부로 받아들여야 한다는 것. 이별을 잘해야 사랑도 가치가 있고, 다음 사랑도 잘 준비할 수 있다. 최대한 덜 아프게, 최대한 매너 있게 이별하자. 예의 바르고 정중하게, 함께한 시간을 존중하자. 이별의 방식이 그동안 나눈 사랑의 질을 증명한다.

○　　성장통이자
　　　밑거름

성숙하게 이별하기 위해서는 이별에 대한 고정관념을 바꿀 필요가 있다. 이별을 무조건 슬픈 일이자 아픔이라고 여겨 자기연민과 비탄에 빠져서는 안 된다.

이별은 성장통이다. 어린 시절의 자신과 결별해야 청년이 되고, 청년의 미숙한 뜨거움과 결별해야 높은 단계의 어른이 될 수 있다. 이별도 마찬가지다. 이별 후 뇌가 레벨 업을 하려고 다양한 감정을 느끼는 것이다. 이때 느끼는 후회, 자책, 분노, 우울 등은 나쁘지 않다. 울어도 되고 신세 한탄을 해도 괜찮다. 그 여정을 거치고 나면 한 단계 성장이 일어날 테니까. 이별 후가 아니면 언제 그렇게 해보겠는가.

그리고 이별은 지난 사랑을 복기하면서 부족했던 부분을 보완할 수 있는 기회를 준다. '이 사람과 헤어진 이유가 뭐지?' '내가 무엇 때문에 힘들어했지?' '그는 왜 힘들어했지?' 등을 되짚어보는 시간이 될 수 있고, 그 시간을 잘 보내면 자신이 어떤 사람인지 더 잘 알게 된다. 자기 성장에 훌륭한 밑거름이 된다.

복기하는 시간은 곧 냉정을 되찾는 시간이다. 사랑에 빠졌을 때는 이성이 다소 마비되고 정신이 혼미한 상태다. 이미 도파민에 취하고 억제성 물질인 가바(GABA)가 주는 안락함에 취한 상태란 뜻이다. 그럴 때는 사랑에 대한 객관적 분석이 잘 안 된다. 따라서 도파민의 영향력에서 벗어난 이별의 순간은 오답 노트를 만들 수 있는 찬스다. 스스로에게 이번 일을 통해서 무엇을 깨달았는지 질문할 타이밍이다.

마지막으로 이별을 통해 우리는 타인에게 공감할 수 있는 귀중한 자원을 얻는다. 이별 과정에서 수많은 감정이 우리를 찾아온다. 슬픔, 아쉬움, 자책, 원망, 섣부른 기대와 미련, 잊고 싶지만 잊기 싫은 이상한 마음, 주체할 수 없는 변덕, 흔들림, 혼란, 고통 등. 이런 감정을 경험하면 누군가 힘들어할 때 좀 더 잘 이해할 수 있다. 경험해봐야 아는 것이 있다. 감정이 그렇다. 경험해본 사람이 공감력도 크다.

나도 그랬다. 반려견 호크를 보내던 날, "조금만 더 크면 점잖아진대요. 안 보내면 안 돼요?" 하며 발을 동동 구르고 원망 섞인 눈물을 흘리던 기억이 아직도 생생하다. 그 경험 덕분에 소중한 존재를 떠나보내는 사람의 심정이 어떨지 더 절절히 이해하게 되었다.

사랑과 이별은 우리를 성장시킨다. 사랑하느라 한 번 크고, 헤어지느라 또 한 번 큰다. 자연과 닮았다. 꽃이 피고 열매가 많이 맺히니 벌레도 꼬이고 병치레도 하는 거다. 나이테가 만들어지기 위해서는 고통의 시간이 필요하지만 그렇게 점점 듬직한 나무가 되어 간다. 헤어짐, 그때 느끼는 감정들은 인생에 꼭 필요한 양분이다.

다만 그 시간 동안 감당하지 못할 정도로 큰 고통을 받으면 곤란하다. 그래서 다음 장에서는 잘 이별하기 위한 방법들, 즉 아픔을 줄이는 법, 금단 증상 대처법, 안전한 이별법 등에 대해 알아보려 한다.

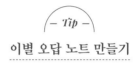

– Tip –
이별 오답 노트 만들기

수능 고득점 학생들의 비밀은 오답 노트에 있다. 오답 노트가 있느냐 없느냐에 따라 성적은 크게 차이 난다. 왜 틀렸는지 확실히 알고, 같은 문제를 다시 틀리는 일이 없게끔 하는 좋은 방법이 바로 오답 노트 작성이다. 하지만 그 사실을 알면서도 많은 사람들이 오답 노트를 쓰지 않는다. 틀린 문제를 다시 꺼내 적기가 상당히 귀찮고 괴롭기 때문이다.

모든 일이 그렇듯 시작하기 전이 제일 힘들다. 그래도 눈 딱 감고 이별의 오답 노트를 만들어보자. 적어 내려가다 보면 상황이 좀 더 객관적으로 보이면서 재미있어진다. 오답 노트에 체크해봄 직한 사항들을 아래 적어보았다.

1. 속도: 내가 너무 서두르진 않았나? 혹은 너무 여유를 부리다가 일을 망쳤나? 앞으로는 어떻게 하는 게 좋을까?

2. 방향: 내가 좀 일방적이었나? 상대가 보내는 신호나 표정을 애써 무시하지는 않았나? 앞으로는 어떻게 하는 게 좋을까?

3. 매너: 너무 빨리 말을 놓았나? 무례하게 느낄 만한 습관이 있지는 않았을까? 말이 너무 많았나? 앞으로는 어떻게 하는 게 좋을까?

4. 미래에 대한 생각: 결혼관이 너무 달랐나? 타이밍이 안 맞았던 걸까? 앞으로는 어떻게 하는 게 좋을까?

5. 방법: 이 책에서 말한 사랑의 세 가지 축(소중히 여기기, 이해하기, 도와주기)에 비추어 나는 사랑을 제대로 수행한 걸까? 앞으로는 어떻게 하는 게 좋을까?

6. 기타: 옷차림, 헤어스타일, 표정, 유머 감각, 말투 등. 앞으로는 어떻게 하는 게 좋을까?

4. 덜 아프게
헤어지는 법

○ **이별하는 방법에도
정도가 있다**

이별하는 방법에 대해 이야기를 꺼내려니 마음이 무거워진다. 헤어지는 과정에서 폭력의 피해자가 된 분들이 떠올라서다. 한때 사랑하고 믿었던 사람과 멀어지는 것도 힘든데, 상대가 가해자로 돌변하는 상황만큼 끔찍한 게 있을까. 그 순간부터 세상은 못 믿을 것으로 변하고 다시 사랑할 용기도 사라진다.

여기에 연민이나 엉뚱한 자책감이 섞이면 문제가 더 복잡해진다. '얼마나 상처를 받았으면 저렇게까지 할까' '내가 좀 심했나? 좀 더 참고 만날 걸 그랬나?' '저렇게까지 하는 걸 보면 나를 정말 사랑한 건 아닐까?' 이처럼 피해자가 오히려 자책과 회의에 빠지는 경우도 많으니, 이별 폭력의 피해는 생각보다 더 심각하다.

이별을 먼저 말하려는 사람은 죄책감을 갖기 쉽다. 그러나 만남이 있으면 헤어짐이 있고 여름이 지나면 겨울이 오는 법. 다가올 봄을 같은 사람과 맞이할지, 다른 곳에서 새로운 씨앗을 뿌릴지는 누구나 고민할 수 있다. 그러니 헤어지고 싶은 마음이 생겼다고 해서 자신을 책망할 필요는 없다. 좋아하던 사람에게 미움, 증오, 화, 싫증 같은 감정을 느꼈어도 자책할 일이 아니다. 감정은 생물이어서 쉼 없이 변하는 특성이 있다.

"이게 화낼 만한 일인가요?" "이런 걸로 서운해하는 내가 예민한 건가요?"라며 감정까지 평가받으려 해선 안 된다. 원래 감정은 옳고 그름이 없다. 그냥 자연스럽게 생겨나고 느낄 뿐이다.

이별을 앞두고 혹은 이별과 관련해 생기는 감정은 그 주체가 자신이건 상대이건 간에 무조건 공감부터 해줘야 한다. 헤어지고 싶은 감정이 든다면 '어떻게 지켜온 사랑인데 이런 생각을…'이라며 비난하기 전에 "아, 헤어지고 싶은 마음이 드는구나"라고 한숨을 쉬며 내뱉어야 한다. 그것만으로도 나쁜 감정은 소거되고 이성적인 판단력이 상승할 것이다.

이별 통보는 내가 했는데 얼마 안 가 보고 싶은 마음이 올라올 수도 있다. 이때 '헤어지자고 한 건 난데 보고 싶다니 말이 안 되잖아. 너무 변덕스럽고 이기적이야'라고 생각할 필요도 없다. 보고 싶은 건 감정이라 원래 논리적이지 않다. 감정이 생기면 억압하지 말고 느낀 대로 읊조리면 된다. "헤어지자고 했지만 오늘은 보고 싶네"라고.

헤어졌는데 생각보다 무덤덤하다고 해서 자책할 일도 아니다. 이별 후의 감정에 대해 정해진 규칙 같은 건 없다. 저마다 속도와 반응이 다르다. 따라서 다소 덤덤하다면 그렇게 자신의 마음을 인식하면 그만이다.

○   이별 준비,
철거 공사처럼 철저히

오래 사귄 연인의 경우 어느 날 갑자기 헤어지는 일은 드물다. 겉으로는 느닷없어 보일지 몰라도 아마 속으로 수천 번 헤어질까 말까 고민하다가 더는 미룰 수 없을 때 결심이 섰을 것이다. 한쪽에서만이 아니라 상대방도 비슷했을 가능성이 크다. 생각도 많고 고민도 길었을 것이다. 그 과정에서 드는 수많은 감정은 또 얼마나 사람을 지치고 혼란스럽게 하는지 모른다.

하지만 헤어지기로 최종 결정을 했다면 제대로 준비해 충격을 최소화하는 것이 중요하다. 준비를 잘하면 두려움도 사라지고 거절을 두고 벌어지는 신경전에서도 한 발 물러설 수 있다.

이별은 낡은 다리의 철거 공사다. 나와 너 사이에 연결된 다리를 해체하는 과정이다. 중장비를 동원해 부숴나갈 수도 있고, 다이너마이트를 사용해야 할 수도 있다. 스산하고 어수선하고, 폐자재와 고철에 맞아 다칠 수도 있다. 위험하지만 그렇다고 방치하면 더 큰 사고를 부른다. 일단 철거하기로 결정했다면 가림막을 치고, 물도 뿌리고, 안내 표지판도 세우면서 사고 없이 안전하게 진행하는 수밖에 없다.

공들여 지은 다리를 한 방에 무너뜨리려 했다간 사고가 날 수 있다. 애초 부실하게 지어진 다리라면 더욱 조심해서 철거해야 한다. 부실한 만큼 사고 위험이 크기 때문이다.

철거의 시작은 우선 철거 계획을 넌지시 알리는 것으로 시작하는 게 좋다. "우리 앞으로 어떻게 하는 게 좋을지 고민해보자" "잠깐 생각할 시간을 갖자" "벌써 시간이 이렇게 흘렀구나. 우리 관계에 변화가 올 수도 있겠어"처럼 변화를 예고하도록 한다. 뇌가 이별을 받아들이고 소화하려면 워밍업과 사전 작업이 필요하다. 헤어지는 상황을 떠올리고 대책을 마련할 수 있도록 가동을 해주어야 한다.

○   **무조건**
       덕담하기

종종 이별 통보를 받을 상대방이 너무 큰 충격을 받거나 매달릴까 봐, 혹은 망가질까 봐 걱정하는 사람이 있다. 그러나 대부분 기우로 끝난다. 의존적인 사람들, 사랑에 목숨 거는 사람들이 의외로 자기 보호에 철저하기 때문에 이별 기미만 비쳤을 뿐인데도 먼저 이별 통보를 해오는 경우가 꽤 있다.

헤어지는 과정에서는 덕담으로 마무리하는 게 원칙이다. 이별 상황에서 그동안 서운했던 점을 조목조목 상기시키거나 앞으로 고쳐야 할 부분을 조언하는 것은 바람직하지 않다. 설령 그런다고 한들 그 자리에서 고분고분 받아들이는 사람은 드물다. 이별을 통보받으면 보통 충격, 혼란, 상처, 분노, 절망 같은 감정을 먼저 느낀다. 그래서 감정을 자극하는 욕설이나 독설도 삼가야 한다. 피차의 안전을 위해서다.

헤어지자고 하는 이유를 알아야 직성이 풀리는 사람들도 많다. 자신이 납득해야 비로소 이별을 받아들이는 스타일이다. 이런 스타일에게는 이유를 제대로 말해주는 게 나을 때도 있다. 솔직하게 말하는 게 내키지 않거나 힘들어서 대충 둘러대는 경우가 많은데 그중에서도 "널 위해서"라는 말은 불필요한 미련을 남기고 이별을 더 어렵게 만든다. 그보다는 예의를 갖춰 헤어지려는 이유를 솔직하게 말해주는 게 좋다.

이때 원칙은 '나의 이유'를 말해야 한다는 것. 네가 이러저러해서 헤어진다는 식으로 상대방을 주어로 하면 논쟁과 다툼으로 이어질 가능성이 크다. 따라서 이별 이유는 무조건 내가 주체여야 한다. "내가 …라서" "내가 …하기로 해서" 등 자신의 감정이나 이유를 대야 한다. 그렇게 말한다고 해서 상대가 바로 받아들이는 건 아니겠지만 적어도 후유증은 덜하다.

다시 강조하지만, 헤어질 때는 무조건 덕담을 하자. 헤어지는 일 자체가 감정적으로 무척 힘든 과정이기 때문에 정상적인 토론이나 논쟁이 이루어질 수 없다. 감정만 격앙되고 예기치 못한 사건이 발생할 수도 있다. 충격을 최소화하는 방법이 좋다. 그동안 고마웠던 점, 즐거웠던 점 등 좋았던 점에 대해 짧은 인사를 전하고 잘되길 빌어주면서 헤어져야 한다. 정 할 말이 없다면 "잘 지내. 건강하길 바란다"라는 뻔한 인사라도 괜찮다.

○　　**여행이**
　　　약이다

헤어지자는 말을 꺼낸 사람이든 통보받은 사람이든, 이별 후에는 여행을 떠나길 권한다. 가능하면 먼 곳, 안전한 곳으로 가서 많이 돌아다니면 좋다. 못 보던 풍경을 보고 못 먹어본 음식을 먹고, 낯선 언어와 낯선 이들의 표정을 마주하도록 하자. 그럴 여유가 없다면 가벼운 산책이나 동네 탐방을 하거나 가까운 산에 올라 소리라도 치기를 바란다.

　여행은 뇌를 직접 자극한다. 새로운 정보를 받아들이고 걷고 움직이도록 몸도 자극한다. 뇌는 이 과정을 통해 정보 처리 속도를 높이고 데이터를 정리한다. 결과적으로 여행은 뇌의 기억 창고를 리부팅 하는 작업이다. 버릴 기억은 버리고 남길 기억은 남기는 과정이다. 사랑과 이별 과정에서 혹사당한 뇌를 재정비하는 효과가 있다. 그뿐만이 아니다. 이별 후에 여행이 기다리고 있다는 생각만으로도 이별 과정이 좀 더 순탄해진다.

이별을 앞두고 보통 많은 고민을 하게 된다. 헤어질지 말지, 언제 말을 할지, 거부하면 어떻게 할지 등등 여러 고민으로 골치가 아프다. 이럴 때 당장 답을 내릴 수 없으면 다음 단계로 넘어가야 한다. 바로 여행 계획부터 세우는 것이다. 시험 문제를 풀다가 모르는 문제를 만나면 오래 붙들지 말고 일단 다음 문제부터 풀어야 하는 이치와 같다. 이별 후 여행을 어디로 얼마나 갈지, 가서 뭘 할지, 돌아온 후 어떻게 지낼지 등 최소 2주간의 계획을 상세하게 세워보자. 계획을 세우는 것만으로도 많은 잡념이 제거된다.

어려운 문제에 주눅이 들어 머리가 돌아가지 않을 땐 쉬운 문제부터 해결하며 자신감을 찾는 게 좋다. 이별 과정에서 막힌 문제도 그렇게 풀어야 한다. 비행기 티켓 예매와 호텔 예약이 마무리되는 순간, 이별을 앞두고 했던 수많은 고민들이 해결되는 경우가 많다. 여행과 관련된 아이디어를 짜내느라 상승된 텐션이 뇌의 기능을 북돋아서 고민이 쉽게 정리되는 것이다.

이별 과정에서 해야 할 일을 다시 한 번 정리해보자. 헤어지려는 마음을 미리 알려주기 → 덕담으로 헤어지기 → 여행 떠나기 순서다. 사랑했던 사람을 지우는 일이라 말처럼 쉽지는 않겠지만, 원칙을 기억하면서 진행하는 것이 후유증을 최소화하는 데 도움이 될 것이다.

이별하기 전, 이별하는 중, 이별 후에 할 일 정하기

다음 질문들에 답을 적어보자. 정답이 없기 때문에 어떤 답을 적어
도 상관없다.

1. 헤어질지, 계속 사귈지 고민이 된다면 어떻게 하겠는가?

   a. 헤어진다.

   b. 계속 사귄다.

   c. 친구나 가족에게 물어본다.

   d. 기타 (예: 앞으로 1년간 계속 고민이 된다면 그때는 헤어질 것이다.)

2. 이 사람과 헤어지고 싶은 이유는 무엇인가?

3. 이 사람과 계속 사귀고 싶은 이유는 무엇인가?

4. 헤어지기 전 준비 단계로 이별할 시간이 다가온다는 신호를 상대방에게 보낼 필요가 있다. 당신은 어떤 말로 신호를 보낼 것인가?

    a. 조만간 우리 사이에 큰 변화가 올 것 같아.

    b. 우리가 사귄 지가 벌써 이렇게 됐구나.

    c. 우리 관계에 대해 진지하게 생각해볼 필요가 있겠어.

    d. 아프지 않고 헤어지는 방법 같은 게 있을까?

    e. 기타

5. 이별 과정에서 상대가 헤어지는 이유를 물으면 뭐라고 대답할지 빈 칸에 적어보자.

    • 내가 _____. 그래서 헤어지려는 거야.

    • 내가 이런 결정을 한 것은 _____ 때문이야.

6. 헤어질 때 뭐라고 덕담을 할 것인가?

7. 이별 후에 떠날 여행 계획을 적어보자.

(시간, 장소, 함께할 사람 등 구체적으로)

8. 이별 후 2주간 어떻게 지낼지, 구체적인 계획을 적어보자.

9. 이별 후 2~4주간 어떻게 지낼지 계획을 적어보자.

5. 금단 증상이라는 후폭풍 다루기

○ 헤어진 후가 더 힘든 이유

우리 몸에는 늘 같은 상태를 유지하고자 하는 항상성이 있다. 애주가는 술을 끊으면 술 마시던 상태로 돌아가려 하고 어떻게든 술 마실 핑계를 만들어낸다. 다이어트도 마찬가지다. 살을 빼고 싶은 마음은 굴뚝같지만 몸은 원래 먹던 것을 먹고 싶어 한다. 항상성 때문이다.

이별도 똑같다. 친밀하게 지내던 사람과 계속 친밀함을 유지하고 싶어 하는 항상성이 발동한다. 그래서 이별 후 몸에서 금단 증상이 나타난다. 귀에서는 세포들이 그의 목소리를 들려달라고 재촉하고, 눈은 모습을 보여달라고 안달한다. 손끝에선 촉감을 갈망하는가 하면 이상 성욕이 생겨 몸이 전에 없이 달아오르는 경우도 있다.

이별 전 두려움보다 이별 후 후폭풍이 훨씬 거세다.

'습관 강도'라는 것도 있다. 습관적으로 하던 행동들이 어느 순간 강력하게 작동하는 힘이다. 주말마다 만나 데이트를 했던 커플이라면 주말에 습관 강도가 강하게 나타난다. 맛집을 찾아다닌 커플의 경우 맛있는 것만 보면 헤어진 사람이 생각난다. 자주 갔던 장소, 추억이 담긴 물건, 둘만 아는 어떤 행동 등이 습관이 됐다면 습관 강도가 높을 것이다. 그리고 이 강도가 주기적으로 최고치에 오르는 때가 온다. 헤어진 부부나 연인들이 한동안 고통스러워하는 이유 중 하나도 습관 강도다. 그러므로 이별한 후에는 습관 강도가 높아진 때를 잘 넘기는 것이 중요하다.

O   **폭풍 질문이라는**
         금단 증상

알코올 금단 증상은 손 떨림이나 불면, 땀, 짜증 같은 증세로 나타난다. 음식 금단 증상은 배고픔, 허전함, 우울감으로 시작한다. 이별 후에도 금단 증상이 나타난다.

이별 후 금단 증상은 '질문'으로 시작된다. '과연 잘한 결정일까?' '그 사람은 지금 무슨 생각을 할까?' '더 괜찮은 사람을 만날 수 있을까?' '메시지를 보내면 답이 올까?' '남들 눈에 어떻게 보일까?' '연락처를 차단할까 말까?' '받은 선물은 다 돌려줄까 말까?'

'폭풍 질문'이라는 금단 증상

　이별 뒤 따라오는 질문은 그 수를 헤아리기 어렵다. 이때 좀 성숙한 사람은 한두 가지 본질적인 질문을 던지고 생각에 골몰한다. '이 사람과 어쩌다 헤어지게 된 건가?' 이런 질문을 품고 산책도 하고 책도 읽고 음악도 듣는다. 때론 더 지혜로운 선배들을 찾아가 묻고 답을 찾고자 애쓴다. 스스로 답을 이미 알고 있는 경우도 있다. 그러면 금단 증상이 덜하다.

그런데 보통 금단 증상이 만드는 질문은 '질문을 위한 질문'이며 참을성이 없다. 예컨대 친구를 찾아가 자신이 헤어진 이유를 묻는다. 그러고는 친구가 대답도 하기 전에 연달아 다른 질문을 퍼붓는다. 근본적인 이유를 알고 싶어서라기보다 괴로운 감정을 무마하려고 의문을 남발하는 것이다.

질문을 강제로 멈추기란 쉽지 않다. 하지만 원칙은 있다. 자신에게는 반드시 한 번에 하나씩 질문해야 한다. 어린아이에게 풀기 힘든 질문을 연거푸 던지면 울음을 터뜨리듯, 마음이 약해질 대로 약해진 자신에게 마구잡이 질문을 하는 행위는 좌절과 혼란만 야기한다. 혼란이 가중되면 뭘 어떻게 해야 할지 모르는 상태가 되어 무기력에 빠진다.

○ 많이 아프다고
많이 사랑한 건 아니다

금단 증상이 비단 질문만 있는 건 아니다. 그 사람이 좋은 사람이었으면 놓친 데 대한 아쉬움이 크고, 나쁜 사람이었으면 진작 알아보지 못했다는 자기 비난이 따라온다. 다시는 사랑을 할 수 없을 것 같은 불안도 오고, 허전함을 채우려는 마음에 알코올 중독이나 쇼핑 중독으로 이어지기도 한다.

이별 후 유난히 힘들어하는 사람이 흔히 빠지는 착각이 있다. 이별 후 고통이 크고 오래갈수록 그만큼 자신의 사랑이 깊었고 찬란했다고 믿는 것이다. 이렇게 믿는 사람은 곧잘 술에 취해 인사불성이 되거나 회사에 출근을 못 하고, 헤어진 연인의 SNS를 들여다보느라 뜬눈으로 밤을 지새운다. 그런 후 수척하고 푸석해진 얼굴로 '이렇게 마음이 아픈 걸 보니 내가 정말 그 사람을 사랑하긴 했나 봐'라며 자기 위안을 한다. 자신을 로맨티시스트나 순정파로 여기기도 하고 드라마 주인공이 된 듯한 착각에도 빠진다.

미안한 말이지만 이별의 아픔이 크고 길다고 해서 그것이 뜨겁게 사랑한 증거는 아니다. 정상 범주를 넘어설 정도로 아프다는 건 마음이 건강하지 않다는 뜻일 뿐이다. 회복탄력성이 떨어진다는 뜻이고, 마음을 지켜줄 안전지대가 확보되지 않았다는 뜻이다.

제대로 사랑한 사람이라면 사랑받은 힘으로 인해 아마 회복력을 갖고 있을 것이다. 그래서 이별 후에도 최선을 다해 일상으로 돌아오기 위해 노력한다. 괜찮은데도 굳이 아픈 척할 필요는 없다. 건강하게 지내고 행복을 되찾았다고 누군가 당신을 비난한다면, 그건 비난한 사람에게 문제가 있는 것이다.

심한 금단 증상은 대개 3일에서 2주 사이에 사라진다. 이보다 짧을 수도 있고 더 오래갈 수도 있다. 사람마다 겪는 강도도, 기간도 다르다. 하지만 일상생활을 할 수 없을 정도로 심한 고통이 이어지거나 깊은 슬픔이 2주 이상 지속된다면 반드시 전문가를 찾아가길 권한다. 그건 사랑의 문제가 아니라 정신의학적인 문제일 수 있다.

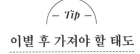

이별 후 가져야 할 태도

이별 후 찾아오는 상실감으로 몹시 괴로울 때, 어떤 자세와 마음가짐이 도움이 될까?

1. 잘 먹기, 잘 자기, 많이 걷기

3일~2주 정도는 급성 금단 증상이 나타나는 시간으로 봐야 한다. 특히 이별 후 3일까지가 가장 힘들 수 있으니 중요한 결정이나 업무상 중요한 활동은 피하는 게 좋다. 이후에도 집중력이 떨어지고 감정 기복이 심할 수 있다. 이런 때는 감기에 걸렸을 때처럼 잘 먹고 잘 자는 게 제일 중요하다. 영양제도 챙겨 먹고, 아픈 곳이 있었다면 이참에 진료도 받자. SNS는 멀리할수록 좋고, 되도록 햇빛을 쬐며 많이 걸어 다니자. 이별이라는 스트레스 때문에 손상된 신체 기능을 복원하는 게 우선이다.

2. 심리를 공부하는 계기, 나를 알아가는 시간

사람과 만나고 헤어지는 과정을 통해 인간에 대해 많은 공부를 할수 있다. 돈 주고도 살 수 없는 엄청난 경험들이다. 자신의 감정, 심리 상태를 살펴보면서 자신에 대해서도 더 알아갈 수 있다. 이별로마음이 아플 때가 심리학, 심리치료, 정신의학 같은 학문을 공부할수 있는 좋은 기회라는 점도 알아두자.

3. 회복은 곡선형 그래프다

마음이 회복되는 그래프 모양은 수직 상승하는 직선형이 아니다. 중간 중간 유난히 생각이 많이 나고 기분도 우울해지는 시간이 찾아온다. 이 고비를 잘 넘겨야 한다. 다시 원점으로 돌아가는 게 아니니 좌절할 필요는 없다. 회복 과정은 늘 오르락내리락한다. 처음에 매일 우울했다면 점차 사흘에 한 번, 일주일에 한 번 정도로 우울 주기가 점점 벌어질 것이다. 그러다가도 가끔 한두 번씩 심하게 기분이 저하될 때도 있다. 사람에 따라 이런 상태가 꽤 오래 지속되기도 한다. 마음이 회복되는 과정에서 자연스럽게 나타나는 증상이니 매번 똑같다고, 노력이 소용없다고 쉽게 말하지 말자. 반응이 더디다고 해서 자포자기하면 안 된다.

4. 이별의 상처는 인생의 소중한 거름

거름은 원래 깨끗하지 않다. 먹다 남은 음식 찌꺼기, 쌀겨, 나무 태우고 남은 재, 배설물 같은 것들이 모여 양분이 된다. 보기에 안 좋고 냄새도 고약하지만 농작물이나 나무가 성장하는 데 꼭 필요하다. 우리가 겪은 이별의 상처도 비슷하다. 상처를 입으면서 성장도 함께 일어난다. 사랑에 실패한 것이 아니라 사랑을 해봤고 이별도 경험해본 것뿐이다.

6. 안전 이별에
대하여

○ 이별하는
노하우

최근 몇 년 사이 언론 보도를 통해 이른바 데이트 폭력이나 이별 후 폭행, 심지어 살해 등의 사건이 적잖이 드러나고 있다. 이런 안타까운 상황을 방지하는 데 힘을 보태고 싶어서 최대한 안전하게 이별하는 방법을 고민해보았다.

먼저 확실히 해두고 싶은 게 있다. 이 글을 읽는 분들이 이런 방법으로 이별하지 않아서 문제가 생겼다는 식으로 받아들이거나 자책하지 않았으면 한다. 피해자에게 책임을 묻기 위해 이 글을 쓰는 게 아니다. 폭력은 전적으로 가해자 책임이다. 어떤 경우에도 피해자에게서 원인을 찾으려 해서는 안 된다. 세상에는 엄연히 나쁜 사람이 존재하고 폭력은 어떤 이유로도 합리화할 수 없다.

데이트 폭력과 이별 폭력은 피해자에게 엄청난 고통을, 그것도 지속적으로 안길 수 있다는 점에서 심각한 문제다. 헤어지고 싶어도 무서워서 헤어지지 못하고 원치 않는 만남을 억지로 이어가는 경우가 많기 때문이다. 폭력이 두려워서 도리어 인연을 끊지 못하니 얼마나 지옥 같은 삶인가.

물론 지금부터 제시할 방법으로 헤어진다고 해서 나쁜 사람이 갑자기 착해지는 건 아니다. 하지만 나쁜 짓을 할 기회를 미리 차단하거나 최소화할 수는 있다. 안전하게 이별하기 위한 작은 힌트가 되면 좋겠다. 안전 이별은 방어 운전 같은 것이다. 방어 운전을 한다고 해서 절대로 사고가 안 난다고 보장할 수는 없지만 그래도 기본적인 보호막이 될 수 있다.

○   **안전 이별을 위한
        가이드라인**

첫째, 안전에 관한 한 과하다 싶을 정도로 예민하게 대비해도 된다. 특히 여성들은 더욱 그렇다. 간혹 '내가 너무 유난을 떠는 게 아닐까, 상대방을 너무 못된 사람으로 몰아가는 게 아닐까' 하는 생각에 망설이는 사람이 있는데, 절대적으로 괜찮다! '설마'가 사람 잡는다고 하지 않던가. 그런 일은 벌어지지 않아야겠지만 불행이 나만 피해 가라는 법은 없다. 잘 안다고 생각했던, 사랑했던 사람이 이별 통보 앞에서 전혀 예기치 못한 모습으로 돌변하는 일은 의외로 자주 일어난다. 그런 일에 한 번만 맞닥뜨려도 후유증이 생각보다 크다. 따라서 자신이 할 수 있는 한 최대한 예민하게 대처해도 된다. 남들의 시선이나 판단에 좌우될 필요 없다. 조금이라도 우려되는 부분이 있다면 자신의 직감을 믿고 만전을 기해야 한다. 또한 이는 이별을 한 후에도 계속 적용된다. 당장은 받아들이는 듯 보였다가도 얼마 뒤 보복성 위해를 가하는 일이 적지 않다.

둘째, 개방된 장소에서 헤어지자. 인간은 거절당할 때 가장 공격적으로 변한다. 갑자기 이별 통보를 받은 상대가 어떻게 변할지 아무도 모른다. 그나마 사람이 많은 장소여야 상대도 어느 정도 자신을 제어할 수 있고, 만약의 사태에도 대비할 수 있다. 사람 없는 외진 곳, 차 안, 둘만 있는 집 같은 환경에서 이별 통보는 금물이다.

셋째, 제3의 인물과 동행하는 것도 좋다. 은밀한 둘만의 이야기라 내키지 않을 수도 있지만 비교적 안전한 방법이다. 소개팅 자리에 주선자가 동행하는 개념으로 생각하면 이상할 것 없다. 헤어질 때 친구나 가족, 지인을 대동해도 괜찮다.

넷째, 어떤 식으로든 폭력의 기미가 보이면 법적으로 대응할 준비를 하라. 위협하는 행동이나 문자 메시지, 이메일 등을 증거 자료로 차곡차곡 모아둬야 한다. 폭력인지 아닌지 애매하게 느껴지는 부분까지 다 모아야 한다. 더욱이 반복적이고 꾸준한 괴롭힘이나 협박이 있었다는 사실을 입증하면 가중 처벌할 수 있다. 물론 사용할 일이 없으면 가장 좋겠지만 만일의 사태를 대비할 카드는 있어야 한다는 얘기다. 폭력을 행사할 낌새가 조금이라도 감지되면 증거를 수집하자.

다섯째, 혼자 고민하지 말고 주변 사람이나 전문가에게 털어놓자. 둘의 관계에서 생겼던 문제라고 해서 둘만 알고 있을 필요는 없다. 뭔가 위험을 감지했다면 — 아무리 사소한 것이라도 — 최대한 빨리 가까운 사람, 긴급 전화, 폭력 관련 지원센터로 연락해야 한다. 둘만 아는 비밀이라며 약속을 강요하는 사람은 대개 나쁜 사람이며, 그들은 필경 "말해봤자 달라지지 않아!" "다른 사람에게 알렸다가는 보복할 테니 각오해"라는 식으로 당신이 고립되도록 유도할 것이다. 그러나 다른 사람에게 털어놓는 순간, 당신은 외부와 연결되며 도움을 받을 수 있다. 그것은 엄청나게 큰 변화다. 나쁜 사람들이 가장 두려워하는 것이 '함께 있는 사람'이니까. 수치스러움, 부끄러움, 남들에게 알려질 것에 대한 두려움보다 안전이 먼저다.

여섯째, 스스로를 괴롭히는 방식으로 해결하려 하지 말자. 가끔 '내가 이 정도로 괴롭다는 사실을 알려주면 떠나겠지!'라고 생각하는 사람이 있다. 이 생각은 자해나 자살 충동으로 이어질 수 있는 위험한 생각이다. '오죽 억울하면 목숨까지 걸었을까'라고 생각해주길 바라겠지만 그런 괴로움을 이해해줄 사람이었으면 애초에 괴롭히지도 않았을 것이다.

괴롭힘을 당할 이유는 어디에도 없다. 설령 잘못한 게 있다 하더라도 모든 처벌은 개인의 힘이 아닌 법을 통해 이루어져야 한다. 우리는 끝까지 자신을 지켜야 하고, 행복해지길 바라야 하고 육체적,

정신적 건강도 챙겨야 한다. 맞아도 싼 사람은 없다. 괴롭힘 당해 마땅한 사람은 없다.

O   **이별 폭력**
       피해자에게

헤어질 때 혹은 헤어진 뒤에 겪은 폭언이나 폭행은 잘 잊히지 않고 오래 남아 피해자를 괴롭힌다. 이 점이 무척 속상하고 안타깝다. 하지만 이것도 기억하라. 어떤 일을 겪었든 누구를 만났든 간에 당신은 소중한 존재이고, 다쳐야 할 어떤 이유도 없다. 당신의 잘못 때문에 맞거나 헤어진 게 아니다. 무조건 폭력을 행사한 사람의 잘못이다. 나쁜 사람이 내뱉은 조잡한 논리에 현혹되지 말아야 한다. 상대는 말을 세게 하는 게 아니라 더럽게 하는 것이고, 센 사람이 아니라 못나고 못된 사람이다. 세상 어떤 문화권에서도 사람을 괴롭히는 짓은 용서받지 못할 죄다.

　스스로를 탓하지 않기 위해 최선을 다하자. 미리 알아채지 못했다고, 조금만 더 조심했더라면 막을 수 있었다고 자책해서는 안 된다. 폭력은 누구도 미리 알 수 없고, 당하는 사람이 조심해야 할 의무도 전혀 없다. 누군가 "조심했어야지"라고 말한다면 그 말은 잘못됐다. 폭력을 당한 것도 고통스러운데 왜 피해자가 책임까지 떠안아야 하나? 차라리 한숨을 길게 내뱉자. 당신 잘못이 아니다.

마음이 힘들 땐 바라는 것을 읊조려보자. 앞으로는 좋은 사람 만나서 좋은 사랑 하기를 바라자. 어쨌든 시간은 가고 인생이라는 기차는 달린다. 다음 역에서 만날 사람은 좋은 사람이길 바라자. 가장 좋은 복수는 나를 괴롭힌 사람과 상관없이 잘 사는 것이다.

chapter 5

안정된 애착을 위한
조건

1. 준비 시간을 확보하라

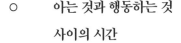

○ 아는 것과 행동하는 것 사이의 시간

앞서 애착 유형을 다루면서 불안정 애착의 원인과 특징에 대해 살펴본 바 있다. 지금부터는 애착을 안정되게 바꿔보는 방법을 알아보려고 한다.

상담 치료가 시작되면 내담자는 한동안 자신을 표현하는 시간을 갖는다. 이때 치료자가 할 일은 내담자가 속마음을 드러내 말할 수 있도록 돕는 것이다. 힘든 점이 무엇인지, 어떤 일을 겪었는지, 어떤 사람들을 만나왔는지 등 자신의 이력과 처한 상황, 응어리, 상처 같은 것을 터놓을 수 있도록 한다.

이 과정이 필요한 이유는 '알기' 위해서다. 아무리 숙련된 치료자라도 내담자와는 처음 만나는 사이다. 치료를 하려면 서로 알아가는 시간이 필수다. 서로에 대한 정보가 있어야 공감하고 위로하며 치료의 길로 들어설 수 있기 때문이다. 우리는 이 시간을 '인식의 시간'이라 부른다.

인식의 시간에 내담자는 조금씩 속내를 표현하면서 비로소 자신에 대해 제대로 알게 된다. 그전까지는 자신의 일임에도 무의식에 머물러 있어 몰랐던 사실들이 이 시간에 튀어나온다. 생각이나 감정을 입 밖으로 꺼내는 순간, 무의식에 눌러놓았던 기억이 의식으로 또렷하게 올라오며 '내가 그런 일을 겪었지' 하는 자각이 일어난다. 자신이 겪었던 일을 자기 귀로 들으면서 진정한 인식이 이루어진다.

책을 읽을 때도 상담과 비슷한 과정을 거친다. 독자들은 눈으로 글을 읽으며 '아, 내 이런 감정은 자기연민이었구나' '어릴 때 겪은 애정결핍이 해결 안 돼서 아직도 사랑이 힘든 거구나' 하며 자신에 대한 '인식'을 한다.

인식은 매우 중요하다. 변화의 출발점이기 때문이다. 인식이 일어나면 깨달음으로 이어져 의욕이 생긴다. 자신의 문제점을 알고 나면 고치고 싶고, 변화가 필요함을 안 다음에는 변하고 싶다.

그런데 이때 급해져서는 안 된다. 인식을 하면 그다음에는 약간 애매한 시기가 찾아온다. 나는 이 시기를 '스트레칭의 시간'이라고 부른다. 헬스클럽에 도착했다고 해서 바로 아무 운동기구나 덥석 잡아서는 안 되는 것과 같다. 알고 있고 변하고 싶지만 아직은 변하지 않은 시기를 감내해야 한다. 진료실에서 표현하고 공감과 위로

는 받았는데 '이게 끝인가? 앞으로 어떻게 해야 하지?'라는 질문이
고개를 드는 때다. 인식의 시간과 행동의 시간 사이, 이 시기를 전
문가들은 '준비의 시간'이라고 일컫는다.

○ 변화를 위한 기본기

이때는 일부러 한 박자 쉬어가야 한다. 어렵게 마음먹은 변화가 성공하려면 무조건 돌진할 것이 아니라 알찬 준비의 시간이 필요하다. 변화에 성공하고 싶다면 계획도 세워보고 다른 사람의 경험도 참조하며 마음과 일상의 리듬을 가다듬는 것이 좋다.

이 기간 동안에는 변화 과정에서 만나게 될 생활의 다른 영역까지 대비해야 한다. 자신의 애착을 바꾸겠다는 마음에 애착 스타일에만 집중하면 대개 실패한다.

최소한 갖춰야 할 조건 세 가지가 있다. 우선 사랑할 때 쓸 몸과 정신의 에너지를 만들어야 한다. 다음으로, 힘들 때 툭툭 튀어나오는 방어기제를 다듬어야 한다. 마지막으로, 부정적인 감정을 조절할 컨트롤 타워를 세워야 한다. 이것만 준비한다고 무조건 사랑이 잘 되지는 않겠지만 그래도 사랑을 할 때 기본기가 된다.

이 세 가지는 당장 사랑과는 무관해 보이지만 절대 소홀해서는 안 되는 일이다. 사실 사랑뿐 아니라 변화를 위한 모든 과정에서 반드시 다져야 할 일종의 기초공사다. 부자가 되고 싶거나 시험에 합격하고 싶을 때, 다이어트나 인간관계를 잘하는 사람이 되고 싶을 때에도 자원으로 갖추고 있어야 한다. 이제 이 세 가지 기초공사에 대해 상세히 살펴보자.

2. 첫 번째 기초공사: 에너지 확보하기

○ **몸을 우선 챙겨보자**

인생은 예측할 수 없는 산길을 걷는 과정과 비슷하다. 덥다가도 추울 수 있고, 체력이 방전되기도 하고, 동물을 만나기도 한다. 혼자 걷기보다는 마음 맞고 의지가 되는 사람을 만나 같이 걸으면 그나마 덜 지루하고 수월하다. 이렇게 먼 길을 떠날 때 함께할 좋은 관계를 만드는 것이 애착이고 사랑이다.

이 과정에서 준비할 첫 번째 항목은 '에너지'다. 상대방을 소중히 여기고 공감하고 도와주려면 일단 기운이 있어야 한다. 심신이 지쳐 있는 상태에서는 아무리 좋은 파트너를 만나도 알아보지 못하고, 설령 만났다 해도 쉽게 떠나보내거나 타인에게 빼앗기기 쉽다. 독박 육아, 업무 스트레스, 수면 부족에 시달리다 보면 배우자에게 좋은 말이 나갈 수가 없다. 에너지가 떨어지면 사랑과도 멀어진다.

에너지는 크게 정신 에너지와 육체 에너지로 나뉜다. 정신 에너지는 타인의 사랑과 공감을 받으면 충전이 된다. 누군가 믿어주고 고마워하고, 아껴주고 도와주면 정신 에너지가 채워진다. 이른바 사랑이 충만한 사람이 되는 것이다. 여기서 딜레마가 생긴다. 애착 문제는 오랫동안 사랑을 못 받은 탓에 생긴 것인데, 사랑을 하려면 정신 에너지가 있어야 한다니 말이다.

이럴 때는 육체 에너지를 확보하는 게 도움이 된다. 육체 에너지가 충분해 늘 밝고 당당하게 지내다 보면 사람들의 관심과 사랑을 받을 기회가 많아진다. 그 과정에서 자연스럽게 정신 에너지가 채워진다. 그렇게 사랑을 충분히 주고받으면 좋은 정신 에너지가 몸에 작용해 없던 의욕을 만들어내는 선순환이 이뤄진다. 반대로 악순환도 있다. 몸이 너무 지치다 보면 의욕과 공감력도 떨어져 매력도 줄어든다. 그러면 사랑을 받을 기회를 놓치게 되고 '내가 이런 거 해서 뭐하나' 싶어서 스트레스를 받으니 몸이 더 지치는 참사가 벌어진다.

사랑도 귀찮고 사람에게 관심을 두기에도 버거울 만큼 마음이 힘들다면 먼저 육체 에너지부터 충전해보자. 마음의 문제가 아니라 몸의 문제일 수 있다. 특히 젊은이들은 자신이 얼마나 지쳤는지도 모른 채 열정 탓, 의지 탓만 하며 자책하는 경우를 자주 본다. 분명히 말하지만 일상생활만 겨우 유지할 수 있는 몸으로는 사랑도 불가능하다.

○   에너지를 낭비하는
        세 가지 습관

불안정 애착의 사람들을 달리 표현하자면 '지친 사람들'이다. 안전
지대가 없어서 쉬어가지 못하고, 밀려오는 나쁜 기억을 억누르느라
기를 쓰며 살기에 쉬이 지친다. 지친 상태에서 사랑을 하려 해도 제
대로 되지 않고 거기다 밤늦도록 술이나 게임, 드라마로 외로움을
달래다 보면 애착 문제와 수면 문제가 뒤섞여버린다. 그렇게 일상
에 필요한 기본 체력까지 소모한다.

    사랑을 잘하기 위해서는 기본적으로 잘 먹고 잘 자고 운동을 해
몸에 활력을 되찾아줘야 한다. 30분은 너끈히 달릴 수 있는 튼튼한
심장을 만들어야 하고, 몸짱까지는 아니더라도 표준 수준의 몸은
갖추고 있어야 한다. 열정적인 사랑을 바라면서 그 열정을 감당할
몸을 준비하지 않는다면 얼마나 어리석은 일인가. 밤낮을 바꾸어
살거나, 술 담배에 절어 있거나, 아무렇게나 먹고 다니는 사람이 건
강한 사랑을 하기는 힘들다.

    몸에서 아무리 새 에너지를 만들어내도 그 에너지가 줄줄 새게
하는 습관이 있다면 아무 소용이 없다. 다음 세 가지 습관만 줄여도
기본 에너지는 충전될 것이다.

● **쓸데없는 고민을 지속하는 습관:** 앞으로 쓸데없는 고민은 하지 말아
야겠다고 수십 번 다짐하고도 선택의 순간이 오면 여지없이 고민

에 빠지는 사람이 있다. 막상 고민거리가 생기면 쓸모없는 고민도 쓸모 있는 고민이라고 착각하기 때문이다. 고민하고 걱정하는 것을 생각이 깊은 거라고 오해하는 경우도 있다.

고민이 깊을수록 좋은 결론을 낼 수 있다고 믿는 사람, 과거의 결정이 과연 좋은 결정이었나 되새김질하는 사람, 지인들로부터 생각이 너무 많다는 말을 듣는 사람이라면 평소 하지 않아도 될 고민을 하느라 뇌의 영양분을 다 써버리는 게 아닌지 생각해봐야 한다.

● **완벽주의 성향:** 부모가 모든 것을 통제하려 하거나 완벽주의 성향이 있어서 그 영향을 받은 경우가 많다. 혹은 본인이 갖지 못한 것에 대한 보상 반응으로 완벽을 추구하는 경향이 생긴다. 감정은 최대한 절제해야 하는 것이라고 믿거나, 제대로 할 수 없으면 시작도 하지 말자는 성향, 강박증 등이 완벽주의자의 특징이다. 이런 습관이 있으면 원래 목표했던 지점에 도달해도 '조금만 더' '진작 이 정도는 했어야지' 하며 성취감과 휴식을 다시 빼앗긴다. 자기 자신이 에너지를 잡아먹는 주범이다.

● **포기를 못 하는 성향:** 누굴 사귈 때마다 가까운 친구들이 만류하는가? 혹은 "넌 어차피 내 말도 안 들을 거면서 왜 물어보냐?"라는 소리를 종종 듣는가? 그렇다면 적절한 때에 포기를 할 줄 몰라 에너지가 낭비되고 있을 가능성이 높다. 남을 변화시키거나 쟁취하는 것이 자신의 자존감을 지키는 방법이라고 믿는 사람이 적지 않다.

이런 사람들은 다음 말들을 되새길 필요가 있다. '남들이 못 하는 일은 나도 못 한다. 못 하면 못 한다고 얘기하는 것이 어른스러움이다.'

○ 에너지를
도둑맞지 않으려면

에너지를 낭비하는 습관을 끊으려면 크게 두 가지를 염두에 두어야 한다.

먼저, 습관은 무의식적 행동이다. 오랫동안 반복하다 보니 그것이 자신에게 어떤 영향을 끼치는지도 모르고 하게 된다. 그래서 습관을 바꾸려면 습관을 의식으로 올려놓는 과정이 필요하다. 자신에게 어떤 습관이 있는지 알아차리고, 그 습관이 에너지를 빼앗아 가고 있다는 사실도 거듭 인식해야 한다.

가령 쓸데없는 고민을 하는 습관이 있다면 '나에게는 쓸데없는 고민을 하는 습관이 있다. 이 습관 때문에 많이 지친다'라고 적어 스마트폰 화면에 띄워놓든지, 자주 보는 책상이나 침대 앞에 붙여두길 권한다. 그래야 그 습관을 항상 의식하고 다룰 수 있다.

다음으로, 그 습관을 대체할 다른 습관을 만들어야 한다. 습관은 오래돼서 익숙한, 그러나 나를 지치게 하는 친구와도 같아서 막상 헤어지면 마음이 허전하고 가끔 보고도 싶다. 만나면서 힘들기는 했지만 그 친구 덕분에 추억도 있고 해낸 것도 있기 때문이다. 실제로 완벽주의 성향에서 벗어나려고 할 때 이런 저항감이 든다. '그럼 인생을 너무 대충 사는 것 아닌가? 완벽주의 덕분에 공부도 잘하고 일도 꼼꼼하게 처리한다는 칭찬을 들었는데….'

맞다. 버려야 할 습관에도 장점은 있다. 그 습관을 지금까지 버리지 못한 이유가 있었을 것이다. 마음이 편했거나 성과를 낼 수 있었거나 등등 말이다. 그래서 막상 끊으려고 하면 겁이 난다. 포기해야 할 사람인 줄 알지만 진짜 포기하면 외로움이 찾아올까 봐 두려운 것과 마찬가지다. 그렇다고 에너지를 낭비하는 습관을 계속 짊어지고 갈 수도 없고, 참 난감하다.

이럴 때 해결책은 대안을 마련하는 것이다. 기존 습관의 장점은 살리면서 에너지 낭비는 없는 새 습관을 장착하면 된다. 쓸데없는 고민을 하던 시간에 메모를 하거나 정리정돈을 하는 식이다. 완벽주의로 살아왔다면 대신 경험주의자로 갈아탄다. 지금까지 실수 없는 삶을 원칙으로 살아왔다면 앞으로는 실수를 통해 하나하나 배워나가는 삶으로 전환할 필요가 있다.

포기가 안 될 때도 마찬가지다. 그 사람을 포기하고 나면 앞으로 무엇에 집중할지 하나하나 상상하고 직접 해보는 게 변화의 시작이다. 오래 알고 지냈지만 만날 때마다 기운을 빼놓은 친구를 떠나보내고 대신 활기차고 힘을 북돋아주는 친구를 새로 만난다고 생각하자. 알게 모르게 에너지를 빼앗던 습관은 덕담하며 잘 보내고 새 계획, 새 습관과 만나야 한다.

계획을 세우자고 하면 많은 사람들이 어차피 계획대로 안 될 거라며 반감부터 갖는다. 물론이다. 100퍼센트 지키기 위해서 계획을 세우는 거라면 그 또한 완벽주의 성향이다. 목표를 좀 낮추도록 하자. 지키지 못할 법한 계획은 중간에 접고 다시 설정하면 된다. 포기 또한 에너지를 아끼는 방법이다.

계획을 세울 때 가장 중요한 점은 원하는 것을 적지 말고 할 수 있는 것을 적어야 한다는 점이다. 예를 들어, 30분간 쉬지 않고 달릴 수 있는 튼튼한 심장을 원할 경우 '매일 30분 달리기'를 계획해서는 안 된다. 현재 내가 30분간 달릴 수 있는지 먼저 따져봐야 한다. 해내지 못할 규칙을 정하면 기운만 빠지고 괜한 자괴감이 든다. 30분을 달리고 싶지만 당장은 10분도 힘들다면 5분 달리기 계획을 세워야 한다. 좋은 계획보다 더 중요한 것은 실현 가능한 계획이다. 의지가 없어서 계획을 못 지키는 것이 아니라 무리한 계획을 세워서 못 지키는 것이다.

에너지 회복을 위한 현실적인 계획 세우기

계획을 세울 때 중점을 둘 포인트는 다음과 같다.

1. 실현 가능한 목표
2. 자체 평가 및 계획 수정이 뒷받침되어야 함

예

1. 1주차

- 식사 계획: 1일 2회 식사하기, 야식은 주 2회(수, 금) 이하로

- 운동 계획: 주 1회 달리기, 10분 연속 달리기 도전하기

- 수면 계획: 12시 전에 자기, 스마트폰은 충전기에 꽂아두기

- 외모 계획: 주말엔 반드시 팩 하기

- 정서 계획: 잠들기 전 5분간 명상하기, 화날 때 숨 길게 내쉬기

- 기타: 주 2회 이상 일기 쓰기, 밤 10시 이후에는 고민하지 않기

2. 1주일 후 계획 자체 평가. 100점 만점에 몇 점?

- 식사 계획 점수: 60점 (현 계획은 무리다)

- 운동 계획 점수: 90점 (잘하고 있음. 강도를 높여도 되겠다)

- 수면 계획 점수: 80점 (그럭저럭 되고 있음. 일단 유지)

- 외모 계획 점수: 90점 (잘하고 있음. 유지 가능)

- 정서 계획 점수: 50점 (잊고 그냥 잠들 때가 많음)

- 기타 점수: 70점 (좀 버거움. 기대 수준을 낮추자)

3. 2에 적힌 점수를 감안하여 현실적인 계획 세우기(2주차)

- 식사 계획: 1일 2회 식사하기, 야식은 주 3회 이하로

- 운동 계획: 주 1회 달리기, 15분 연속 달리기 도전하기

- 수면 계획: 12시 전에 자기, 스마트폰은 충전기에 꽂아두기

- 외모 계획: 평일에 하루 정도 더 팩 하기

- 정서 계획: 잠들기 전 누워서 바디 스캔, 화날 때 날숨 길게
- 기타: 주 1회 이상 일기 쓰기, 밤 10시 이후에는 고민하지 않기

4. 1주일 후 계획 자체 평가. 100점 만점에 몇 점?

- 식사 계획 점수:
- 운동 계획 점수:
- 수면 계획 점수:
- 외모 계획 점수:
- 정서 계획 점수:
- 기타 점수:

이 과정을 반복한다.

3. 두 번째 기초공사: 방어기제 다듬기

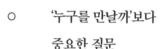

○ '누구를 만날까'보다 중요한 질문

사랑이 끝나면 슬픔, 자책, 분노, 후회 등 온갖 감정에 사로잡힌다. 다행히 그 시간을 잘 견뎠다면 이런 생각이 고개를 들 것이다. '이제 어떤 사람을 만나야 할까?'

그런데 이보다 앞서 떠올려야 할 질문이 있다. 바로 '나는 어떤 사람인가'이다. 내가 무엇을 우선시하느냐, 어떤 성향이냐에 따라 만날 대상이 달라지기 때문이다.

자신의 성향, 성격, 호불호의 기준을 아는 것은 무척 중요하다. 특히 기분이 좋을 때보다 스트레스가 올라갈 때 방어기제가 어떻게 발동되는지는 반드시 관심을 가져야 한다. 그래야 상황에 따라 자신의 상태를 파악할 수 있고 알맞은 대책을 세울 수 있다.

나의 경우 대학교를 졸업할 때쯤에야 나의 방어기제를 알게 됐다. 꽤 긴 시간 우울감에 시달린 후였다. 그때는 왜 그렇게 힘든지 알지 못했다. 남들은 인생의 황금기라고 했지만 마음 한구석이 늘 허전했다. 정확한 이유를 찾지 못했고, 나를 이해할 수 없어 더 괴로웠다. '내가 말로만 듣던 사회 부적응자인가?' '잘난 애들 틈에서 열등감이 심한가?' 이런 생각을 하며 자괴감에 시달렸다.

무려 5년 정도를 그렇게 보냈다. 그러던 어느 날 친구를 따라 우연히 마라톤 동호회에 나갔는데, 그렇게 취미로 가볍게 시작한 달리기가 내 인생을 많이 바꿔놓았다.

그 마라톤 동호회 회원들은 일요일 아침마다 여의도 한강 둔치에서 모여 간단히 인사를 나눈 뒤, 스트레칭을 하고 달리기를 시작했다. 각자 자기 페이스에 맞춰 같이 뛸 사람은 같이 뛰고 중간에 돌아올 사람은 돌아오고 해서, 한 시간쯤 후 같은 장소에서 만나 스트레칭을 하고 헤어지는 식이었다. 군더더기가 없었다. 모이고, 뛰고, 헤어졌다. 묘한 매력이 있었다. 그렇게 몇 번 모임에 나간 후 '이거다' 하는 느낌이 왔다. 그때까지 수많은 사람을 만나고 사귀면서 한 번도 느껴본 적 없는 편안함. 사람들 사이에 있으면서도 거슬리지 않는 느낌. 어디서 그런 편안함이 왔을까? 바로 '혼자'였기 때문이다!

사람 만나는 일을 싫어하지는 않았지만, 그 무렵에는 혼자만의 시간이 절실했던 것이다. 그런 면에서 달리기는 최적의 운동이었다. 한가로운 일요일 아침, 남들보다 한참 뒤처져도 상관없이 내 속도에 맞춰, 내 숨소리만 들으며 뛸 수 있는 그 시간이 둘도 없는 휴식이었다.

○ 방어기제의 차이가
곧 사람의 차이

나처럼 혼자만의 시간이 꼭 필요한 사람들이 있다. 운동을 해도 단체 경기는 잘 못하고, 음악을 해도 혼자 부르거나 연주하는 게 편하다. 글쓰기도 쉬운 일은 아니지만 철저히 혼자일 수 있으니 쓰고 고쳐 쓰고 또 쓰는 지난한 과정도 견딜 만하다.

　나는 마라톤 동호회에 가기 전까지 내가 뭘 좋아하고 싫어하는지 구체적으로 몰랐다. 그래서 사람들과 소통하기가 무척 힘들었다. 갈등이나 다툼이 생기면 일단 혼자 마음을 추슬러야 하는데 그저 대화로 풀려고만 했다. 엄청나게 화가 난 상태에서도 대화를 시도했다. 대화가 중요하다고 들었고, 힘들어도 그렇게 해야 한다고 생각했다. 불편하고 힘든 상황을 내게 맞지 않는 방법으로 해결하려고 했으니 결과는 뻔했다.

　힘들게 꺼낸 대화 속 말들은 점점 독해졌고 서로 상처만 주고받았다. 스스로 성향을 잘 파악하지 못했던 나는 평소에 잘 지내다가도 한번 싸우면 당장 헤어질 듯이 사납게 굴었다. 상대방은 아마 사람이 돌변했다고 느꼈을 것이다. 그때 내가 차라리 "나 지금은 안 되겠다. 몇 분만 시간을 줘"라고 했다면 얼마나 좋았을까.

'방어기제'는 쉽게 말해 '힘들 때 나오는, 반복되는 양상을 띠는 행동'이다. 힘들 때 소리를 지르는 사람은 친구에게 무시를 당할 때도 소리를 지르고, 배가 고프거나 아플 때도 소리부터 지르고 본다. 힘들 때 입을 꾹 닫아버리는 사람은 마찬가지 상황에서 입을 다물어 자신을 방어한다. 이런 방어기제가 습관이 되고 습관이 모여 성격이 된다. 성격 차이 때문에 헤어진다는 말을 자주 듣는데 엄밀히 말해 방어기제를 못 견뎌서 이별한다고 보는 게 맞다.

그래서 남을 이해하고 가까이 지내려면 방어기제가 잘 맞아야 한다. 나처럼 스트레스를 받을 때마다 '혼자 있는' 방어기제가 있는 사람이 '마주보고 대화하는' 방어기제를 지닌 사람과 만나면 갈등이 생길 수밖에 없다. 혼자 있고 싶은 사람 입장에서는 힘들 때 대화하기가 너무 어렵고, 대화하고 싶은 사람 입장에서는 상대가 문제를 직시하지 않고 회피한다고만 느낀다.

스트레스가 심할 때마다 술을 마시는 방어기제를 지닌 사람, 그리고 산책하며 명상하는 방어기제를 지닌 사람이 만나 부부가 됐다면 어떤 모습으로 살게 될까? 아마 부부 싸움이 번질 때쯤 한 명은 한숨 쉬며 술병을 꺼내고 한 명은 밖으로 나가버릴 것이다. 반면, 어떤 상황에서든 유머를 발휘해 웃음을 유발하려 하는 커플이나 맛있는 음식에 목숨 거는 커플이 잘 지내는 모습을 보면 서로 방어기제가 맞아서 그런 것 같다.

사람들은 각자의 습관과 노하우로 스트레스를 해결한다. 원인부터 빨리 파악하려는 사람, 단순화하고 거리를 두면서 천천히 접근하는 사람, 세상의 순리를 믿으며 자연스럽게 해결되길 기다리는 사람도 있다. 방어기제는 오랜 습관이라 잘 고쳐지지 않으며 서로의 방어기제를 이해하지 못하면 엄청난 감정의 간극과 불협화음을 겪게 된다. 방어기제가 맞지 않아 관계가 심하게 삐걱대는데도 '애 낳으면 변하겠지' '나이 들면서 나아지겠지' 등의 불가능한 기대를 안고 끈을 놓지 못하는 사람이 적지 않다.

○ **미숙한 방어기제,**
　　성숙한 방어기제

관계가 좋고 상황이 좋을 때는 누구나 어렵지 않게 성숙한 태도를 보인다. 그러나 사랑의 성패는 위기 상황이 왔을 때 판가름 난다. 방어기제가 중요한 이유가 여기에 있다.

　어떤 방어기제를 사용하느냐에 따라 그 사람의 성격이나 인품이 결정된다고 볼 수 있다. 아무리 스트레스가 많은 상황이라도 폭력적이거나 타인의 자존감을 공격하는 식으로 자신을 방어하고 있다면 아직 사랑할 준비가 덜 된 사람이다. 사랑을 잠시 미루든지 비용과 시간을 들여 전문가에게 도움을 청해야 한다.

　미숙한 방어기제로는 대표적으로 다음과 같은 것들이 있다. 남탓하기("당신 때문이야"), 이간질("걔가 너 없을 때 뭐라는 줄 알아?"), 행동화(욕설과 폭력), 타인을 폭발하도록 부추기기("너도 짜증 나지? 쳐봐! 쳐봐!") 등이다.

성숙한 사람은 미숙한 방어기제를 쓰는 사람에게 말려들지 않는다. 한두 번은 넘어가줄 수 있지만 계속되면 '음, 저 사람의 방어기제는 남 탓이구나'라고 생각하며 적당히 멀어진다. 미숙한 방어기제는 위기를 넘어갈 임시방편일 뿐 새로운 갈등을 만들어낸다는 것을 알고 있기 때문이다. 그러니 교묘하게 남을 탓하고, 폭발하고, 뒤에서 험담이나 해대는 방어기제로는 결국 비슷한 수준의 사람밖에 만날 수 없다. 좋은 사람을 만나려면 먼저 좋은 사람이 되어야 한다는 진리가 여기서도 통한다.

성숙한 사람들은 '승화'라는 방어기제를 사용한다. 승화는 사회적으로 용인되지 않는 욕구 또는 감정을 예술이나 종교 같은 고차원적인 활동으로 풀어내는 것을 말한다. 이별의 아픔을 정제된 글로 표현하는 시인들, 불우한 시절을 겪으며 생겨난 울분과 분노를 재즈라는 음악으로 창조해낸 과거 흑인들의 예술 활동이 승화의 대표적인 예다.

승화를 잘하는 사람은 힘들고 불편한 사건을 생산적인 활동으로 변환시킨다. 시련을 겪을 때마다 그 일을 통해 무엇이라도 배우려고 하고 깨달으려고 한다. 살면서 맞이하게 되는 수많은 문제들과 슬럼프를 그저 나쁜 일로 남겨놓지 않는다. 다음번에 비슷한 일이 생겼을 때 참고할 교훈으로 삼아 자신의 역량을 발전시키고, 그 사건이 남긴 긍정적인 면을 강조해서 기억한다. 사소한 스트레스를

'더 나쁜 일의 전조 증상'이라거나 '내가 못났다는 증거'라고 단정하는 염세적인 사람들과는 많이 다르다. 오답 노트를 작성하며 정답률을 높이는 학생처럼, 지나간 아픔을 통해 생산적인 결과물을 만들어낸다.

우리는 억압된 공격성과 자율성을 분출하는 시간을 가져야 한다. 스트레스를 단순히 배출하는 걸 뛰어넘어 스트레스를 연료 삼아 새로운 가치를 창출해내는 것이 승화다. 그런 의미에서 예술 활동이나 신체 활동을 정해두고 반복적으로 시도하기를 권한다. 그 시간 동안만이라도 아티스트가 되고 운동선수가 되어 세상의 풍파에서 자유로워야 한다. 싫은 사람을 떠올리며 샌드백을 쳐도 괜찮고, 퇴근길엔 회사와 멀어진다는 기쁨을 실어 자전거 페달을 밟는 것도 좋다. 소소한 하루 일상을 글로 옮기며 나만의 글쓰기 노트를 만드는 것도 일상에서 승화를 발휘하는 방법이다. 오늘부터라도 자신의 방어기제가 무엇인지 살펴보고 업그레이드해보자. 그러면 자신과 어울리는 사람의 클래스가 한 단계 올라갈 것이다.

방어기제 점검하고 세련되게 다듬기

방어기제 또한 무의식중에 나오는 행동이기 때문에 본인도 모르는 경우가 많다. 이를 파악하기 위해서 자신이 스트레스를 받았을 때 어떤 생각과 행동을 했는지 곰곰이 되짚어보자. 자신의 방어기제를 파악해서 승화에 가까운 방식이라면 열심히 유지하고, 모자란 부분이 있다면 원하는 방향으로 변화할 수 있도록 해보자.

방어기제 파악의 예

1. 최근 스트레스를 받았던 기억 다섯 가지를 떠올린다.
   a. 아버지가 결혼하라는 잔소리를 하심.
   b. 사이가 껄끄러운 동료가 복도에서 나를 못 본 척하고 지나감.
   c. 카페에서 알바생이 주문을 잘못 알아듣고 엉뚱한 음료를 줌.
   d. 거울을 보니 흰머리가 많이 나 있음.
   e. 자려고 누웠는데 헤어진 사람이 떠올라 화가 남.

2. 1의 각 상황에서 자신이 어떤 행동을 했는지, 어떻게 하면서 마음을 풀었는지 적어본다.
   a. 그만 좀 하시라고, 알아서 하겠다고 벌컥 화냄. 혼자 방에 들어가 영화 봄.
   b. 친한 동료한테 이야기하면서 흉을 봄.
   c. 겉으로는 웃어넘겼지만 속으로는 살짝 짜증 남.
   d. 후! 한숨 쉬고 어쩔 수 없다고 받아들임.
   e. 그 사람한테 복수하는 상상을 함.

3. 2에 적어둔 방법들 중 가장 마음에 안 드는 방법을 선택하고 그 이유를 적어본다.

　b. 친한 동료한테 흉을 본 것.

　이유: 내 이미지가 나빠질 것 같고, 지금은 이 동료가 내 편을 들어주지만 나중엔 어떻게 변할지 몰라 오히려 불안해졌으니까.

4. 2에 적은 방법들 중 가장 마음에 드는 방법을 선택하고 그 이유를 적어본다.

　d. 한숨 한번 쉬고 받아들인 것.

　이유: 남한테 해를 끼친 것도 아니고 내 마음도 편해졌다.

5. 앞으로는 스트레스를 받을 때 어떻게 행동하고 싶은지 적는다.

- 내 귀에만 들릴 정도로 잔잔하게 심호흡을 하고 싶다.
- 아버지에게 잔소리를 들어도 인상 쓰지 않고, "제가 알아서 할게요"라고 덤덤하게 말하고 싶다.

6. 5에 적은 행동을 지금 한다.

각자 자신의 방어기제 적어보기

1. 최근 스트레스를 받았던 기억 다섯 가시를 떠올린다.

    a.

    b.

    c.

    d.

    e.

2. 1의 상황마다 자신이 어떤 행동을 했는지, 어떻게 하면서 마음을 풀었는지 적어본다.

    a.

    b.

    c.

    d.

    e.

3. 2에 적은 방법들 중 가장 마음에 안 드는 방법을 선택하고 그 이유를 적어본다.

    이유:

4. 2에 적어둔 방법들 중 가장 마음에 드는 방법을 선택하고 그 이유를 적어본다.

이유:

5. 앞으로는 스트레스를 받을 때 어떻게 행동하고 싶은지 적는다.

6. 5에 적은 행동을 지금 해본다.

4. 세 번째 기초공사: 감정 조절하기

○ 생각의 변화가 인생의 변화

전공의 시절 인지행동치료 워크숍에 참가한 적이 있는데, 그때 참 많은 것을 배웠다. 그중에서도 우리 생활을 네 가지 구성 요소(사건, 생각, 감정, 행동)로 구분한 것이 상당히 인상적이었다. 이미 벌어진 사건은 어쩔 수 없지만 그 사건으로 유발된 생각을 바꾸면 연결된 감정이 달라지고, 감정이 달라지면 행동도 변한다는 게 이 이론의 핵심이다.

이 개념을 내 생활에도 적용해봤는데 효과가 아주 좋았다. 특히 술을 끊는 데 큰 도움이 됐다. 과거에는 스트레스를 받으면 '이건 그냥 넘어갈 수가 없겠다'는 생각이 들면서 자연스럽게 술과 담배, 기름진 음식을 찾았다. 스트레스를 푼다는 명목으로 건강은 뒷전에 두고 살았다. 그런데 앞서 말한 워크숍에 다녀온 후부터 '그냥 못 넘어가겠다는 생각' 말고 이런저런 다른 생각을 하려고 노력했다. '빨리 집에 가서 침대에 누워 쉬자' '오늘 저녁은 좀 뛰어야겠군' 등으로 생각하자 감정이 금세 추슬러졌고 음주와 식습관도 변했다.

이런 방법을 다양한 곳에 적용해보았다. 어떤 상황에서든 한 가지 생각에 얽매이지 않고 여러 대안을 떠올리는 습관을 들였다. 그러자 후회와 자책을 반복하는 빈도도 현저하게 줄어들었다. 인생에서 어떤 사건을 겪는지도 중요하지만 그것보다 더 중요한 것은 사건에 반응하는 나의 생각이었다. 똑같은 일을 겪어도 어떻게 바라보느냐에 따라 감정이 달라지고, 이후 태도와 행동이 달라지며, 인생도 전혀 다른 방향으로 나아간다.

○   감정:
생각과 행동 사이

많은 사람들이 감정 조절에 실패하는 이유도 여기서 찾을 수 있다. 감정만 조절하려고 하면 어렵다. 가령 "외톨이라는 생각이 들어 너무 슬퍼요. 인생은 어차피 혼자라는데, 혼자서도 외롭지 않을 방법 없을까요?"라고 말하는 사람은 슬픈 감정을 이길 수 없다. 감정이 변하려면 먼저 생각이 변해야 한다. 따라서 '나는 혼자가 아니다' '나를 생각하고 신경 써주는 사람이 있다'는 데에 생각이 미쳐야 진정으로 외로움과 슬픔에서 벗어날 수 있다.

　그렇다면 우리는 왜 그동안 생각과 감정을 조절하지 못했을까? 그건 바로 뇌가 나쁜 감정에 집중하도록 설계되어 있기 때문이다. 부정적인 감정을 느낄 때 뇌에서는 편도핵이라는 부위가 활성화되는데 이곳은 심장 박동이나 호흡을 조절하는 자율신경계와 긴밀하게 연결되어 있다. 그래서 불안을 느끼면 가슴이 두근거리고, 숨이 차면서 그것과 관련된 악몽도 꾸고, 시간이 지나도 생생한 기억으로 남는다.

　반면에 좋은 일이 있으면 뇌의 쾌락 중추가 반응하면서 행복감을 느끼지만 상대적으로 오래가진 않는다. 행복과 연관된 신경 전달 물질인 도파민은 강렬한 작용을 하지만 지속 시간 자체가 길지 않기 때문이다. 쉽게 말해서 인간은 좋은 기억은 금방 잊고, 나쁜 일은 온몸으로 받아들이며 두고두고 되새기는 습성이 있다.

　이런 시스템은 오래전 인류가 자연에서 생활할 때 개발되었다고 한다. 맹수들과 식량 경쟁을 펼치는 입장이었기 때문에 '어느 지역으로 가면 죽을 수도 있어! 이웃 마을의 누구도 크게 다쳤다고!' 하는 정보를 강렬하게 간직할 필요가 있었다. 나쁜 감정, 나쁜 기억에 집중해야 생존에 유리했다는 얘기다.

　그래서 안정된 삶을 살기 위해서는 이런 본능에 거슬러서 감정을 조절할 필요가 있다. 미울 때마다 미워하고 화날 때마다 화내다 보면 주변에 안 좋은 영향을 끼치고 이미지도 나빠질 수밖에 없다. 조절하지 않고 맹목적으로 감정에만 충실한 것은 솔직한 것도 아니고, 뒤끝 없이 쿨한 것도 아니다. 그저 이기적인 것이다.

어떤 사건이 일어났다면, 내가 원해서 생긴 사건은 아닐지라도 감정의 책임자는 자신임을 기억해야 한다. '내가 이렇게 화내는 건 ○○ 때문이야!'라고 하는 순간 남 탓하기를 방어기제로 사용하는 사람이 되고 만다.

특히 인간관계에서 상대방을 얼마나 좋아하는지는 그다지 중요하지 않다. 그보다 싫은 마음이 얼마나 적은지가 중요하다. 연인 사이도 마찬가지다. 갈등이 있을 때 얼마나 덜 다치게 하면서 소통을 했는지가 관계의 운명을 좌우한다. 싸울 때 평화롭게 싸우는 커플들이 헤어질 때도 덜 아프게 헤어진다.

○　　　무덤덤한 사람이 되는
　　　생각 과정

사회가 진화하면서 인류의 뇌는 나쁜 일을 굳이 강렬하게 기억할 필요가 없어졌다. 좋아진 영양 덕분에 기억력도 좋아져 중요한 사건들은 자연스럽게 기억에 남길 수 있게 되었다. 이제는 생명을 위협하는 맹수를 만날 일도 없고 독초에 노출될 일도 거의 없다. 다만 아직 우리 뇌 속에는 '나쁜 일을 온몸으로 기억하는 본능'이 계륵처럼 남아서 감정을 힘들게 한다.

다음과 같은 세 가지 질문을 통해 감정에 휘둘리지 않고 무덤덤하게 반응하는 법을 익혀보자. 사건이 일어날 때마다 세 가지 반응과 혼잣말을 준비하는 것이다.

첫째, 어떤 일이 생기면 '좋은 일인가?'라고 자신에게 묻는다. 예를 들어 호감이 있는 사람에게 고백을 들었거나 직장 내에서 승진을 했다면, 우선 '좋은 일이군!' 하고 여유를 부려보자. 좋은 일은 좋은 일로 받아들여야 한다. 어차피 좋은 감정은 3일 내에 사라질 테니 누릴 수 있을 때 마음껏 누리자.

둘째, 만약 좋은 일이 아니라면 '그럴 수 있는 일인가?'라고 물어본다. 누가 나를 비난하고 다닌다든지, 승진 대상에서 배제됐다든지, 헤어지자는 말을 들었다면 분명 좋은 일은 아니다. 하지만 있을 수는 있는 일이다. 그게 나라는 사실은 무척 쓸쓸하겠지만 어차피 절대 내겐 일어나지 않으리라고 확신할 일도 아니었다. 이때는 "그럴 수도 있지"라고 중얼거려보자. '왜 나에게 이런 일이!'라고 화를 낼 때보다 한결 여유가 생길 것이다.

셋째, 살다 보면 일어나면 안 될 일도 종종 일어난다. 가족이 갑자기 세상을 떠나거나 큰돈을 잃거나 믿었던 사람이 배신하는 일 등이 그렇다. 좋은 일은 당연히 아니고, 그럴 수 있는 일이라고 받아들이기도 힘들다. 이런 일을 '별의별 일'이라고 부르자. 별의별 일이 닥치면 분노나 허탈함이 몰려오기 전에 이렇게 반응을 해야 한다. "세상에 참 별일도 다 있네!" "아, 정말 상상도 못 한 일이야!"라고. 그러면 부정적인 생각으로 이어지지 않고 뇌를 진정시킬 수 있다.

이미 벌어진 일은 아무리 돌이켜봐도 바꿀 수 없다. 충격은 불가

피하겠지만 그 감정을 부정적인 생각과 연결할 필요는 없다. 즉 왜 이런 일이 벌어졌느냐고 원망하거나 망했다고 좌절하기 전에, 느낌표로 끝나는 문장을 먼저 사용하기를 권한다. 그래야 자기 감정에 공감해줄 수 있고, 뛰쳐나오려는 미숙한 방어기제도 막을 수 있다. 새로운 생각으로 감정의 물꼬를 돌리는 일이다.

이 방법은 감정을 꾹꾹 눌러놓는 억압과 다르다. 좋은 감정이든 나쁜 감정이든 감정은 모아두면 언젠가 반드시 폭발하는데, 폭발할

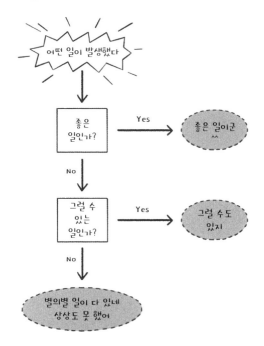

감정을 조금씩 분산해서 표출하면 그만큼 안전해진다. 참고 참다가 괜히 사랑하는 사람에게 폭발해 더 큰 별의별 일을 만들지 말고, 감정을 발효시켜 허공으로 날려 보내는 습관을 들이도록 하자.

그러고 보면 인생은 좋은 일, 그럴 수도 있는 일, 별의별 일의 연속 아닌가. 새로운 혼잣말로 새로운 사건을 만들어보자. 새로운 인생을 기대하면서 말이다.

감정 일지 작성하기

인생이 지속되는 한 감정은 쉬지 않고 생겨난다. 그런데 사람마다 유독 민감하고 자주 생겨나는 감정 즉 '핵심 감정'이 있다. 그런 감정이 어떤 상황에서 생기고, 거기에 어떻게 반응해야 할지만 알아두 인생이 심플해진다. 필요 이상의 감정을 감내하느라 소모되는 에너지를 줄일 수 있기 때문이다.

이를 위해서는 우리가 평소에 어떤 감정을 얼마나 자주 겪는지 기록하고 체크해볼 필요가 있다. 기억에 남는 사건, 그때 들었던 생각, 감정과 행동을 살펴보고 앞으로는 어떻게 반응하면 좋을지 미리 결정도 해보자. 한 번에 인생이 달라지지는 않더라도 본인의 감정은 소중하므로, 피부 관리하듯 관심을 갖고 대책을 세워보는 게 좋다. 그러다 보면 어느덧 좀 더 안정적인 상태로 일상을 보낼 수 있을 것이다.

그 일(사건)은 무엇이었나? ① 좋은 일 ② 그럴 수 있는 일 ③ 별의별 일

예

날짜	사건 (상황)	당시에 들었던 생각	당시의 감정	당시의 행동	어떤 일이 었나	같은 상황이 생긴다면 앞으로 하고 싶은 반응
6.1	엄마의 걱정 과 잔소리	아직도 나를 못 믿으시는 구나	억울함	말대꾸	②	뭐 엄마가 자식 걱정 할 수도 있지
6.2	이유 없이 짜증 내는 애인	왜 나한테 화풀이야?	짜증	핀잔	②	살다 보면 이유 없이 화나는 날도 있지. 일단 우리 뭐 좀 마실까?
6.3	직장에서 뜬 금없는 상사 의 칭찬	왜 저러지? 무슨 꿍꿍이 일까?	당황 의심	"네?" 하면서 자리 피함	①	칭찬받으니까 좋네요. 좀 놀랐지만, 감사합니다
6.4	애인이 하루 종일 전화를 안 받음	차일 것 같다	화 슬픔 분노	반복적으 로 통화를 시도함	③	계속 전화를 안 받다니, 별일이 다 있네! 어차피 부재중 전화가 뜰 테니 한 시간에 한 번 이내로 전화해봐야겠다
6.5	친구가 뒤통수를 침	설마 했더니 기어이 이 XX가!	당황 분노	전화해서 다짜고짜 소리 지르고 따짐	③	괜찮은 친구인데 필경 그럴 만한 이유가 있겠지. 나중에 차분히 물어봐야겠다

"그렇게 노력하면 뭐해요? 그런다고 그 사람이 달라져요?" 하는 질문을 만날 때가 있다. 우리가 감정을 조절하고, 말투를 바꾸고, 마인드를 바꾼다고 해서 사람이, 인생이 정말 달라질 수 있느냐는 질문이다. 특히 배려 없거나 무심한 배우자, 연인과 그저 그런 관계를 이어가고 있다면 수시로 이런 회의감이 들 수밖에 없다.

"이런 거 나라고 안 해봤겠어요? 다 해봐도 그 사람은 그 모양이었어요" "선생님이 하라는 대로 하면 정말 사랑받고 행복해지나요? 보장해주시면 하라는 대로 할게요." 이런 말, 참 많이 들었다.

물론 안 변하는 사람도 있다. 아무리 사랑을 줘도 고마운 줄 모르는 사람도 있고, "네가 아무리 변해봐라. 내가 달라지나" 하는 비뚤어진 사람도 많다. 맥이 풀릴 만하다. 사랑 따위 포기하고 지금처럼 그냥 사는 게 낫다는 생각이 드는 것도 이해가 간다. 체념하는 게 속 편하다는 말도 이해한다.

그럼에도 내가 포기하지 못하는 이유는 '그다음' 때문이다. 애착의 문제는 점점 번져나간다. 부부 문제가 자녀의 문제로 번지고, 가정의 문제가 이웃의 문제로 번지듯 말이다. 사랑 없이 살다 보면 마음이 피폐해지고 이유 모를 불안과 무기력에 빠진다. 결국 사람과 친해지는 법을 잊으면 술이나 약물에 의존하기 쉽고 소통하는 능력 또한 현저하게 줄어든다.

나는 이런 상황을 '내려가는 에스컬레이터'라고 부른다. 사랑력은 아무 노력 없이 가만히 두면 그대로 유지되지 않는다. 갈수록 점점 나빠진다. 이것저것 다 해봤는데 왜 똑같으냐고 여길 게 아니라 이것저것 해봐서 그나마 현상 유지되는 거라고 봐야 맞다.

바꾸어 생각해보면 긍정적인 면도 있다. 겉으로는 티가 나지 않지만, 제자리에서 계속 걷기만 해도 다리 근육과 심폐 지구력은 단련되고 있다. 고맙다는 말을 못 듣고, 변화를 이끌어내지 못한다고 해도 아무 의미 없는 게 아니다.

세상에서 제일 좋은 건 사랑받는 느낌이지만, 두 번째로 좋은 건 사랑하는 일이다. 은메달이면 좀 어떤가. 회의감에 빠져 멈추지 말자. 한 발씩 한 발씩 사랑 앞으로.

chapter 6

사랑력을 이루는
다섯 가지 힘

1. 친밀력:
섬과 섬 사이에
다리 놓기

○ **일단 친해지고**
볼 일

내가 즐겨 보는 TV 프로그램으로 〈세상에 나쁜 개는 없다〉가 있다. 절대 바뀔 것 같지 않던 반려견들의 습성이 훈련사의 행동에 따라 180도 확 바뀌는 과정이 매번 놀랍고 흥미롭다. 이 방송에서 내 시선을 끄는 것이 하나 더 있다. 훈련사들이 강아지를 만날 때 간식이나 장난감, 산책용 줄을 준비하는 모습이다. 그 모습에서 친해지기의 중요성을 발견한다. 강아지가 바뀌려면 훈련사에게 마음부터 열어야 한다. 마음을 열지 않으면 어떤 고급 훈련도 불가능하다.

사람도 크게 다르지 않다. 사랑하는 사이가 되려면 먼저 친해져야 한다. 친해지기는 모든 관계의 시작이다. 친하다고 다 사귀거나 사랑하게 되는 건 아니지만 친하지도 않은 사람을 사랑할 순 없다.

처음에는 인사를 나누고, 공통 화제를 찾아 대화의 물꼬를 트고, 그러면서 음식을 함께 먹는 등 다가서는 과정이 필요하다. 서먹한 시간을 견디며 서로 어떤 사람인지 탐색하고 알아가며 신뢰를 쌓아야 다음 단계로 넘어갈 수 있다. 첫 만남에서는 '어, 이 사람 나쁘지 않은데?' 정도의 인상만 줘도 성공이다. 비즈니스도 마찬가지다. 기본적인 친밀감이 없으면 설득, 협상, 거래 등이 순조롭기 어렵다.

일명 '금사빠(금방 사랑에 빠지는 사람)'라고 불리는 사람의 문제점은 '친해지기' 과정을 간과하는 데 있다. 사람을 금세 좋아하고 긍정적으로 보는 건 나쁜 게 아니다. 다만 금방 사랑에 빠지는 사람들은 친해지기도 전에 즉각적인 호감과 인정을 기대하기 십상이라 문제다. 조급한 마음에 상대의 반응을 요구하거나 기대하고 서운해해서 오히려 반감을 사는 경우도 많다.

사랑은 상호 관계의 확장임을 잊어서는 안 된다. 일방적인 태도는 호감을 반감시킨다.

○ **친해지기까지는
시간이 걸린다**

특히 너무 오랫동안 혼자 지냈거나 외로운 생활을 하면서 사랑에 대한 환상만 남은 경우 불안감과 조급함에 '모 아니면 도' 식의 고백을 하는 사람들이 있다. '나는 밀당 같은 건 몰라. 사랑한다면 직진이지'라고 자신을 포장해본들 그저 신중하지 못한, 자칫 무서운 사람이 될 뿐이다.

새로운 사람을 알게 되면 우선 메신저 프로필과 SNS를 들여다보며 어떤 사람인지 알아보는 세상이다. 그러니 더더욱, 상대가 불쑥 '내가 찾던 이상형'이라며 접근해 오거나 '내 어떤 면이 그렇게 맘에 안 드는 건데요?' 하고 반박하면 당연히 무례하다고 느끼고 방어를 한다. 누가 나를 지켜보고 있었다는 사실 자체가 오싹하다.

특히 일로 맺어진 사이의 일상적인 친절과 교류를 사적인 감정으로 오해하는 건 상당히 곤란하다.

성급하게 고백하는 이면에는 '차이더라도 빨리 차이는 게 낫다'는 자격지심이 깔려 있기 쉽다. 많은 것이 생략된 편리한 세상이지만 사람이 친해지는 데에는 시간이 걸린다. 첫눈에 반하는 불같은 사랑은 이제 드라마에도 자주 안 나오는 비현실적인 이야기다. 설령 첫눈에 반했더라도 제대로 관계가 맺어지려면 여물어갈 틈을 주어야 한다.

친해지는 능력을 장착한 사람들은 이 미지근한 시간을 잘 감당한다. 아직 많이 아는 사이도 아니고 다소 어색하지만 조심스럽게 다가가는 시간. 사랑에 푹 빠진 건 아니지만 그래서 잃을 것도 없어 부담도 덜한 시간. 여행 전 공항에서 햄버거를 먹는 시간과도 같다. 우리는 이 두근거림에 익숙해져야 한다.

○   원하는 대로,
놀고, 넘어가고

친해질 때 가장 중요한 점은 '상대가 원하는 것'이다. 즉 내가 아닌 '상대', 옳은 것이 아닌 '원하는 것'이 포인트다. 가령 긴 취업 준비로 좌절과 무기력에 빠진 연인과 소원해진 관계를 회복하고 싶다면 어떻게 하는 게 좋을까? 이때 내가 해주고 싶은 것이 아닌 상대가 원하는 것을 떠올려야 한다. 힘내는 모습을 보고 싶다고 해서 툭툭 털고 일어서라고 말하지 말란 얘기다. 상대가 울고 싶다면 울게 놔두고, 혼자 있고 싶다면 혼자 있도록 해줘야 다시 친해질 수 있다. 상대가 공감을 원하면 공감을 해주고, 들어주기를 원하면 경청을, 모른 척해주기를 바라면 모른 척해줘야 더 친해질 수 있다. 사실 여러 번 시험에 떨어진 사람이 "넌 아직 젊잖아! 약해지지 말고 힘내. 할 수 있어!"라는 뻔한 말을 듣고 힘을 내는 경우는 많지 않다. 무슨 말을 해야 할지 모르겠으면 차라리 말없이 바라보며 고개를 끄덕거려주는 게 나을 수도 있다. 어떤 위로의 말보다 그냥 손 한번 잡아주고 밥 한 끼 같이 먹는 게 더 큰 힘이 될 때가 있지 않은가.

사랑하는 사람을 도와주고 싶은 마음은 이해하지만 일방적인 행동이나 자신의 입장에서 하는 행동은 오히려 친해지기를 방해한다. 짧은 시간 안에 타인의 감정을 바꿔놓으려 하는 건 상당한 압박감을 유발한다. 서두르는 태도는 친해지기의 천적임을 기억하자. 뭘 원하는지 정 모르겠다면 직접 물어봐서 맞춰주는 것, 이것이 마음을 여는 첫 번째 열쇠다.

두 번째로는 '같이 노는 시간'을 마련해야 한다. 평소 잘 놀아야 잘 살고 싶다는 의욕이 생기고 같이 놀아봐야 사이가 좋아진다. 한쪽의 희생이 아니라 둘 다 즐거운 교집합을 찾아야 친해질 수 있다.

운동을 좋아하는 사람과 친해지려면 함께 운동을 하고, 케이팝을 좋아하는 사람과 친해지려면 아이돌 그룹 몇 개는 알고 있어야 한다. 일하면서 가까워진 커플보다 동호회에서 만난 커플이 유리한 것도 이런 이유에서다. 즐거운 시간을 함께할수록 더 친해지고 호감도 커진다. 무엇이든 해결하는 똑똑이보다는 스스로 망가질 줄 아는 유머러스한 사람이 인기가 많은 것 역시 그래서다. 사랑은 달리 말하면 재미있는 시간을 함께할 사람을 찾는 과정이다.

세 번째, '넘어가주기'가 필요하다. 사람은 누구나 가까워지면 미처 몰랐던 단점이 눈에 들어오게 되어 있다. 부지런한 줄 알았는데 다른 면에서 나태할 수 있고, 자상한 게 좋아서 사귀기 시작했는데 의외로 냉정한 면을 발견할 수도 있다. 누구에게나 이런 양면이 있는데 자신의 예상과 다른 면을 봤다고 해서 너무 경계하거나 따지고 들면 친해지는 데 방해가 된다. 그럴 때는 적당히 넘어가주는 유연함이 필요하다. 그게 잘 안 되면 가까웠던 관계도 급속도로 멀어진다. '이제까지 보여준 건 다 가식이었어?' '날 속였나?'라는 의심이 더해져 친해지기의 기초를 흔들어버리기 때문이다.

이 책의 서두에서 사랑이 어려운 이유 중 하나로 이중성을 얘기한 적이 있다. 사랑하지 않았으면 몰랐을 사람의 또 다른 면을 알게 되는 게 사랑의 특징이다. 그런 면에서 넘어가주기는 특별한 기술이다. 그 사람이 변했거나 속였다기보다 원래 갖고 있던 모습을 내가 뒤늦게 알게 됐다고 생각하는 게 맞다. 잘 안다고 생각한 자신의 모습에서도 이따금 생각지 못한 모습을 발견하지 않는가. 누구나 생각했던 것과 실제 모습은 조금씩 다를 수밖에 없다. 그냥 아는 사이라면 모르겠지만 특별한 사이가 되려면 때때로 슬쩍 넘어가주는 관대한 마음이 있어야 친해질 수 있다.

친밀력을 키우는 연습: 상대가 원하는 것 예측하기

친밀력의 핵심은 상대가 원하는 것을 해주기인데, 친해지고 싶은 사람이 있을 때마다 뭘 원하느냐고 물어볼 수는 없는 노릇이다. 그래서 평소 타인이 무엇을 원하는지 유추하고 추리해낼 수 있는 힘이 있다면 친해지기가 쉬워진다.

지금 당장 주위를 둘러보라. 가족이나 연인 등이 곁에 있다면 그 사람이 뭘 원할지 생각하고 추리해보자. 그의 컨디션, 요 며칠 감정의 흐름, 오늘 있었던 일, 현재 시간 등 모든 것을 고려했을 때 지금 듣고 싶은 말은 무엇일지, 어떤 물건을 건네주면 좋아할지 예측해보고 그것을 해줘보자. 그랬을 때 반응이 좋다면 성공한 것이고 반응이 별로라면 다음을 기약한다.

친밀력을 키우는 이런 연습은 마치 초능력을 연마하듯 진지하게 진행해야 한다. 그러려면 일단 내 마음을 진정시킨 상태에서 시도하는 것이 중요하다. 불안이나 다급함을 안고서도 이런 능력을 발휘할 수 있을 만큼 우리 인간이 숙달되어 있지 않기 때문이다.

지금쯤 안부 전화를 원하고 있을 것 같은 사람에게 전화를 걸어보거나, 특정한 상황에 처한 친구가 있다면 내가 그와 비슷한 상황에 처했을 때 심정이 어땠는지 생각해보고 친구에게 필요한 것을 떠올려보자. 이런 식으로 조금씩 연습해보면 효과 만점일 뿐 아니라 사람까지 얻을 수 있다.

2. 거절력:
위험물 제거하기

○ **친밀력의 완성,**
거절력

친밀력이 강해지면 인생은 한층 즐거워진다. 그냥 알던 사람이 오래 알던 사람처럼 친해진 느낌이랄까? 참 가슴 따뜻해지는 느낌이다. 그러나 모든 게 그렇듯 지나치면 문제가 된다. 타인이라는 섬에 다리를 놓는 기술이 있는 건 좋지만 사랑의 다리가 완성되고 원활한 교류를 펼치기 위해서는 위험 요소를 제거하는 기술이 뒷받침되어야 한다.

사랑하는 사이에서도 허용되지 않는 것이 있고, 다른 누가 친하게 지내자며 은밀하게 다가오는 경우도 있으며, 마음 안에서 샘솟는 일탈의 유혹도 있다. 이러한 것들을 끊어내는 기술이 필요하다. 특히 연인 간(이 될 만한) 다리는 한 번에 하나씩만 놓아야 한다. 이

섬 저 섬으로 다리를 뻗쳤다가는 원래 섬과의 다리가 무너질 수도 있다. 사랑은 독점성을 기반으로 하기 때문이다.

이 독점성 때문에 중요한 것이 사랑하지 않는 사람과 안 친하게 지내는 능력이다. 여러 사람에게 친밀력을 남발하는 사람은 신뢰를 받을 수 없고 그만큼 매력도 떨어진다. 세상 모든 사람들에게 친절한 사람보다는 좀 까칠하더라도 거절하는 힘, 즉 거절력이 높은 사람이 나을 수 있다.

거절하는 힘은 무척 중요하지만 무엇을 어떻게, 어느 정도까지 거절해야 하는지 명확한 기준이나 답은 없어 참 어렵다. 참고로 내가 생각하는 거절력의 기본은 '내가 줄 수 없는 것은 주지 않는다'이다. 이 주체적인 원칙에 충실해야 한다. 선이 중요하다는 뜻이다. 타인의 감정만 신경 쓰다 보면 우유부단해질 수 있다. '거절하면 저 사람이 힘들어할까 봐' '나를 미워할까 봐' 두려운 나머지 내 능력이나 범위 밖의 것까지 자꾸 주다 보면 호구가 되기 십상이다.

일탈도 마찬가지다. "이제부터 우리 바람피워보자"라고 대놓고 유혹하는 사람은 없다. 그래서 평소 어느 선까지 허용할지 자체 기준을 정해두어야 한다. 대부분의 일탈은 너무 멀리 갔을 때에야 깨닫기 때문에 미리 나만의 기준선을 설정해둘 필요가 있다.

○ 왜 거절을
못 할까

거절력이 약한 사람은 대개 착하다. 성격이 순하고, 남을 도와주고 싶어 하고 조금이라도 불편을 끼치기 싫어하는 사람이 많다. 거절이 필요하다는 걸 알면서도 상대가 상처 받을까 봐 겁내는 평화주의자들이다. 이들은 술을 먹기 싫어도 친구의 권유를 거절하지 못하고, 데이트 약속이 있지만 직장 상사의 부탁을 거절하지 못한다. 얼핏 보면 타인을 먼저 배려하는 착한 사람 같지만 정작 그들의 연인은 흡사 지나친 효자와 결혼한 사람처럼 된다. 잔소리를 했다가는 나쁜 사람이 될 것 같고, 조용히 있자니 속에서 열불이 난다.

타인의 평판에 유난히 민감한 사람도 거절을 못 한다. 좋은 사람이라는 이미지를 포기하기가 두렵고, 주변의 은근한 강요나 압력을 밀어낼 자신이 없다. '연애하더니 변했다는 소리 들으면 어떡하지?' '그냥 이번 한 번만 좋게 넘어가면 다음부터는 달라지겠지' 하는 생각에 단호해지겠다는 결심이 자꾸 밀려난다.

한편 완벽한 거절법을 찾으려다 타이밍을 놓치는 경우도 많다. 상처 안 주면서 거절하는 법, 서운해하지 않을 거절법을 연구하느라 시간을 지체한다. 딴에는 애를 쓰지만 결과적으로는 상대를 기다리게 하고 오해를 불러일으켜서 더 큰 상처를 줄 수 있다. 이미지는 이미지대로 안 좋아지고 말이다. 애초에 완벽한 거절법이 있을 리가 없다. 거절하는 능력을 높이기 위해서는 자주 거절해보면서 노하우와 기술을 쌓아가야 한다. 욕도 먹고 당황도 하면서 능력을 업그레이드하는 방법밖에 없다. 그 과정을 거치지 않고 처음부터 완벽한 거절을 하려다 보니 거절 초보에서 제자리걸음 하는 것이다.

그렇다면 어떻게 해야 거절을 순조롭게 잘해낼 수 있을까?

O 거절을 잘하기 위해
   필요한 마음가짐

거절력을 높이는 과정은 곧 부담감과의 전쟁이다. 최대한 마음을 가볍게 먹어야, 사랑을 방해하는 부탁이나 유혹을 막아낼 수 있다. 사랑하는 사람에게 거절을 표현할 때도 마찬가지다.

우선은 상대방의 능력과 회복력을 신뢰해야 한다. 부탁을 받았을 때 '오죽하면 나한테 부탁하겠어?' '나까지 거절하면 끝장이겠지'라고 생각하면 큰 부담이 된다. 그보다는 상대방에게도 문제 해결력이 있다고 믿고, 내가 받아들이지 않아도 해결할 방법은 있다고 여기는 게 좋다. 그리고 그게 사실이다. 이는 내가 아니면 안 될 거라는 일종의 오만에서 벗어나 겸손해지는 자세이기도 하다.

일탈할 뻔한 상황에서도 그렇다. 예를 들어 기혼(남/녀)인 거래처 동료와 식사를 몇 번 같이 했고, 그러다 보니 사생활 고민도 털어놓는 사이가 되었다고 하자. 이따금 술도 한 잔 같이 하면서 좀 더 가까워졌고, 어느덧 가족에게는 둘러대는 '둘만의 회식' '둘만의 회의'가 늘어났다. 그런데 막상 사적인 얘기를 계속 듣다 보니 실망스럽기도 하고, 더 이상은 별로 알고 싶지가 않다. 슬슬 부담이 되고 따로 시간 내기가 꺼려진다.

이럴 때 사양할 말을 꺼내기는 쉽지 않다. 더 친해지기는 부담스러운데 혹시 상대방이 오해할까 봐 신경 쓰이고, 업무가 얽혀 있어서 너무 냉랭해지면 곤란할 것 같아서다.

이 경우에도 마음을 가볍게 먹으면 도움이 된다. 상대방도 나만큼 바른 사람이고 필요 이상의 관계에 피로감을 느끼는 현대인임을 상기하는 것이다. 그러니 최대한 담백하게 "어쩌죠? 퇴근 후에 집으로 바로 가야 해서요"라고 답하는 연습을 해두자. 마치 음식점에서 "나는 볶음밥으로 할게요"라고 말하듯이 하는 것이다. 내가 가정에 충실하겠다는데, 상식적인 사람이라면 훼방을 놓을 리가 있나. 한때 우정을 넘어 호감을 느끼고 설령 선을 좀 넘었다 할지라도, 일탈의 길로 가봤자 상대 역시 얻을 게 없다.

물론 거절당했다는 느낌에 민감한 사람도 있다. 사소한 일에도 자존심을 내세우는 미숙한 사람들은 "당신이 뭔데 먼저 가? 너 이 바닥이 얼마나 좁은지 알아?" 하는 식으로 태세 전환을 할 것이다. 하지만 그렇다고 필요한 거절을 안 할 수는 없다. 어차피 살면서 내가 만나는 열 명 중 세 명 이상은 나를 별로 안 좋아한다. 거절을 해도 날 좋아할 사람은 좋아하고, 거절을 안 해도 싫어할 사람은 싫어한다. 그러니 사랑하는 사람에게 잘하고 존중받는 게 백번 낫지, 일에 얽힌 사람한테 다정하다는 평을 듣는 게 뭐 그리 중요하겠는가.

○   **마음은 가볍게,**
       태도는 진지하게

거절할 때 기본 자세는 '마음은 가볍게, 태도는 진지하게'이다. 마음은 가볍게 가지되 태도까지 가벼워서는 곤란하다. 거절도 일종의 철거 공사이기 때문에 최대한 진지한 태도로 임해야 상처가 적다.

　가령 연인과 중요한 약속을 해놓았는데 갑자기 집안 행사가 잡혀 부모님이 나에게 같이 가자고 청하는 상황이 됐다고 하자. 이때 어느 쪽을 선택해도 거절당한 쪽은 크게 서운해할 수 있다. 어떻게 잘 거절할 수 있을까?

　앞서 말했듯 마음은 가볍게 갖는다. 연인과 부모 중 한쪽을 선택하는 절체절명의 순간이 아니기 때문이다. 그저 일정이 겹쳤을 뿐이다. 물론 거절당하는 쪽은 감정적 타격이 예상된다. 그래서 일종의 이별을 통보하는 느낌으로 철거와 덕담의 원칙을 지키면서 진지하게 거절을 한다.

　만일 부모님과의 행사를 안 가기로 했다면 이렇게 말씀드리자. "중요한 행사에 같이 가자고 해주셔서 고맙습니다. 저를 믿고 의지하시니 함께 가고 싶으신 거 알아요. 그런데 어떡하죠? 제가 그날 정말 중요한 약속이 있는데, 그걸 취소하면 앞으로 생활이 많이 힘들어질 것 같아요. 집안 행사에는 다음에 참석할게요. 제가 축의금은 꼭 드리고 그분께 전화도 따로 할게요." 이런 식으로 다소 장황하게 상황을 설명하고 대안도 마련해야 상대방도 받아들일 명분이 생긴다.

이때 거절의 이유를 상대에게서 찾으면 안 된다. 예를 들어 "지난번엔 안 가도 된다고 하셨잖아요" "별말씀 없다가 갑자기 가자고 하시면 어떡해요?" 하는 식의 거절은 효과가 좋지 않다. 비난은 감정을 상하게 해서 갈등을 일으키기 때문이다.

거절의 이유는 언제나 '나'가 되어야 한다. "이번에 나한테 사정이 생겨서" "나한테는 정말 중요한 일이라" 정도만 표현해도 상대는 큰 저항 없이 넘어가주게 마련이다. 호감에 기반을 둔 사이라면, 양해를 구하는 진지한 태도에 화부터 내지는 않을 터이다.

진지하면서도 단호한 태도가 중요한 이유는, 그냥 한번 찔러보는 사람도 많기 때문이다. 마음을 한번 흔들어보려고, 상대 커플이 얼마나 공고한지 실험해보려고 은근슬쩍 떠보고는 기대한 대로 틈을 보이면 만족하는 사람들이 있다. 이처럼 내가 사랑을 잘해내면 질투할 사람도 세상에는 있다.

그러니 모멸감은 주지 않는 선에서 한 템포 빠르게, 또 단호하게 거절해야 하는 경우도 있음을 알아두자. 가령, "어쩌죠? 저는 일에만 집중을 하고 싶어요" "전 사랑하는 사람이 있어요. 그 사람 한 명 챙기기도 벅찹니다" "전 누가 다가오면 마음이 불편해요" 정도로 선을 명확하게 긋는 게 좋다. 하지만 거절도 일종의 이별 통보인 만큼 "그럼, 즐거운 저녁 시간 보내세요" "화목한 가정을 이루시길 바라요" 같은 덕담을 덧붙이는 것을 잊지 말자. 상대방도 존중을 받아야 반발심이나 화력이 약해진다.

기억하자. 마음은 가볍게, 태도는 진지하게 그리고 한 템포 빠르게. 각자 사랑은 각자 지키는 수밖에 없다.

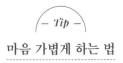

마음 가볍게 하는 법

마음을 가볍게 갖는 것은 거절력의 핵심이다. 이걸 못 하면 거절한 후에도 과도하게 자책을 할 우려가 있다.

그래서 평소부터 부담을 내려놓는 훈련을 해둬야 한다. 이는 가벼운 사람이 되거나 매너 없는 사람이 되는 것과는 상관이 없다. 오히려 결단력 있고 명쾌한 사람에 가까워지는 방법이다. 마음의 부담을 덜기 위해서는, 제안이나 부탁을 받을 때마다 다음과 같은 생각을 떠올려보도록 하자.

1. 타인의 제안을 진지하게 들어주고 검토해본 것만으로도 이미 도움을 준 것이다.

Yes를 하면 호감을 주고 No를 하면 상대가 싫어할 거라는 이분법에서 벗어나야 한다. Yes를 하고도 욕을 먹을 때가 있고, No를 하고도 존경을 받는 경우가 있다. 상대를 얼마나 존중하는 태도로 임했느냐가 중요하다. 존중을 해줘도 고마움을 모르는 사람은 어쩔 수 없다. 보통 사람들은 존중이 담긴 거절을 고마워한다.

2. 세상은 넓고 대안은 많다. 상식적인 사람이라면 거절당할 것을 감안하고 부탁한다.

대다수 사람들은 그리 특출한 능력을 갖고 있지 않다. 그러므로 나한 사람이 어떤 선택을 하든 대세에 별 영향을 미치지 못한다. 세상에 나 같은 사람은 많으며, 제안하는 사람도 그 사실을 알고 있다. "꼭 부탁한다. 너밖에 없다"라고 말은 하지만 대부분 거절당할 대비를 이미 하고 있다. 내 대답 여하에 따라 그 사람의 앞날이 결정된다는 식의 과도한 부담은 가질 필요가 없다.

3. 일어날 일은 일어나게 되어 있다.

행여나 자신이 거절을 해서 엄청난 불상사가 일어나지는 않을까 염려하는 사람들이 있다. 실제로 어떤 남자가 도박 빚을 갚아달라는 아들의 부탁을 거절했는데 아들이 그 길로 극단적인 선택을 한 안타까운 사연도 있다. 그 아버지는 더 이상 집안이 무너지는 걸 방치할 수 없어 내린 결정이었지만 내내 크나큰 죄책감을 안고 살았다. 그런데 그때 만약 빚을 갚아줬다면 결과가 달라졌을까? 아들은 계속 도박을 하고 또 빚을 지고 다시 아버지에게 갚아달라고 하고, 그렇게 반복한 끝에 아버지가 빚을 못 갚아주는 순간이 언젠가는 찾아오지 않았을까.

위로가 될지 모르겠지만, 헤어질 커플은 어떻게 해도 헤어지고 일어날 일은 어떻게 해도 일어난다. 만날 사람은 언젠가 만나게 되어 있다. 타인에게 잘해주고 친절을 베푸는 건 분명 좋은 일이지만, 보통 사람들은 그저 자신의 상황에서 감당 가능한 일을 할 따름이다. 인간의 생사나 그에 준하는 엄청난 결과를 좌우하는 건 운명이나 신이 할 일이라고 여기자. 우리는 그저 줄 수 없는 것을 줄 수 없다고 솔직히 말할 뿐이다.

3. 대화력:
사랑한다는 말은
대화한다는 뜻

○ **대화에 노력이**
필요할까

소통은 일종의 기술이다. 대화를 할 때 쓰지 말아야 할 말과 하면 좋은 말이 있고, 상황에 따라 소통하는 방법도 다르다. 무엇보다 감정과 교감이 오가는 대화가 소통의 핵심이다. 사이좋은 부부와 이혼하는 부부의 차이점은 돈이나 고부 간 갈등처럼 큰 문제가 아니라 소통법이 90퍼센트 이상이라는 연구도 있다.

사실 소통이 얼마나 중요한지는 대부분 알고 있다. 그런데 소통 기술이나 대화 방법을 개선해보자는 제안은 자주 저항에 부딪힌다. 우선 연애 초기의 커플에게 이 말은 절실하지 않다. 둘이 함께 있는 것만으로도 마냥 좋은 시기이기 때문이다. 비슷한 면이 있으면 신기하고 차이점이 있으면 신선하다. 거기에 성욕이라는 본능이 더해져 더욱 짜릿함을 준다. 한마디로 말이 필요 없는 때다. 보고만 있어도 좋은데 굳이 뭘 해야 하느냐고 반문한다. 오래된 커플이나 부부도 시큰둥하기는 마찬가지나. '무슨 얘기를 들을지 뻔하지 뭐' 하는 냉소적인 반응을 보일 때가 많다. 이들도 알고는 있다. 상대의 말에 공감하고, 두 눈을 반짝이며 듣고, 자신을 주어로 해서 말하면 사이가 좋아진다는 사실을 알고 있지만 실천으로 옮기려는 노력은 거의 하지 않는다.

문제가 불거져 해결책을 찾아보려고 할 때는 이미 둘 사이에 상처가 회복이 어려울 정도로 깊어져 있을 때가 많다. "근본적인 잘못은 저 사람이 저질렀는데 내가 왜 변해야 해요? 난 아무 잘못 없어요. 저 사람이 진심 어린 사과만 하면 우리 문제는 해결돼요." 이런 입장과, "아무리 사과해도 받아주질 않아요. 지나간 일을 다시 끄집어내고, 결국 폭발하게 만들어 나만 나쁜 사람이 된다니까요" 하는 입장이 팽팽하게 맞선다.

하지만 그렇기 때문에 더욱 대화 방식을 업그레이드해야 한다. 가까운 사람과 소통이 원활하지 않으면 손톱 밑 가시처럼 만성적인 불편감과 우울감이 생겨난다. 특히, 비난("도대체 왜?"), 역공("그러는 당신은?"), 무시, 회피(못 본 척), 혐오("으휴, 너랑 헤어지지 못하는 내가 문제다!") 등의 표현은 서로 간의 상처를 더욱 깊게 만들 뿐이다.

○　　**자신을 위한**
　　능력

대화하는 능력을 키워야 하는 근본 이유는 바로 자신을 위해서다. 미숙하거나 살벌한 대화가 오갈 때마다 가장 먼저 피해를 보는 건 나 자신이다. 대화가 미숙하면 스트레스를 받은 언어 중추의 기능이 떨어져 공격적인 표현을 하게 된다. 그러면 자기가 한 말을 자기 귀로 들으며 스트레스를 받고, 그래서 더 전투적인 표현을 하는 악순환이 반복된다. 남을 자주 비난하는 사람이 자기 비난도 잦고, 툭

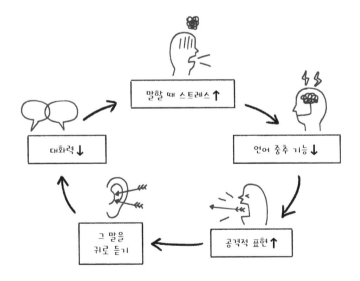

언어 중추 기능 저하와 공격적 표현의 악순환

하면 타인을 평가하고 검열하는 사람이 본인도 더 괴롭히기 마련이다. 평소 듣는 말이 그러하기 때문이다.

대화력이 떨어진 사람은 계속 스트레스를 안고 실아간다. 타인을 웃겨본 적 없으니 유머를 모르고, 위로가 되는 말로 대화해본 적이 없으니 위로를 받아도 어색해한다. 사람을 만나고 나서도 '내가 왜 그렇게 말을 했을까?' '난 왜 이리 말주변이 없지?' 하며 자책의 늪에 빠지기도 한다.

대화력이 떨어지는 가정의 풍경을 상상해보자. 아버지는 자녀와 대화를 하고 싶은 마음은 있지만 정작 무슨 말을 해야 할지 모른다. 그래서 괜스레 자녀 곁을 어슬렁거리며 "요즘 공부는 잘되니?" "살 좀 빼라!" "나 때는 말이지" 등등, 자녀가 가장 듣기 싫어하는 말들을 던진다. 뭐라고 대꾸할 수 없는 말, 피하고 싶은 화제를 자꾸 꺼내니 자녀가 대화할 마음이 생길 리가 없다.

반면 대화력이 있는 사람은 상대가 대답하기 쉬운 질문을 한다. 또 상대가 흥미로워하는 주제부터 접근한다. 청소년 자녀에게 하는 질문이라면 예를 들어, "밥은 먹었어? 요즘 급식은 누구랑 먹어?" "요즘 게임은 뭐 하니? 레벨 좀 많이 올렸어?" "좋아하는 아이돌 있어? 요즘 ○○○가 잘 나가더라. 춤도 잘 추던데?" 등 자녀가 관심 있을 법한 주제로 대답이 나오도록 유도하고 대화 양부터 확보한다. 배우자와 대화할 때도 상대의 관심사에 맞춰 소재를 끊임없이 찾아낸다.

얼마나 부러운 자원인가. 어차피 인생이 계속되는 한 사람을 계속 만날 것이므로 이런 대화력은 중요한 매력 포인트가 된다. 설령 지금 사귀는 사람과 헤어지게 되더라도 쉼 없이 대화력을 높여야 한다. 헤어질 때도 소통을 잘해야 상처가 적고, 다음에 올 사랑을 위해서도 대화력은 필요하다.

떠올려보면 인생에서 가장 즐거웠던 일도, 대부분의 상처도 결국 대화에서 비롯했다. 멀쩡한 능력과 좋은 의도를 가지고 있는 사람들도 말 몇 마디 잘못해서 구설수에 오르는 경우가 얼마나 많은가. 말은 언제든지 날카로운 칼이 될 수 있기 때문에 섬세하게 다뤄야 한다. 그러지 않으면 피해자라고만 여겼던 자신이 순식간에 가해자로 돌변할 수 있다.

○   대화는
      탁구처럼

그럼 어떻게 하면 대화력을 높일 수 있을까? 우선, 말로 자주 상처를 주는 사람은 '말을 너무 많이 한다'는 점을 기억하자. 할 말 못할 말 가리지 않고 늘어놓거나, 같은 얘기를 반복하거나, 끈질기게 물고 늘어지는 건 대화가 아니다. 듣는 입장에서는 일단 지겹기 때문에 대화할 의욕이 사라지고, 언쟁이 유발될 가능성이 높아진다. 두 사람이 동시에 말이 튀어나왔을 때는 상대에게 양보하는 습관도 들여야 한다. 그리고 상대방이 물어보지도 않은 사항에 대해 굳이 설명하는 버릇이 있다면 고치도록 하자.

좋은 대화는 탁구를 치듯 주거니 받거니 하는 상호작용이 살아 있다. 앞으로 대화를 할 때는 머릿속에 탁구대를 떠올리기 바란다. 공을 넘겨주고 상대가 치면 내가 받고 다시 넘긴다. 이것이 기본이다. 여기서 공을 넘긴다는 말은 질문을 던지라는 뜻이다. "무슨 일이 있었던 거야?" "몸은 좀 어때?" "그래서 어떻게 된 거야?" "이건 어떻게 생각해?" 등 질문의 공을 넘긴다. 그럼 상대는 설명을 하거나 자신의 감정, 생각을 말할 것이다. 그 중간에 공이 잠깐 넘어오기도 하는데 그럴 때는 "어, 그랬어?" 정도로 가볍게 다시 받아 친다. 이때 눈 맞춤, 고개 끄덕이기, 상대 쪽으로 몸 기울이기 등 평소 익숙한 행동 반응을 더하도록 한다.

○   **질문으로 받거나**
     사과하거나

어떤 사람은 강한 드라이브를 걸거나 매서운 스매싱을 날리기도 한다. 즉 공격 또는 비난이 날아올 때가 있는데, 이에 능숙하게 대처하는 것이 대화력의 중급 기술이다. 여기서 비난은 대개 질문 형태를 띤다는 사실을 염두에 두자. 질문형이 아닌 비난, 예를 들어 "넌 나빠!" "다 너 때문이야!"라는 감탄사형 비난에는 그것이 아무리 거친 비난일지라도 딱히 대꾸해줄 필요가 없다. 본인 혼자 허공에 공을 튕기며 혼잣말을 하고 있는 중이고, 아직 공이 날아오지 않았다고 보면 된다. 우리가 신경 써야 할 비난은 질문형 비난이다.

질문형 비난에는 대개 '왜'가 포함되어 있다. "왜 이렇게 늦었어?" "왜 그런 식으로 행동해?" "왜 그런지 이유나 좀 들어보자" 하는 식이다. 이럴 때 가장 기본적인 대처는 '비난을 질문으로 받기'다. 기분은 나쁘지만 지금 대화 중일 뿐이라는 사실을 상기하자. 나쁜 기분을 그대로 드러내봤자 상대는 "난 그냥 궁금해서 물어본 건데 왜 그렇게 화를 내?" 하고 오히려 무안하게 할 가능성이 높다. 그러니 대답을 하되, 상대방의 감정을 읽어주도록 하자. "자기가 화난 거 나 충분히 이해해. 어떻게 된 거냐 하면…"이라거나 "기분 나빴을 텐데 얘기할 기회라도 줘서 고마워. 사실은 내가…"라고 말문을 열면 상대방도 들어줄 마음이 생길 것이다.

그런데 만약 상대가 "도대체 왜 그러는 거야? 사람이 어떻게 그럴 수가 있어? 나 무시하는 거야? 또 그럴 거야?" 하고 흥분해서 질문을 퍼붓는다면 답하기가 쉽지 않다. 공이 한꺼번에 여러 개 날아오는데 어떻게 받아 치겠는가.

그럴 때는 "나한테 궁금한 게 있는 것 같은데 하나씩 물어보면 내가 아는 대로 얘기를 해줄게. 어떤 게 궁금한 거야?"라며 공을 다시 던져달라고 요구할 수 있다. 상대가 하나씩 제대로 질문을 하면 왜 그렇게 행동했는지 하나하나 알려주고 모르는 것은 "나도 모르게 그렇게 했어"라고 공을 받는다. 그래도 또 비난이 날아오면 질문으로 받고, 상대가 혼잣말을 하면 기다리길 반복해야 한다.

비난에 대응하는 또 한 가지 방법은 사과하기다. 상대가 의도했든 의도하지 않았든 공을 후려칠 때, 굳이 게임을 계속할 필요가 없다고 판단되면 그냥 공을 손으로 삽고 기권하는 것도 방법이다. "그점은 내가 정말 미안하게 생각해. 이유가 있든 없든 전적으로 내가 잘못한 일이야"라며 게임을 끝내자. 물론 사과라는 게 그렇게 간단한 것은 아니기에, 다음 장에서 사과에 대해 상세하게 다룰 것이다.

○   말을 잘하기 위한
준비

말 잘하는 방법에 관한 정보는 유튜브만 봐도 많이 접할 수 있다. 그런 자료에 관심을 가져보기를 강력히 권한다. 특히 비폭력 대화와 관련된 강의나 워크숍, 스피치 코스에도 참가해보면 큰 도움이 될 것이다.

나쁜 의도가 없는데도 자기도 모르게 나쁜 말 습관이 밴 사람이 많다. 알게 모르게 대화를 독선적으로 이끌기도 하고, 답을 정해놓고 동의를 구하는 시늉을 하는 사람도 있으며, 솔직함을 가장한 돌직구로 상처를 주기도 한다.

부모한테 배운 말 습관이나 자연스럽게 터득한 언어 능력만으로는 복잡한 현대 사회를 살아가기가 쉽지 않다. 말하기에 대해 한마디만 하라면 나는 이렇게 얘기하고 싶다. '말은 마음으로 하는 게 아니라 얼굴로 하는 것이다.' 대화력이 부족한 대다수는 마음 때문에 말을 망치는 게 아니다. 평소 준비하지 않다 보니 아무 말이나 튀어 나가고, 계획에 없던, 의도치 않은 표정이 먼저 뛰쳐나가 문제를 만든다.

그런 의미에서 말을 잘하고 싶다면 평소에 미소 짓는 연습부터 해보자. 방법은 별것 없다. 그저 틈날 때마다 얼굴 근육을 움직여 웃는 표정을 짓는다. 지하철을 기다릴 때나 버스 안, 운전이나 업무 도중 등등 언제 어디서든 할 수 있는 연습이다.

근육은 쓰면 쓸수록 발달하게 되어 있다. 웃는 연습을 반복하면 웃을 때 쓰이는 근육이 발달해 얼굴에 미소가 새겨진다. 이게 왜 중요한가 하면 표정은 상대방을 모방하게 되어 있기 때문이다. 사람을 웃길 수 있는 가장 쉬운 방법은 먼저 웃는 것이다. 따라서 습관적으로 웃으면 상대방도 따라 웃게 된다. 나중에는 힘 안 들이고도 늘 상대의 웃는 얼굴을 볼 수 있으니 스트레스도 줄어들고 자신감도 얻을 수 있다. 기분이 좋아져 좋은 말이 나올 것이고 대화를 이어가기도 한결 수월해진다. 웃는 얼굴에 침 못 뱉는다는 말이 괜히 나온 게 아니다.

표정 연습은 돈이 드는 것도 아니고 엄청난 노력이 필요하지도 않다. 다만 하기까지 마음속 저항이 있을 수 있다. 굳이 이런 가식적인 노력까지 해야 하나 싶어서다. 하지만 장담하건대 일단 하다 보면 기분이 좋아져서 계속하게 될 것이다. 근육 운동을 한다 생각하고 틈틈이 눈웃음도 지어보고 입 꼬리를 귀 쪽으로 끌어 당겨보

자. 어느덧 평소보다 밝아졌다는 칭찬도 많이 듣고 마음도 편안해
져 있을 것이다. 뭔가 두려운 일을 앞두고 있거나 뜻대로 잘 안 된
다면 일단 웃자. 세상도 나에게 웃어줄 것이다.

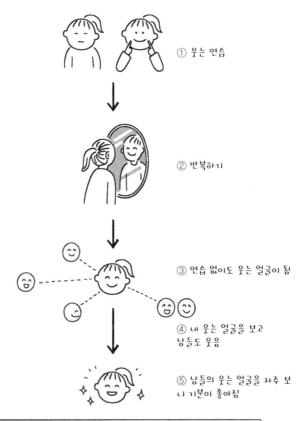

'미소로 말하기' 연습과 선순환

① 웃는 연습

② 반복하기

③ 연습 없이도 웃는 얼굴이 됨

④ 내 웃는 얼굴을 보고 남들도 웃음

⑤ 남들의 웃는 얼굴을 자주 보니 기분이 좋아짐

※ 처음엔 억지로 연습을 하지만 하다 보면 점점 웃을 일이 늘어난다

대화력을 키우는 습관: 섀도잉

외국어 공부법 중에 섀도잉(shadowing)이라는 것이 있다. 외국인이 하는 말을 그대로 그림자처럼 흉내 내는 방법으로, 상당한 효과가 있다.

앞서 말했듯 대화력이 부족한 사람들이 마음 자체가 잘못된 경우는 거의 없다. 다만 사용하는 단어와 말투, 태도 등이 다소 공격적이거나 소극적이어서 상호 소통을 힘들게 하는 것이다. 하지만 대개 본인은 무엇이 잘못되었는지 모르고 오히려 상대를 원망하는 경우가 많다. 그래서 결심만으로는 해결할 수 없고 반복적인 훈련으로 행동을 바꿔야 한다.

이때 좋은 롤 모델이 되어주는 것이 바로 배우다. 배우들은 극 중에서 대개 알아듣기 좋게 발음하며 호감을 주는 목소리 톤을 유지한다. 좋아하는 배우, 말투와 행동을 닮고 싶은 배우가 있다면 그의 극 중 말투를 그대로 따라 해보자.

내 경우는 배우 조승우나 박신양이 연기하는 캐릭터를 많이 따라 했다. 차분하고 여유 있는 말투가 참 부러웠다. 어떤 때는 '그 배우라면 이런 상황에서 어떻게 말했을까?' 하고 생각해보기도 한다. 혹시 그들을 흉내 내는 게 티가 나지는 않을까 불안하기도 했지만 사람들은 전혀 상상도 못 했다. 성대모사가 아니니까. 그러니 여러분도 마음 놓고 롤 모델을 모방해보도록 하자.

4.   사과력:
갈등의 불을 끄는 능력

○   **소방관이 필요한데**
    심판을 찾는 사람들

어떤 내담자들은 진료실에 와서 판정을 해달라고 한다.

"내가 소리를 지르긴 했지만 소리 지르게 만든 건 이 사람이에요! 원인을 제공한 게 더 나쁜 거죠?"

"홧김에 헤어지자고 하긴 했어요. 그런데 세상에, 그날 바로 클럽에 가서 부킹을 했더라고요. 어떻게 그럴 수가 있어요?"

이런 식이다. 누가 먼저 잘못했는지, 누가 더 잘못했는지 심판을 봐달라고 한다.

아무리 사랑하는 사이라도 갈등은 생긴다. 제아무리 친밀하게 지내고 대화력을 키워도 우리는 신이 아닌 인간인지라 완벽할 수 없다. 서로 원하는 게 다를 때도 있고 만사 짜증이 나는 날도 있기 마련이다. 그걸 알면서도 대다수가 갈등 해결을 위한 아무 준비 없이 교제를 시작한다.

과거 대가족 문화에서는 가족이나 친지들의 온갖 갈등과 다툼을 보며 간접적으로나마 해결 방법을 체득할 수 있었다. 그런데 시대가 변하면서 가족 구성원 자체가 적어져서 그렇게 배울 기회가 많이 줄어들었다. 가까이 접할 수 있는 인간관계 틀은 부모가 전부이거나 그조차 없는 경우도 많다. 오죽하면 전문가를 찾아와 판정을 내려달라고 하겠나.

그래도 어쨌거나 갈등의 불은 일단 끄고 봐야 한다. 좋아하는 사람과의 기본 전제는 사이좋게 지내는 것이기 때문이다. 자, 둘 사이에 연결된 사랑이라는 다리에 불이 붙어 활활 타고 있다. 이때 불구경을 하는 사람들은 누가 불을 냈는지 따져도 되지만 다리 위에 있는 사람들은 서둘러 불을 끄기부터 해야 한다. 그러지 않고 거기서 누가 불씨를 당겼는지, 누가 수습에 책임이 있는지 따지고 있다가는 화재를 진압할 골든타임을 놓쳐버린다. 다리에서 시작된 불이 각자의 몸에 옮겨 붙고 전부 타들어가도록 방치하는 바람에, 결국 대형 참사로 이어지고 만다.

그럼 갈등의 불은 어떻게 꺼야 할까. 어떤 방법이 가장 효과적인 진화법일까? 나는 '사과'를 추천한다. 제대로 된 사과가 이루어져야 갈등이 해소되며 더욱 탄탄한 관계로 나아갈 수 있다.

○　사과를 말리는
　　　사회

사랑하는 사람이 있는데 제대로 사랑을 나누지 못하는 것만큼 안타까운 일은 없다. 사랑을 주고받으며 충만함과 행복을 만끽하기에도 시간이 모자란데, 만나기만 하면 화내고 싸우고 서운해하다 보면 결국 깊은 허탈감에 빠지게 된다. 사소한 의견 차이로 싸우다 지쳐 헤어지는 커플들이 얼마나 많은가.

갈등의 불을 끄는 가장 효율적인 방법은 상대에게 진심을 담아 사과하는 것이다. 억지로 사과하거나 마음에 없는 가식적인 사과가 아닌 진정성 있는 사과야말로 냉전을 끝내고 관계를 다시 이어주는 촉매제다.

그런데 우리 사회는 사과에 익숙하지 않다. 생각해보면 우리는 진정한 사과를 받아본 기억이 별로 없다. 국가적으로는 일본에게서 사과를 받지 못했고 가파른 경제 성장의 그늘에서 벌어진 숱한 폭력과 비리도 가해자의 사과 없이 흐지부지되고 말았다. 특히 요즘 젊은 세대는 응당 사과를 받아야 마땅하다. 입시 제도가 수시로 바뀌고, 성차별과 온갖 갑질에 노출되고, 경기 침체에 따른 취업난, 집값 상승 등을 떠안게 되었지만 누구도 책임지는 사람이 없다. 그러니 기성세대가 밉고 싫을밖에. 그런데도 일부 중장년 세대는 자기들 젊었을 때는 더했다며, 누구나 겪는 일인데 웬 유난이냐며 사과는커녕 질타와 훈계를 한다.

심지어 사과하면 지는 거라고 조장하는 풍조도 만연하다. 죄를 짓고도 음주 상태였다고, 기억이 나지 않는다고, 병력이 있다고 평계를 대면 형량이 경감되기 일쑤다. 그러니 누가 제대로 잘못을 인정하고 피해자에게 사과를 하겠는가.

암암리에 퍼진 이러한 문화는 개인에게 적잖은 영향을 끼친다. "제가 좀 예민했어요. 미안합니다" "앞으로는 주의하겠습니다. 용서하세요"라는 말 한마디면 좋게 마무리 될 일인데도 죽기 살기로 싸운다. 인생이 뒤바뀔 중대 사안도 아닌데 간단한 사과조차 하지 않아 문제를 키우는 일이 비일비재하다. 더욱이 사랑하는 사람의 마음에 생채기를 내서 득 볼 사람은 대체 누구인가.

○　　**사과의**
　　　　3단계 완성법

사과의 기술을 터득해놓으면 여러모로 유리하다. 비단 연애 과정에서만 유용한 게 아니다. 제대로 된 사과는 다양한 관계 속에서 우리를 지켜준다. 분노의 불길 앞에서 한 발 물러설 수 있게 하고, 순식간에 큰불을 꺼버릴 수도 있다. 사과력은 사람이 있는 곳에서는 반드시 구비해야 할 소화기 같은 힘을 발휘한다. 특히 미안하다는 말을 분명히 했는데 상대가 오히려 더 크게 화를 낸 경험이 있는 사람들은 다음 내용을 잘 읽어주기 바란다.

올바른 사과는 3단계로 이루어진다. 사과의 말, 사과하는 내용, 앞으로의 대책이 그것이다. 먼저 미안하다는 '표현'이 있어야 한다. 미안해, 잘못했어, 사과할게 등 명확한 사과의 말이나. 간단한 것 같지만 많은 사람들이 사과를 한답시고 다른 말을 한다. 가령 "그만하자" "잘못했다고 치자" "내가 죽일 놈이다" 같은 말은 사과가 아니라 선전 포고다. 자칫 꺼져가는 불씨에 기름을 부을 수 있다. 친해지려면 우선 인사말을 건네야 하듯 사과의 시작은 사과하는 말이어야 한다.

다음 단계는 '무엇을 잘못했는지' 밝히는 것이다. 소리를 질렀는지, 휴대폰을 꺼뒀는지, 막말을 했는지 등 사과할 내용이 자연스럽게 이어져야 한다. 사과하는 말의 앞이나 뒤에 붙여서 언급하면 된다. 이 타이밍을 놓치면 "뭘 잘못했는데?"라는 공격을 받고, 어영부영하는 사이 비난이 이어질 수 있다.

마지막으로 '재발 방지 대책'이 있어야 한다. 이것이 가장 중요하다. 다툼과 사과, 화해가 필요한 이유는 똑같은 실수를 반복하지 않기 위해서다. 따라서 재발되지 않을 거라는 약속이나 계획이 반드시 뒤따라야 한다. "다시는 소리 안 지를게. 화가 나면 일단 밖으로 나가 있을게" "앞으로는 상의 없이 쇼핑 안 할게. 카드 내역이 당신 문자 메시지로 전송되게 설정할게" 식으로 구체적 대안까지 밝히면 더 좋다. 그래서 사과를 하려면 대책을 마련한 후 시작하는 게 좋다. 1단계부터 3단계까지 물 흐르듯 이어져야 효과적이다. 예를 들면 "미안해. 내가 기념일을 깜빡하다니… 당신이 얼마나 서운했을까. 앞으로는 알람을 해두고 꼭 챙기도록 할게"까지가 한 세트다.

기억하자. 사과의 말과 함께 잘못한 내용을 구체적으로 밝히기, 재발 방지 대책, 이 세 가지가 합쳐져야 비로소 사과가 완성된다.

여기에 두 가지를 덧붙이자면, 우선 사과하면서 상대방에게 용서해주기를 채근하지 말라고 강조하고 싶다. 다툼이 일어났으면 둘 사이에 거리가 생긴 것이자 친하지 않은 관계가 된 셈이다. 사과를 했다지만 다시 친밀해지는 데에는 시간이 걸린다. 사과했으니 당연히 용서해줘야 한다는 생각을 품는 순간, 힘들게 낸 용기와 행동이 물거품이 될 수도 있다. 3단계 사과 그 자체로 마침표를 찍어야 한다. 중언부언하며 변명하거나 "내가 사과했으니 너도 사과해줘"라는 식으로 뭔가 요구하는 건 애써 한 사과를 헛되게 한다.

이와 관련해, 아무리 사과를 잘해도 상대의 반응이 냉소적일 수 있다는 점에 대비해야 한다. 불난 곳에 물을 뿌려 불을 꺼도 잔불과 연기가 남듯 갈등은 한순간에 사라지지 않는다. 사과의 말이 귀로 들어가 머리를 거치고 가슴으로 내려가기까지는 시간이 걸린다. 그래서 "흥! 말로는 잘도 하지" 하는 식의 차가운 반응을 한동안 감수해야 할 수도 있다. 몹시 민망하고 부끄러울 것이다. 그 순간, 억울해하며 감정을 폭발하지 말기를 바란다. "내가 미안하다는데 왜 화안 풀어!" 하며 따지지 말고 냉소가 지나갈 때까지 잠자코 기다리자. 앞서 다룬 '넘어가주기' 기술이 필요한 순간이다.

나에게 사과하기

자존감이 높아야 하고 자신을 존중해야 한다는 것은 이제 거의 상식이 되었지만 아직도 많은 사람들이 자신을 함부로 대한다. 완벽에 가까운 목표를 설정해 부담을 주기도 하고, 습관처럼 자신에게 불평불만을 퍼붓는 사람도 있다.

우리가 제일 자주, 많은 이야기를 나누는 사람은 자기 자신이다. 그래서 자신에게 하는 말이 모르는 사이 타인을 만나서도 툭툭 튀어나오게 마련이다. 자신과의 관계를 늘 체크해봐야 할 이유다.

그러니 오늘은 나에게 사과할 것이 없는지부터 살펴보자. 술이나 담배를 너무 많이 권하지는 않았는지, 잠은 제대로 재웠는지, '왜 그리 의지가 약할까?' '언제쯤 정신 차릴 거야?' '이것밖에 못 해?'라고 비난해서 상처 주지는 않았는지, 무의식적으로 '넌 안 될 거야. 잘될 리가 없어! 이제까지 제대로 한 게 뭐가 있어'라며 저주하지는 않았는지 하나하나 되짚어보자.

자신에게 잘못한 게 있다면 거울을 보면서 사과하자. 미안하다고 사과하고, 무엇이 미안한지 말하고, 앞으로 어떻게 할 것인지 소리 내어 다짐해보자. 오늘 당장 용서를 못 받을 수도 있지만 나와의 거리가 조금은 더 가까워질 것이다.

오늘 할 일

나에게 사과할 것 적어보기

5. 지속력:
다리를 보수하고
유지하는 힘

○ '그냥 하는' 것의
힘

"무슨 생각 하면서 스트레칭 하세요?"

　과거 한 방송 프로그램에서 피겨 스케이팅 선수 김연아의 모습을 촬영하다가 던진 질문이다. 빙판에 오르기 전에 스트레칭을 하는데, 질문한 사람은 뭔가 특별한 답을 기대했던 것 같다. 그런데 김연아 선수는 웃으며 이렇게 대답했다. "무슨 생각을 해…. 그냥 하는 거지."

　그 장면을 보면서 여러 생각이 들었다. 자신의 길을 흔들림 없이 걸어가는 사람들에게는 그 비법을 캐내려는 많은 질문이 쏟아진다. 그런데 대답은 허무하리만치 단순한 경우가 많다. 몇십 년째 식당을 운영해온 할머니도 그랬다. 맛있는 육개장을 만드는 비법이 있느냐는 질문에 "그냥 파 많이 넣고 고기 많이 넣고 푹~ 끓이는 거지." 사이좋게 백년해로한 노부부에게 그 비결을 물어봐도 "비결이 뭐 있나? 그저 서로 아껴주면서 살았지"라며 멋쩍게 웃는 장면을 보곤 한다. 사회적으로 성공한 사람들의 대답도 그렇게 단순할 때가 많다.

그들이 말한 '그냥 하는 것'에 숨은 원동력은 무엇일까? 다시 말해, 자기 길을 그저 뚜벅뚜벅 걸어가는 힘은 어디서 오는 걸까?

○ **사랑의 위기를
견뎌내는 능력**

그냥 계속하는 힘, 그것은 다른 말로 꾸준히 하는 능력일 것이다. 포기하지 않고 끝까지 해내는 능력을 지속력이라고 하는데, 앞서 말한 것처럼 비법을 알아내기가 쉽지 않다. 지속력이 부족한 사람은 다양한 이유를 들지만 막상 지속력을 지닌 사람은 딱히 왜 그런지 말하지 못한다. 사랑에서는 더욱 그렇다. 꾸준한 설렘과 신뢰, 존중을 주고받는 비결이 있기는 할까?

요즘 시대에 꾸준하고 끈질긴 사랑을 논하는 게 어쩌면 촌스러운 얘기가 아닌가 하는 생각도 든다. 하지만 혼자 사는 사람이 늘어난 만큼 혼자 있는 것을 두려워하는 사람도 많아졌다. 최근 공황장애나 불안장애를 호소하는 사람 중에는 "혼자 있다가 쓰러지기라도 하면 그대로 고독사할까 봐 걱정이 돼요"라고 털어놓는 경우도 많다. 누군가와 연결이 끊어진다는 생각이 들면 우리의 심장은 불안으로 요동치기 마련이다.

꾸준한 사랑이 그저 오래 함께 시간을 보내는 것만을 뜻하지는 않는다. 둘의 관계가 평화로워야 하고 민주적이고 평등해야 한다. 그리고 관계의 기반에는 존중이 있어야 한다. 사사로운 단점에 얽매이지 않고 서로의 행복을 위해 노력하는 삶, 그런 삶의 기술을 갖췄다는 건 인간관계에서는 유연성과 포용성을 두루 발휘할 수 있고 어떤 위기가 와도 감당할 수 있는 강한 멘털을 지녔다는 뜻이기도 하다.

○　　**오래된 커플들의**
　　　공통점

평상심을 유지하며 오래가는 커플들에게 공통점이 있다면 그 첫 번째는 사랑에 큰 기대를 걸지 않는 것이다.

재미있게 보던 드라마도 중간에 흡인력이 떨어지는 부분이 있게 마련이다. 간접광고(PPL)가 너무 티가 나서 몰입을 방해한다거나, 조연 배우가 연기를 잘 못한다거나 하는 여러 이유로 말이다. 하지만 그만 볼까 하다가도 강렬한 엔딩 장면이 나오면 다음 회를 또 기다리게 된다.

사랑하는 사람과의 일상도 매일같이 새롭고 달콤할 수는 없다. 피곤하고, 할 말 없고, 모든 게 귀찮아지는 시간이 오게 마련이다. 그렇다고 해서 사랑이 끝났다고 단정하면 안 된다. 완벽한 사랑은 없다. 귀하디귀한 아이를 키우면서도 수십 번 소리를 지르는데 하물며 생판 남을 만나 하는 연애나 결혼생활에서 갈등 한번 없으랴. 섣부른 기대와 실망을 넘나들기보다는 '이건 또 어떤 이야기로 이어질까' 하고 궁금해하는 여유를 가져보자.

　오래가는 커플의 두 번째 비결은 기념일을 잘 챙기는 것이다. 거창한 이벤트를 준비하라는 뜻이 아니다. 매일 설렐 수는 없지만 특별히 행복해질 수 있는 기회는 놓치지 말자는 말이다. 사귀기 시작한 날, 생일, 밸런타인데이, 화이트데이, 크리스마스, 연말연시만 챙겨도 평균 두 달에 한 번 이벤트를 맞는다. 그런 날만이라도 연인 또는 배우자를 얼마나 사랑하는지, 얼마나 고마운지 정성을 들여 고백해야 한다. 회사에서 장기 근속한 사원에게는 소정의 상여금이라도 줘야 일할 맛이 나는 법이다. 마찬가지로 사랑하는 사람에게 일 년에 몇 차례는 감사패를 줘야 하지 않겠나. 큰 부담이 되지 않는 선에서 이벤트는 사랑의 다리를 잇는 볼트와 너트가 된다.

　세 번째, 피곤하거나 지쳤을 때 혹은 배가 고플 때는 중요한 결정을 미룬다. 우리 일상은 스트레스의 연속이고 몸은 생각보다 빨리 지친다. 잠이 부족하고 혈당이 떨어지면 세상 모든 것이 부정적으로 보인다. 지금 당장 눈앞의 연인에게 화가 나고 절대 타협할 수 없는 차이 같아 답답해도 사실은 전혀 다른 곳에서 감정이 상했을 수 있다. 그러니 상대가 밉고 못마땅한 상태라면 컨디션부터 회복하고 볼 일이다. 만남과 헤어짐 같은 중요한 결정은 몸 상태가 좋을 때 해야 한다. 위급한 문제가 있지 않은 한, 헤어질지 말지 결정하기까지는 최소 2주에서 한 달가량 시간을 가지는 게 좋다. 맑은 정신에 내린 결정이어야 후회가 적다. 아무리 화가 나고 속이 상해도 일단 밥을 먹고 몸을 움직이자.

마지막으로, 단시간에 접한 모습으로 상대를 단정하지 않는다. 이를 위해 자신이 사람을 제대로 알 수 있는 기간을 미리 정해두면 좋다. 나 같은 경우는 최소 판단 기간을 1년으로 잡는다. 직장에 들어가서도, 주거지를 정할 때도, 친구를 사귈 때도 마음을 열기까지 뜸을 좀 들이는 편이다. 인간의 마음은 생각보다 계절 영향을 많이 받기 때문이다. 3월에 활기차고 의욕적인 사람이라고 해서 늘 그럴 것이라고 기대해서는 안 된다. 나무가 봄, 여름, 가을, 겨울에 모습과 상태를 달리하듯 사람도 변한다. 사계절을 거치며 보여주는 다양한 모습을 통해 상대를 파악하자.

몇 번 만나고서 평생 사랑할 수 있다고 속단하지 말고, 우선 1년 정도 알아보자는 마음으로 사귀었다가 10년 정도 같이 살아보면 좋겠다는 마음이 들면 그때 결혼을 생각해도 늦지 않다. 물론 한두 번 보고 결혼해서 잘 사는 사람들도 있지만 그건 어디까지나 예외적인 경우다.

○ 최선을 다해
   잘해주기

지속력은 마치 특별한 훈련이 필요할 것 같아 보이지만 사실은 얼마나 현재에 충실하느냐에 달려 있다. 인생은 예상이 수시로 빗나가고 기복이 잦기 때문이다. 당시에는 납득할 수 없던 일들이 시간이 흐른 후에 이해되기도 하고, 알고 있다고 생각했는데 틀린 경우가 수없이 많다. 떠날 사람은 떠나고 남을 사람은 어쨌든 남는 법. 그저 지금 곁에 있는 사람에게 최선을 다해 잘해주고, 헤어질 때가 오면 잘 보내주겠다는 마음을 준비할 뿐이다. 결국 이것이 오래가는 사랑의 비결이 아닐까 싶다.

미국의 심리학자 앤절라 더크워스는 열정과 끈기를 유지하는 개인의 특성을 '그릿(Grit)'이라고 부르는데, 동명의 책을 통해 그릿이야말로 모든 성공의 기반이 된다고 말했다. 흥미로운 건 나이가 듦에 따라 그릿이 조금씩 증가한다는 사실이다. 그러니 조바심을 내지 않고 오늘 하루만 잘 보내도 당신의 그릿이 그만큼 늘어난다. 이 책을 여기까지 읽은 독자라면 자신의 그릿에는 문제가 없다고 봐도 된다. 지루한 부분을 감내하며 이만큼 읽어왔다면 그건 뭐든 꾸준히 해나갈 충분한 힘을 갖고 있다는 증거다.

못 하겠다 싶을 때 한 번 더

지속력은 끊어질 듯할 때 한 번 더 이어가게 만드는 근성 같은 힘이다. 웨이트 트레이닝 코치들도 같은 말을 한다. "도저히 못 하겠다 싶을 때 한 세트를 더 하면 그때 근육이 생깁니다." 더는 못 할 것 같아서 내려놓고 싶지만 이때 한 번 더 하기 위해 지금까지 고생한 셈이다.

사랑도 그렇다. 서로를 존중하고 사랑을 이어가고 싶다면 더는 못 하겠다 싶은 때가 와도 한 번 더 하는 수밖에 없다.

어제는 이미 지나갔으니 어쩔 수 없지만 오늘 하루만큼은 이렇게 마무리해보면 어떨까? "오늘 여러 가지 일이 있었지만, 당신을 사랑하는 마음이 변한 건 아니야. 내일도 사랑할게." 그러면서 사랑을 이어가면 좋겠다. 우리는 지금 한 번 더 사랑하기 위해 이제껏 사랑해 온 건지도 모른다. 힘들어도 한 번 더! 그 순간 사랑력도 성장한다.

chapter 7

사랑에 대한
현실적인 질문들

1. 엄두가 안 날 때:
시작이 힘든 사람들에게

○ 최대 정지 마찰력 〉 운동 마찰력

처음 자전거를 배우던 날이 기억난다. 수십 번을 시도했는데도 자꾸 넘어지자 눈물이 터졌다. 전봇대에도 부딪혔고, 드디어 잘 타는 줄 알고 까불다가 콘크리트 바닥에 무릎을 찍기도 했다. 어느 날 이쯤에서 포기해야 하나 하는 심정으로 페달을 밟았는데 어찌어찌 중심을 잡았다. 좌우로 비틀거리면서도 다리에 힘을 주고 바퀴를 굴렸다. 그때 뒤에서 고함 소리가 들렸다. "홍균아, 아빠 손 놨어! 너 혼자 타고 있는 거다!" 뒤를 돌아볼 여유는 없었지만 그렇게 한참을 혼자 쭉쭉 타고 나갔다.

돌이켜보면 모든 게 그랬다. 마음을 다잡고 공부해도 성적은 오르지 않았고 뭘 배워도 초반에 늘 헤맸다. 사랑도 비슷했다. 상대의 마음을 얻지 못할 때마다 '이러다 평생 혼자 살게 되는 거 아닌가'

싶었다. 무슨 일이든 이루기 직전이 제일 힘들었다.

이런 현상은 내가 특별히 머리가 나빠서 생긴 것도 아니고 정성이 부족해서도 아니다. 물리 시간에 배운 '최대 정지 마찰력'이라는 용어는 우리 일상에도 그대로 적용된다. 물체를 움직이려면 정지 마찰력을 넘어야 한다. 일단 움직이고 나면 그보다 적은 힘으로도 물체를 이동시킬 수 있다.

사랑도 마찬가지다. 시작하는 게 제일 힘들다. 시작을 못 하니 경험이 쌓이지 않고 그러다 보면 감을 잃는다. 생각보다 많은 사람들이 사랑을 시작하기 힘들다고 지레 체념하거나 자신을 탓한다. 못나서 사랑을 못 하는 게 아니다. 시작하는 게 유지하는 것보다 원래 어렵기 때문이다. 특히 이후에 벌어질 관계, 노력, 시간, 감정 노동에 엄두를 못 내는 사람이 많다. 가장 넘기 힘든 산은 두려움이다. 그래서 사랑을 하는 데에는 사람이 아니라 용기가 먼저 필요한지도 모르겠다.

○   시작을
      더 힘들게 하는 습관

유난히 사랑을 시작하기 어려워하는 사람들이 있다. 이들은 자신이 가진 특성을 체크해볼 필요가 있다.

첫째는 '예측'을 지나치게 오래 한다. 예측이라고 했지만 사실은 고민의 다른 이름이다. 이런 사람은 '내가 좋은 사람을 만날 수 있을까?' '사귀다 싫증나면 어쩌지?' 등 아직 닥치지도 않은 다양한 상황을 머릿속에 그리느라 많은 시간을 보낸다. 최대한 신중하게 선택해 후회를 줄이려는 마음은 이해가 되지만 사실 결과는 아무도 모른다. 시작을 해봐야 어렴풋한 결과라도 알 수 있지 않겠는가. 시작하지 않고서는 결과도 알 수 없는 문제를 끌어안고 고민만 하다 보니 다음 단계로 나아갈 수 없다.

두 번째는 짝사랑 중독에 빠지는 경우다. 서로 감정을 주고받는 느낌을 좋아하기보다 혼자서 상대에게 호감을 느끼고 가슴 설레는 데에 만족하는 사람들이 있다. 상대의 진짜 모습을 알고 실망하느니 상상으로 떠올리며 행복하겠다고 선택한 것이다. 이들은 짝사랑이 끝나면 슬퍼하지만 사실은 그렇게 아파하는 자신을 보며 '나에게도 아직 연애 세포가 살아 있구나!'라고 안도한다. 남에게 해를 끼치는 것을 극도로 싫어하고 본인 역시 해를 입을까 봐 과하게 걱정하는 타입이다.

세 번째는 과거에 묶여 있는 경우다. 과거와 제대로 이별하지 못해 감정과 응어리가 남아 있는 이들은 새롭게 사랑을 시작하기가 쉽지 않다. 떠난 사람에 대한 미움과 분노의 감정을 애꿎은 다음 사람에게 퍼붓기도 하고, 다시는 상처 받지 않겠다며 사람을 피하는가 하면, 지난 사랑을 이상화하며 눈앞에 있는 사람을 평가절하하기도 한다. 과거가 좋았건 싫었건 간에 하나는 확실하다. 과거를 완전히 걷어차지 않으면 현재의 사랑에 집중할 수 없다는 것이다.

○　**최선을**
　　다하기

사랑을 하기 싫어서 안 하는 거라면 괜찮다. 각자의 선택은 존중받아야 한다. 사랑보다 더 중요한 것이 있어서 우선은 그것에 집중해야 한다면 그래도 된다. 하지만 하고 싶은데 못 하고 있거나 해야 하는데 안 되고 있으면 적극적으로 해법을 고민해야 한다. 이런 상태가 너무 오래 지속된다면 전문가의 도움을 받길 권한다. 뇌의 세로토닌 시스템에 문제가 생기면 모든 것이 부정적으로 느껴지거나 사소한 결정도 부담스러워 사는 게 무척 괴롭다. 그럴 땐 몸이나 마음에 문제가 생겼다는 신호일 수 있으니 의사나 상담가를 찾아가야 한다.

　사랑을 방해하는 것이 있다면 우리의 마음과 인생 전반에 손해를 끼치고 있을 확률이 높다. 사랑하는 능력에 문제가 생겼다는 것은 잠재력을 끌어내는 능력이나 의욕을 생산하는 능력이 손상되었다는 뜻이기도 하다. 무턱대고 새 사랑을 시작하려고 덤비기보다는 건강을 먼저 회복해야 이후가 순조롭다.

　몸에 별문제가 없고 심리적으로도 건강한 상태라면 작은 성취를 통해 사랑의 반경을 키워나가라고 조언하고 싶다. 사랑하는 힘은 사랑을 해야만 늘어난다. 팔의 근력을 키우려면 자꾸 움직이거나 무거운 것을 들며 단련해야 한다. 근력이 약하다는 이유로 시도조차 하지 않는다면 영원히 힘을 키울 수 없다. 10kg 덤벨을 들고 싶으면 우선 8kg을 들어야 하고, 그게 안 되면 5kg, 그것도 힘들다면 1kg부터 시작해야 한다.

단둘이 하는 사랑은 난이도가 상당히 높다. 그래서 연인 간의 사랑이 두렵다면 먼저 가족을 가족으로 사랑해보고, 친구를 친구로 사랑해보는 단계에서 시작하자. 가깝고 자연스러운 사랑부터 해보는 것이다. 또한 내 하루를 사랑하고, 취미 생활이나 소소한 일상을 사랑해보려고 노력하자. 매사를 사랑하다 보면 어느 날 연인과 들어 올릴 사랑의 기본기를 다지게 되지 않을까.

완벽한 사랑은 없다. 그때그때 최선을 다해 사랑하는 수밖에 없다. 그 자세가 우리를 성장시킬 것이다.

2. 헤어져야 할까, 말아야 할까: 결정하기 힘든 사람들에게

○ 이별 공포증 vs.
이별 예찬

헤어지는 건 두렵다. 아픈 주사를 맞거나 곪은 피부를 긁어내는 일과 같아 아프고 괴롭다. '대체 왜 내게 이런 일이…' 하며 하늘을 원망하게 되고 그런 상황이 싫고 자신을 책망할 수도 있다. 그런데 그렇다고 지체하면 더 아파진다. 아픈 상태로 인연을 이어가면 사랑하기는 더 힘들어지고, 결국 더 아픈 상태에서 헤어지면 다음 사랑에도 영향을 미친다. 수술이 필요한 병에 걸렸다면 위험을 감수하고라도 수술을 받아야 살 수 있듯, 단지 이별 후 고통이 두려워 헤어지지 못하고 있다면 어리석은 일이다. 이별이 두려운 마음은 이해하지만 이별 공포 때문에 아닌 인연을 이어가면 안 된다. 사랑하지도 않는 사람과, 사랑해선 안 될 사람과 오래 만나는 상황에 선뜻 박수를 쳐줄 사람은 많지 않다.

　그런데 이런 상황은 어떤가. 끊임없이 헤어지자고 하는데, 막상 헤어져보면 아쉬운 마음에 다시 만나고, 아니다 싶어 다시 헤어지려고 하면 상대방이 붙잡아 울며 겨자 먹기로 다시 만나고⋯ 이렇게 반복하는 상황. 사랑과 이별, 이별 공포가 이처럼 뒤섞이면 물이 많은 밀가루 반죽처럼 관계는 엉망진창이 되어버린다.

　"이런 사람과 사귀는 게 나을까요, 헤어지는 게 나을까요?" 오늘도 수많은 연인들이 인터넷 게시판에 글을 올렸다 지웠다 반복할 것이다. 한때 나는 이별을 권하는 사람이었다. 지인이 연애 상담을 해 오면 웬만하면 헤어지라고 말했다. 내가 오랜 시간 혼자 지낸 걸 뻔히 알면서 내게 상의할 정도로 힘들다면 굳이 만남을 이어갈 필요가 없다는 게 지론이었다. 한편으로는 솔로 생활의 자유와 행복을 주변에 전파하고 싶은 마음도 있었다. "야, 되지도 않을 사랑 타령 그만하고 빨리 헤어지고 나랑 신나게 놀자!" 틈만 나면 친구들을 꼬드겼다.

○　　**답은 이미
　　정해져 있다**

연인과 이별할지 말지를 지인에게 상의하거나 익명 게시판에 올리는 사람들에게 하고 싶은 말이 있다. 조언하는 사람은 얼핏 도와주려는 듯 보이지만 실상은 다들 자기 기준에 따른 말만 반복한다. 이별 예찬론자는 헤어지길 독려하고, 결혼 예찬론자는 꾹 참고 결혼까지 가라고 말한다. 경제적인 문제가 중요하다고 생각하는 사람은 돈부터 벌라고 하고 운동이 좋은 사람은 운동하길 권하며, 독설을 좋아하는 사람은 정신 차리라고 말한다. 그들이 나쁜 사람이라서가 아니다. 인간은 누구나 자신의 경험을 바탕으로 판단하기 때문에 그렇다.

하기야 질문을 하는 사람도 본인이 원하는 답이 정해져 있다. 헤어지고 싶은 마음이 강할 때는 헤어지라는 댓글이 달릴 수밖에 없게끔 글을 쓰고 그런 댓글만 읽는다. 역술원을 찾거나 상담실을 찾거나 책을 읽을 때도 마찬가지다. 받아들이고는 싶은데 망설여지는 일을 타인의 입을 통해 확인하면 받아들이기가 훨씬 수월하다. 결국 조언을 구하는 사람이나 건네는 이 모두 각자가 원하는 쪽으로 치우치게 마련이다.

이별할지 말지를 유난히 오래, 심지어 몇 년에 걸쳐 결정을 번복하며 고민하는 사람들도 그렇다. 그들은 오랫동안 '고민'하기를 '원하고' 있다. 이렇게 지적하면 그들은 절대 아니라고, 헤어지고 싶은데 잘 안 된다고 항변할 것이다. 맞다. 헤어지고 싶은 마음도 있을 것이다. 하지만 스스로 결단을 내리기보다는 상대의 결정을 따르고 싶은 마음, 깊은 관계는 싫지만 딱 끊어내기는 아쉬운 마음, 아직 헤어질 때가 아니라는 마음 등이 더 강한 상태다. 갈팡질팡하려는 마음이 조금 더 세서 생긴 일이다.

○ 헤어지지 못하는 네 가지 이유

어쩌다 그렇게 되었을까? 헤어져야 할 이유를 수십 가지 늘어놓으면서도 왜 갈팡질팡하는 쪽을 선택할까? 상대를 있는 그대로 받아들이지도 못하고 미치게 사랑하는 것도 아니면서 왜 인연의 끈을 놓지 못할까? '아직은 사랑하기 때문'일 수도 있겠지만 사실 그 외의 이유가 더 많다.

우선 낮은 자존감이 영향을 끼치고 있을 가능성이 높다. 세상에 자신에게 이만큼이라도 관심을 가져줄 사람은 한 명밖에 없다고 생각하는 것이다. 자신의 매력이나 능력을 함부로 낮게 평가해서 생기는 불행이다. 마치 다단계 회사에 빠진 것과 같다. 자신이 돈 벌 방법은 오직 그것밖에 없다고 믿으며 미련을 못 버리고 계속 돈을 갖다 바치는 꼴이다. 지금도 충분히 불행하지만 더 불행해질까 봐 두려워 빠져나오지 못한다.

이와 반대로 숨겨진 나르시시즘 때문에 인연의 끈을 놓지 못하는 경우도 있다. 이런 사람들은 자신은 특별하며 자신의 사랑은 기적을 만들어낼 수 있다고 믿는다. 지금은 힘들지만 어떻게든 이 사람을 변화시켜서 자신의 가치를 증명해내고 싶은 욕심이 발목을 잡는다. '자신의 한계 설정하기'가 준비되지 않은 경우다. 만일 상대방이 성숙과 긍정적인 변화의 길을 가고 있다면, 본인도 보람을 느끼고 바라보는 사람도 흐뭇해야 한다. 헤어지고 싶고, 지치고, 한심하게 느끼면서도 미련을 안고 사귀고 있다면 자신이 사랑의 힘에 너무 기대를 걸고 있는 게 아닌지 냉정히 돌아볼 필요가 있다.

세 번째로 남에게 화가 나 있는데 자신을 괴롭히는 방식으로 앙갚음하고 있는 경우가 있다. 예를 들어, '내가 이렇게 자기 파괴적인 사랑을 하고 있는 건 어린 시절의 트라우마 때문이다'라는 가설을 세우고 이를 입증하기 위해 불행을 택하는 사람들이다. 이들은 상담가를 찾아가서도 같은 가설을 확인하려 한다. 물론 과거의 피해 기억과 가해자 때문에 지금까지 괴로움을 안고 사는 건 안타까운 일이다. 과거의 인물들이 얼마나 큰 잘못을 했는지 입증하고 싶은 마음이 드는 것도 당연하다. 하지만 거기에 내 현재와 미래를 죄다 맡기는 것은 너무 큰 손실이다. 트라우마나 피해는 그것대로 상담 등을 통해 치유하도록 힘쓰되, 눈앞의 인생은 두 배로 행복하게 가꾸어가야 한다. 누구도 아닌 자신을 위해서 말이다.

마지막으로, 성욕을 사랑으로 착각하는 경우에도 끝없는 혼란에 빠진다. 인간에게는 스킨십을 향한 강렬한 본능이 있고, 그 본능이 판단과 행동에 영향을 끼친다. 아무도 대놓고 말하지는 않지만 헤어지지 못하는 것과 성욕이 전혀 무관하지는 않다. 사람에 따라서는 절대적인 이유가 되기도 한다. 대개 몸이 먼저 식고 마음속 애정이 식지만 반대의 경우도 많다. 격하게 보고 싶은 마음이 든다고 해서 그게 100퍼센트 정신적인 그리움이라고만 생각해서는 안 된다. 육체적 사랑도 중요하지만 지나치게 미화하거나 의존하는 것은 조심해야 한다.

○ 무엇이 아니라
'어떻게'

그렇다면 앞으로 헤어질지 말지를 두고 고민을 한다면 어떻게 하는 게 좋을까?

만나는 게 좋을지, 헤어지는 게 나을지 고민하는 건 무엇(what)에 대한 고민이다. 갈림길에서 무엇을 선택할지 고민하는 것이다. 이는 어느 길을 선택하느냐에 따라 인생의 결과가 달라진다는 전제에서 출발한다. 어느 길로 가느냐 하는 것도 중요하지만 더 중요한 문제가 있다. 그것은 어떻게(how) 가느냐이다. 고민이 된다는 건 달리 말해 그게 그거라는 뜻이다. 만나도 50~60점짜리 결정이고 헤어져도 50~60점짜리 결정이다. 즉 만족할 만한 답이 안 나오는 문제다.

그럴 때는 헤어질까 말까 하는 고민을 버리고 오늘을 '어떻게' 보내는 게 나을지부터 고민하기를 권한다. 오늘 함께 영화를 보기로 했으면 신나게 데이트를 하는 게 낫다. 오늘 각자 따로 지내기로 했다면 각자 신나게 지내는 게 좋다. 헤어질 인연이면 영화를 보다가도 헤어질 것이고, 만날 사람이면 지구 반대편으로 여행을 갔다가도 만나게 되어 있다. 지금 당장의 행복을 목표로 살자는 얘기다.

만날까 헤어질까 고민하느라 오늘을 망치지 않았으면 좋겠다. 중요한 건 '어떻게'다.

3. 부모의 반대, 어떻게 할까: 갈등 상황을 맞은 사람들에게

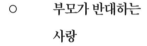

○ 부모가 반대하는 사랑

사랑하는 사람과의 교제를 부모가 반대하면 그보다 곤혹스러운 일이 없다. 이때 여러 심리가 복합적으로 작용하는데 특히 신뢰 문제가 숨어 있는 경우가 많다. 사랑하는 사람을 부모가 인정해주지 않는다는 것은 내가 신뢰를 받지 못했다는 뜻으로 해석되고 그것은 곧 부모 사랑을 받지 못한다는 생각으로 이어진다.

부모도 반대하는 데에는 이유가 있다. 나이가 들고 체력은 떨어졌지만 살아온 경험으로 '사람 보는 눈' 하나만큼은 자신 있기 때문이다. 오로지 자식의 미래를 생각해 하는 말인데 따라주지 않으면 속이 상한다. 심지어 나중에 그때 왜 말리지 않았느냐는 원망이라도 들을까 봐 더 필사적이 된다. 이때 자칫 서로의 자존심이라도 건

드리면 문제는 더 커진다. "난 이 사람이 좋아요" "네가 아직 뭘 몰라서 그래" "왜 나를 못 믿어요?" "너는 왜 나를 안 믿니?" "부모님이랑 우린 다르다고요" "내가 살아봐서 너 잘 안다니까." 이런 무한 반복 루프에 빠진다. 서로의 감정을 긁고 마음에 상처를 주다가 결국 누가 더 아픈지 경쟁적으로 호소하는 지경까지 간다.

좀 성숙한 사람들이라면 각자 입장에 대해 토론도 하겠지만 사실 그것도 별 의미가 없다. 대화 주제가 '저 사람이 좋다 vs. 저 사람은 안 된다'는 감정적 판단이기 때문이다. 감정은 원래 논리가 없다. 한쪽에서는 A라는 이유로 좋아할 수 있지만 반대쪽에서는 바로 그 이유로 싫을 수 있다.

사랑하는 부모가 사랑하는 연인과의 교제(결혼)를 반대하면, 어떻게 해야 할까? 내 인생은 내 것이니 신념대로 밀어붙이는 게 나을까? 아니면 부모의 인생 경험을 믿고 따라야 할까? 완강한 마음을 설득해 돌릴 수 있는 방법이 있을까?

○　　**설득의**
　　　법칙

이런 사안이 있을 때는 '부모님의 생각만 바꾸면 모든 문제가 해결된다'는 생각이 머릿속을 가득 채운다. 본인이 포기할 것이면 굳이 저런 고민을 할 필요도 없기 때문이다. 그래서 여기서는 부모님을 설득하는 방법을 얘기해보겠다.

앞서 사랑을 이루는 다섯 가지 힘 중 하나가 친밀력이라고 했는데, 설득에서도 친해지기가 기본이다. 설득을 가장 모범적으로 해내는 사람들이 있다. 바로 부동산 중개인들이다. 그들은 손님이 오면 바로 집을 안내하지 않는다. 차근차근 단계를 밟듯 손님을 대한다. 우선 집 보러 다니느라 지친 다리를 쉬게끔 편안한 소파에 앉으라고 권하고, 음료를 건네 여유를 갖게 한다. 그런 다음 대화를 시작한다. "집 보러 다니기 너무 힘든 날씨죠?" "결혼은 하셨어요? 아이가 있나요?" 하며 자연스럽게 관심을 표한다. 대화 중간 중간 "아, 우리 애랑 비슷한 또래네!" "나도 이 동네가 그래서 좋았어요"라고 맞장구를 치며 공감대도 형성한다. 그다음 적극적으로 발 벗고 나서 여러 집을 보여주며 손님과 경험을 공유한다. 그렇게 어느 정도 신뢰가 생길 즈음, 결정적인 순간에 계약이 될 성싶은 조건을 제시하고 성사시킨다.

부모를 설득하는 과정도 여기서 힌트를 얻을 수 있다. 부모 자식은 오랜 시간 함께해온 사이지만 의외로 서로에 대해 아는 게 없다. 요즘 관심사가 무엇인지, 누굴 자주 만나는지, 건강은 어떤지도 모르기 일쑤다. 눈 마주치고 대화 한번 제대로 한 적 없다가 어느 날 갑자기 사귀는 사람을 소개한다면, 와락 반겨 맞이할 부모는 그리 많지 않을 것이다. 그 상대가 마음에 들지 않는다면 더욱 그럴 테고.

누가 됐든 설득을 하려면 친해져야 하고 친해지려면 상대가 원하는 것을 줘야 한다. "세상이 변했어요. 우리 세대는 다르다고요!"

라고 강하게 나가봤자 부모가 마음을 열지 않는 한 설득은 불가능하다.

○　　사이에 끼지 말고
　　　　각각을 바라보라

부모를 설득하기 위해서는 단기전보다는 장기전을 택하는 게 유리하다. 나이가 들수록 가치관이나 생각을 바꾸는 데 시간이 오래 걸린다. 적어도 몇 주에서 몇 달은 부모와 친하게 지내는 데 주력하자. 그 시간 동안 도움이 될 마음가짐을 소개한다.

　첫째, 상황을 최대한 담담하게 받아들이자. 누구에게나 좋고 싫음이 있다. 식사 메뉴 하나 정할 때도 취향이 갈리는데 사람에 대한 느낌은 오죽할까. 내가 사랑하는 사람을 부모가 싫어하는 건 신뢰나 사랑 문제가 아니라 그저 취향이 다른 것뿐이다. 의미를 확대 해석해 너무 예민하거나 진지해지지 말자. 부모의 친구가 내 마음에 들지 않을 수 있듯 부모도 그렇다고 생각하자.

　둘째, 둘 사이에 끼여 있다고 생각하지 말고 각각을 봐야 한다. 부모와 연인이 서로 싫어해도 전전긍긍할 필요가 없다. '부모님이 저 사람의 저런 면을 싫어하는구나! 난 좋은데' '이 사람은 부모님의 이런 점을 불편해하는구나! 나도 그런데' 정도로만 느끼면 된다. 감정에는 충분히 공감하고 정도가 심하다 싶으면 "에이, 그건 좀 오버다" 정도로 가볍게 반응하라. 갈등 상황에 제삼자가 끼어들어서 나아지는 일은 거의 없다. 셋보다는 둘이 싸우는 게 낫다. 셋이 엉키면 문제만 복잡해진다.

마지막으로 주체가 '나'라는 사실을 잊지 말자. 사람을 사랑하다 보면 여러 변수를 만날 수밖에 없다. 사랑하는 사람이 아플 수도 있고 내가 다칠 수도 있으며, 뜻하지 않은 사람이 나타나서 훼방을 놓을 수도 있다. 부모의 호불호는 하나의 변수일 뿐이다. 부모가 든든하게 응원해주지 않는 점은 안타깝지만 결정의 열쇠는 '내'가 쥐고 있다는 점을 기억하자. 모든 상황을 고려해서 전진할지 멈출지는 본인이 결정해야 한다. 내 인생이고, 결정하고 수습하는 최종 책임자도 자신이다.

4. 결혼, 꼭 해야 할까: 회의적인 사람들에게

○ 망설이거나
거부하거나

'결혼하는 게 나을까, 하지 않는 게 나을까'라는 질문은 '해외여행을 하는 게 나을까, 하지 않는 게 나을까'라는 질문과 어떤 면에서 비슷하다. 멀리 외국으로 여행을 떠나는 건 설렘도 있지만 귀찮기도 하고, 낯섦과 위험을 각오해야 하며, 비용과 시간이 많이 드는 일이다. 그만큼 스트레스도 있다. 평생 외국 한번 가지 않고 사는 사람도 있고, 그렇다고 해서 큰 문제가 되는 것도 아니다.

나도 한때 해외여행에 거부감이 있었다. 어머니는 젊은 아들이 집에만 틀어박혀 있는 게 딱해 보였는지 "다들 방학에 배낭여행 간다던데, 넌 어떻게 방구석에만 있니? 돈이 없어서 그런 거면 좀 보태줄까?"라며 은근히 떠날 것을 부추기기도 했지만 나는 움직이지 않았다. 말도 안 통하고 음식도 안 맞고 낯선 곳에 굳이 왜? 웬만한 건 텔레비전에서 다 봤는데 뭐하러? 장시간 비행도 답답하고 싫었다. 나는 혼자 다니는 국내 여행에 충분히 만족했다.

○ **해외여행과**
　　우주여행

여러분에게 묻고 싶다. 특히 해외여행을 좋아하는 사람에게 묻고 싶다. 해외여행을 거부하던 20대 윤홍균에게 뭐라고 말하겠는가.

　가정을 가진 이후 나는 틈만 나면 여행 계획을 세운다. 여전히 게으르고 집에 있는 것을 좋아하지만 기회가 되면 무조건 나가려고 한다. 물론 해외여행은 그때나 지금이나 시간도 많이 들고 시차로 고생도 하고, 언어나 음식 문제 등으로 돌아올 때쯤엔 녹초가 된다. 하지만 몇 달이 지나면 또 새 여행 계획을 짜고 있는 나를 발견한다.

　결혼은 해외여행 같은 것이다. 준비해야 할 것도 많고, 문제도 생기고, 하지 말아야 할 금기도 생긴다. 예기치 못한 변수와 스트레스가 늘 따라다닌다. 나아가 아이를 키우는 건 우주여행 급이다. 중력 자체가 다르게 느껴진다. 예전엔 선배들이 모였다 하면 자녀 얘기를 해서 피곤했는데 어느새 내가 그러고 있다. "너 여섯 살 아이 우주 가봤어?" "저는 곧 입시 은하계에 도전합니다." 우주여행에 다녀온 사람들이 만나면 우주 얘기만 하는 건, 그러고 보니 당연하다.

○   **시도해볼 만한
    경험**

나도 어느새 기성세대로 불린다. 어르신들 말씀처럼 마음은 청춘인데 외부 시선은 중년 아저씨 그 이상도 이하도 아니다. 그럼에도 요즘 젊은이들이 결혼을 얼마나 부담스러워하는지는 알고 있다. 그 심정을 이해도 한다. 하지만 나는 솔직히, 결혼을 권한다. "선생님은 우리 세대를 절대 이해할 수 없어요! 정말 먹고살기 너무 힘들다고요!" 이런 하소연과 불평이 들리는 것 같지만 그래도 어쩔 수 없다. 그렇다고 "여러분, 결혼하기 너무 힘든 시대입니다. 그냥 혼자 사시기를 권합니다"라고 말하고 싶지는 않다. 결혼을 해본 사람으로서 내 입장 정도는 전달해도 된다고 믿는다.

결혼을 하지 않겠다는 사람들을 설득하거나 논쟁하고 싶은 마음은 전혀 없다. 다만 나는 해외여행, 우주여행도 다녀온 사람이라 갈 수 있다면 한번 가보라고 말하는 것뿐이다. 누구나 함성을 지르며 해외여행, 우주여행을 떠날 수 있는 세상을 물려주지 못해 너무 미안하지만 나는 경험주의자이고, 이 괜찮은 경험을 권하고 싶다.

결혼은 장단점이 있지만 그 자체가 새로운 여행이고, 떠나기 전에는 누구도 단정할 수 없는 각자만의 고유한 경험이다. 좋고 나쁨을 확정할 수 없다. 여행을 함께 떠나는 사람, 여행 계획, 목적지의 상황, 노력과 운에 따라 결과와 평가도 달라질 것이다. 어떤 분은 결혼하면 돈이 많이 들어서 안 하고 싶다고 말했다. 솔직히 말하면 결혼 안 한다고 돈이 더 잘 모이는지 잘 모르겠다. 또 아이가 있으면 바쁘고 힘든 건 사실이지만 아이가 없다고 해서 더 한가하게 사는 것도 아니지 않은가.

사실 사회적, 심리적 압박은 과거에도 있었다. 돈은 더 없었고 가치관은 더 고루했다. 시련은 언제나 존재한다. 다만 그것을 고난으로 여길지, 인생의 한 과정으로 받아들일지는 선택이다. 결혼의 장점은 생각보다 많다. 혼자 살 때 알 수 없는 수많은 경험을 하게 되고, 사람과 인생에 대해 더 배우게 된다. 진짜 세상, 새로운 세상에 눈을 떴다는 표현은 과장이 아니다.

결혼은 시도하는 것 자체로 의미가 있다고 생각한다. 지금 당장 할 수 없는 상황이라면 나중이라도 기약하겠다는 마음의 여유 정도는 가졌으면 좋겠다. 결혼을 통해 누구나 부러워할 삶을 살겠다거나 평생 변치 않을 사랑을 하겠다는 식의 거창한 목표는 필요 없다. 그저 '결혼은 서로에 대한 약속이니 약속을 지키기 위해 최선을 다하겠다' 정도의 마음가짐이면 충분하다고 본다. 평생 이럴까 저럴까 의문을 품고 살기보다는 해보고, 부딪혀보고, 깨닫고, 후회해보기도 하면서 성장하는 것도 괜찮지 않나.

오해하지 말았으면 한다. 결혼을 권하는 입장이지만 그렇다고 100퍼센트 그런 마음만 있는 건 아니다. 나도 사람인지라 결혼생활의 불편함(특히 한국 사회의 결혼생활이 야기하는 온갖 불평등을 생각하면)과 단점은 알고 있다. 그래서 결혼을 하지 않겠다는 사람에게는 굳이 권하지 않는다. 세상에는 참으로 다양한 방식의 인생과 사람이 존재하니, 어디까지나 본인의 가치관에 따르는 것이 우선이다.

사랑은 늘 곁에 있다

글쓰기를 좋아한다. 떠올랐다가 사라지는 생각들을 잡아두기도 하고, 두서없이 머릿속을 맴돌던 생각도 글로 쓰다 보면 귀한 정보로 엮이기도 한다. 무엇보다 혼자 글 쓰는 시간이 참 좋다. 하지만 쉬운 일은 아니다. 특히 자신에 대해 적나라하게 알게 된다는 것이 글쓰기의 가장 힘든 점이다. 이 책을 쓰면서도 그랬다. 감추려 했던 것들이 보이고, 잊었다고 생각했던 기억들이 다시 떠오를 때마다 가슴이 먹먹하고 숨이 막혔다. 내가 얼마나 무지했는지, 그런데도 얼마나 아는 척을 많이 했는지, 얼마나 미숙했고 겁쟁이였는지 글은 거울처럼 나를 비춰보게 했다. 고통스럽지만 귀한 과정으로 받아들이고 있다.

고백하건대 내가 사랑한 사람들, 나를 사랑해준 사람들에게 그간 참 많은 상처를 줬다. 내가 아픈 것만 생각하고 받지 못한 것만 떠올리며 서러워했다. 꽤 오랫동안 자기연민에도 빠져 살았다. 모든 게 다 나 때문에 생긴 일들이었는데, 그때는 왜 알지 못했을까.

이랬던 내가 사랑에 관한 책을 써도 되나 싶어 한참을 방황하고 고민했다. 남 얘기 하듯 후다닥 갈겨쓰고 도망치고 싶은 적도 많았다. 후회와 죄책감이 펑 하고 폭발하면 어쩌나 하고 겁도 많이 났다. 글을 쓰면 쓸수록 털어내고 싶었던 감정들이 툭툭 튀어나오거나 쌓여가는 느낌도 들었다. 작업은 더뎠고, 슬럼프는 길었다.

상투적인 말이지만 포기하지 않고 이야기를 다시 이어가게 만든 것도 사랑이었다. 아직도 나를 믿어주는 사람들, 보살펴주는 사람들, 내가 평생 사랑해야 할 사람들이 용기를 주었다. 꼭 잘나야만 글을 쓰는 건 아니라고, 그저 친구에게 얘기하듯 쓰면 된다고, 그 과정에서 내가 한 뼘이라도 성장한다면 그것도 의미 있다고 다독여줬다. 그리하여 사랑하는 글쓰기 덕분에 나는 또 얼마간 성장한 것 같다.

미안하다고만 할 게 아니라 고맙다는 말도 하고 싶어서 이 글을 끝까지 썼다. 나에게 희망을 품었던 사람들, 잠시라도 신뢰를 보여준 사람들, 어떻게든 나를 좋게 생각해준 그 모든 마음에 힘입어 여기까지 왔다. 그 사랑이, 그 마음이 참 소중하고 감사하다.

이 글을 읽는 당신에게도 내가 참 고마워한다는 말을 건네고 싶다. 대단하지도 않은 책을 끝까지 읽어주신 데에 깊이 감사드린다. 이 책의 내용 중 단 몇 줄이라도 당신의 인생에 도움이 된다면 바랄 것이 없겠다. 그리고 또 하나, 어쩌면 나 말고도 당신이 짐작조차 못 할 사람들이 당신에게 고마워하고 있다는 사실을 알았으면 좋겠다. 당신은 종종 '나는 왜 이 모양일까' '나는 참 재주가 없어'라며 어깨를 움츠렸겠지만 당신 덕에 큰 힘을 얻고, 당신 덕에 슬픔의 고개를 건너 바닥을 딛고 일어난 사람들이 생각보다 많다. 또한 당신이 힘들어할 때 함께 슬퍼하고, 당신이 잘되기를 진심으로 바라는 사람들이 분명 있다. 그들이 조용히 당신을 응원하고 있다.

내가 미처 깨닫지 못한 미숙함이 있듯, 당신이 기억하지 못하는 사랑이 있다. 그러니 지나간 사랑은 맘껏 그리워하고, 다가올 사랑은 겁내지 말았으면 한다. 당신은 처음부터 지금까지 변함없이 사랑스러우며, 사람들은 각자의 방식으로 당신을 사랑하고, 당신이 사랑해주길 기다리고 있다.

할 수 있는 최대치로 사랑하기를 바란다. 곁에 있는 사람들을 소중히 여기고, 이해하려 하고, 도와주기를. 언젠가 그 사랑이 당신에게 돌아오리라 믿지만 꼭 그렇지 않더라도 말이다. 살면서 꽁꽁 아껴둬야 할 것도 있지만 하얗게 태워버리는 게 훨씬 나은 것도 있다. 사랑이 그렇다.

사랑 수업

1판 1쇄 펴낸날 2020년 12월 15일
1판 20쇄 펴낸날 2024년 11월 15일

지은이 | 윤홍균

교 정 | 심재경
본문 일러스트 | 나수은

펴낸이 | 박경란
펴낸곳 | 심플라이프
등   록 | 제406−251002011000219호(2011년 8월 8일)
주   소 | 경기도 파주시 광인사길 88 3층 302호 (문발동)
전   화 | 031 - 941 - 3887
팩   스 | 02 - 6442 - 3380
이메일 | simplebooks@daum.net
블로그 | http://simplebooks.blog.me

ⓒ 윤홍균, 2020
ISBN 979-11-86757-66-6 03190